E 名师课堂·教学研究与实践

初中数学“一·二·四”思维课堂的建构

韦丽云 ◎ 著

江苏大学出版社
JIANGSU UNIVERSITY PRESS
镇 江

图书在版编目(CIP)数据

初中数学"一·二·四"思维课堂的建构 / 韦丽云著. — 镇江 : 江苏大学出版社, 2021.8
ISBN 978-7-5684-1670-2

Ⅰ. ①初… Ⅱ. ①韦… Ⅲ. ①中学数学课—课堂教学—教学研究—初中 Ⅳ. ①G633.602

中国版本图书馆 CIP 数据核字(2021)第 176398 号

初中数学"一·二·四"思维课堂的建构
Chuzhong Shuxue "Yi · Er · Si" Siwei Ketang de Jiangou

著　　者/韦丽云
责任编辑/李菊萍
出版发行/江苏大学出版社
地　　址/江苏省镇江市梦溪园巷 30 号(邮编: 212003)
电　　话/0511-84446464(传真)
网　　址/http://press.ujs.edu.cn
排　　版/镇江市江东印刷有限责任公司
印　　刷/江苏凤凰数码印务有限公司
开　　本/718 mm×1 000 mm　1/16
印　　张/14
字　　数/259 千字
版　　次/2021 年 8 月第 1 版
印　　次/2021 年 8 月第 1 次印刷
书　　号/ISBN 978-7-5684-1670-2
定　　价/56.00 元

如有印装质量问题请与本社营销部联系(电话:0511-84440882)

致初中数学教师：
担当立德树人使命，培育数学核心素养

亲爱的同仁：

新学期的航程已经开启，您一定做好了规划，一定准备着把储存了一个暑假的满满的能量释放出来，带领孩子们在数学的海洋中遨游了吧？ 作为一位初中数学老教师，在此，想和您一起关注几个问题.

1. 2021 年 7 月 23 日，中共中央办公厅、国务院办公厅印发了《关于进一步减轻义务教育阶段学生作业负担和校外培训负担的意见》（简称“双减”政策）. 这是自 2021 年 1 月以来，教育部相继出台文件，对加强中小学生手机、睡眠、读物、作业、体质管理（简称“五项管理”）作出部署并开展督查之后，国家层面出台的更高级别的文件. 您是否思考过，“双减”政策对我们的教学有什么影响，如何才能实现初中数学教学的减负增效呢？

2. PISA（Program for international Student Assessment）考试是 OECD 国家的考试，近年来，我国的上海、广东等省市参加了 PISA 考试，学生成绩远远超过 OECD 国家学生，上海参加 PISA

考试学生数学成绩表现突出，引起英国等西方发达国家的关注，英国教育部部长专程来上海考察学习中小学数学教育经验. 中国基础教育的成就世界有目共睹，作为基础教育的一份子，您又是怎么开展初中数学教学工作的?

3. 您是否留意到，无论是在各级教育教学成果奖（基础教育）评比，还是在各级名师或名师工作室的评选中，初中数学学科所占比例都是偏低的. 是初中数学教师的研究能力不强，还是研究意识不够? 初中数学教师的时间都去哪儿了?

事实上，初中数学教师每天都不轻松，除了正常的备课、上课、改作业，还要大量刷题，辅导学生. 而一些学校为了抢时间、赶进度，要求三年的课程两年上完，为的就是腾出更多课时让学生做题、教师讲题. 在题海战术下，学生成为做题的工具，知其然不知其所以然，造成高耗低效的教学状况，教师也成为被困在作业堆里的人. 这些一定不是我们期待的数学教学的样子!

新时代的初中数学教学如何担当立德树人的使命? 数学学科核心素养怎样在课堂教学中得到落实? 低耗高效的初中数学课堂如何建构? 这些问题会在《初中数学“一・二・四”思维课堂的建构》这本书中找到答案.《初中数学“一・二・四”思维课堂的建构》基于一线教师 30 年的教学实践编写而成，既有对建构课堂教学模式的深度思考，又有丰富生动的实践案例，并且与时代的脉搏紧紧相连，阅读后相信您会有豁然开朗的感觉.

本书共分为六章.

第一章“初中数学‘一・二・四’思维课堂的研究背景”，从新形势下的教育使命、新课标中的教学导向、初中数学课堂的现状、亲历教学实践的思考与收获四个方面进行阐述，对初中数学课堂教学改革的紧迫性、可行性、发展性进行了充分的论证.

第二章“初中数学‘一·二·四’思维课堂的理论建构”，包括国内外数学思维课堂研究综述、初中数学思维课堂的价值追求、初中数学思维课堂的理论支撑、初中数学思维课堂的研究方法五项内容. 重视对学生数学思维的培养是国内外教育界的共识，至于如何培养则各有不同的方式，而“把思维与情感相融合，培养高智商与高情商兼备、全面发展的人”则是本书提出的独到观点. “掌握学习”理论、“教学形式最优化”理论、“最近发展区”理论、建构主义学习理论等为这一观点提供了充分的理论依据.

第三章“初中数学‘一·二·四’思维课堂的教学主张”，从“一个中心，两条主线，四个维度”展开论述，并重点回答了以下问题：在初中数学课堂中，学生的主体地位如何体现？又该怎么保障？数学的理性怎样才能散发出温暖的光芒？培养核心素养的思维课堂该如何建构？课堂的时间管理、空间管理、行为管理、评价管理有哪些策略？

第四章“初中数学“一·二·四”思维课堂的课例设计”，分为新知课、专题课、复习课三类课型，分别对应 11 个精品课例，同时也提供了一组经典课例点评. 理论与实践相结合，是我们探寻真理的必经之路，也是课堂教学改革的出发点和落脚点.

第五章“促进思维发展的问题设计”立足代数、几何、函数三大版块，提供了丰富的案例，这些案例可借鉴，易模仿，能推广.“纸上得来终觉浅，绝知此事要躬行”，加强问题设计，促进学生思维发展，相信您也可以做到.

第六章“学生眼中的我与数学课堂收获”，从学生的视角审视教师和课堂，道出了最真实的声音，使您能更客观地认识初中数学“一·二·四”思维课堂.

亲爱的老师们，未来已来 ，唯变不变；行而不辍，未来可期. 让我们在这场自内而外的教育改革当中携起手来，潜心探索、思想领航，勇立潮头、行动担当，落实立德树人使命，培育数学核心素养，使初中数学课堂变得更加高效、更加正向、更加科学，让初中数学课堂教学焕发出更加蓬勃的生命力量.

2021年8月

风雨兼程来时路，扬鞭奋蹄再出发

（代序）

光阴荏苒，恍惚间，站上讲台已整整三十年．我常常想，是什么让自己的从教之旅，三十年如一日，不骄不躁，无怨无悔？我也曾问自己，教学工作三十载，播种了什么？坚持了什么？怀着对教育事业的无限热爱和对教育梦想的执着追求，30 年风雨兼程，从边远山区走进中国特色社会主义先行示范区，我不敢有丝毫懈怠，勤于学习，努力求索，臻于至善，初心不改，历久弥坚．

“**因果溯源**”．1991 年秋季学期，未满 18 岁的我中师毕业，怀揣着优秀毕业生的证书，被分配到一所少数民族聚居的边远山区小学任教．第一次，父亲陪着我骑自行车在崎岖的山道上蹒跚而行，经过两个多小时的颠簸，到达了我工作的第一站——广西永福县堡里乡合顺小学，在这所校舍低矮、潮湿、简陋的学校里开启了我的从教之旅．彼时，我任教小学五年级（毕业班）语文，班上 90% 的孩子是周边瑶族同胞的子女，他们日常交流使用的是我听不懂的民族语言，无法顺畅地朗读一篇课文，更无法写出一篇完整的作文．那一年，理想与现实的巨大落差，生活上的种种困难和考验已经淡忘，只记得自己带孩子们读书，陪孩子们写字，教孩子们说话，一遍一遍，不厌其烦．当时我的世界里，除了学生，还是学生，也因此赢得了孩子们的信任和爱戴，在建立了深厚师生情谊的同时，学生在升学考试中也取得了该校历史上最好的成绩——全乡第五名（当时全乡共有近 20 所小学），8 个孩子终于走出了大山，进入镇上的初中学校学习．

第二年，我在一所新学校所任教班级的语文成绩获得了全乡第一名，自此便在语文教学领域展露头角．可是，在教了三年语文后，校长找到我说：“现在学校最薄弱的学科是数学，有一个毕业班的数学成绩上学期是全乡倒数第一名，家长意见特别大，希望你勇挑重担，接任这个班的班主任和数学教学工作．”虽然当时心中有些忐忑，但我还是爽快地接受了校长的安排．当时，很多人都为我担心，就连刚上初一的弟弟都说我:“语文教得那么好,为什么要去教数学?”现在想来,我着实是喜欢承担具有挑战性的任务,并且愿意调动自己所有的热情与智慧去完成这项任务.“功夫不负有心人”,一年后,我所任教班级的数学成绩获得全乡第三名.之后,我进入初中任教,在初中数学教学的岗位上扎根下来.在二十多年的初中数学教学中,我接受了一次次挑战,经受了一次次考验,唯一不变的是自己所教班级的数学成绩总能名列前茅,即便有时所接班级起点较低,半个学期后也会有很大的改观.

审视自己的教育历程,最大的底气是在课堂,最引以为荣的是无论在边远山区学校、农村学校、县重点学校,还是在省级名校,自己所任教班级的成绩都遥遥领先于其他平行班级,为学生的进一步学习和可持续发展奠定了坚实的基础.我曾连续八年任教初三数学,在没有加重学生课业负担的情况下,任教班级数学中考成绩稳居全县一等奖第一名;在每一次期末检测中,所任教班级的数学成绩也总能荣登全校榜首,成为别人心目中的传奇.如果说可以总结些什么经验,我认为主要得益于两个方面:一是抓住了“课堂是教学的根”,做到了“立足课堂,以生为本,向每一节课要质量”;二是持续开展教育教学研究,在学习和研究的过程中使自己拥有源头活水.

“**变能生慧**”.2018 年对于我来说,是教育生涯中具有特别意义的一年.这一年,我从广西师范大学附属外国语学校调入广东省深圳市光明区一所新建的九年一贯制学校——马山头学校.工作环境的变化,教育对象的变化,要求自己的教育教学行为做出相应的调整和改变.随着教学活动的深入开展,我渐渐发现,在各项事业高速发展的深圳特区,城、区之间教育状况其实也存在很大差异,尤其是学生的理性思维方面,边远城区的孩子远远不及中心城区的孩子.如何改变这样的状况?面对全新的教育环境和氛围,唯有从课堂入手,聚焦课堂,改变课堂,给予孩子们适切的教育,才能使不同的孩子在数学学习中获得不同的发展.

“**格物致知**”.在 2018 年基础教育国家级教学成果奖的评选中,我作为核心成员的团队研究成果“西部民族地区初中数学变式路径与教学模式优化的实践研究”荣获国家级二等奖.如何把西部民族地区的研究成果为深圳特区所用?怎样才能使这一成果得到丰富和发展?这些问题曾经一度令我感到焦躁和迷惘,那段时间,常常夜不能寐,辗转反侧,思考如何突破瓶颈,找到新的发展方向.经过反复的斟酌和论证,我提出了初中数学“一·二·四”思维课堂的初步模型,整理成课题后申报,获批为深圳市光明区 2018 年教育科研规划重点.2020 年,经过进一步优化和完善的课题获批为广东省“强师工程”项目．如果说，“变式路径与教学模式优化的实践研究”是基于“理解数学”所做的研究，那么，“一·二·四”数学思维课堂的立意则是“理解数学，理解学生，理解教学”．在“三个理解”的基础上我提出，数学教学的本质是数学思维活动的教学，核心是数学思维，途径是课堂教学，主体是学生．建构初中数学“一·二·四”思维课堂，让学生在其中掌握数学知识和技能，经历数学思维过程，学习数学思想方法，形成良好的习惯和品质，实现数学素养的提升．期待通过课题研究，改变高耗低效的初中数学课堂教学现状，全面提升初中数学教学质量，同时，也为义务教育阶段数学课堂教学的改革提供可借鉴的经验．

数海探航近卅载，是数学的理性和逻辑，让我学会统筹兼顾，有条不紊，在自己热爱的世界里播种耕耘，静待花开；更是数学的精神影响着我，让我脚踏实地，仰望星空，追求真理，追寻梦想！岁月如一条奔腾向前的大河，30 年光阴弹指一挥间，蓦然回首，一串串脚印清晰可见．登上开往未来的列车，举目已觉千山绿，宜趁东风马蹄疾，珍惜时光，扬鞭奋蹄，不负这个伟大的时代！

韦丽云

2021 年 8 月于深圳

目录

第一章

初中数学“一·二·四”思维课堂的研究背景

第一节 新形势下的教育使命

2018 年 9 月 10 日，习近平总书记在全国教育大会上发表重要讲话，指出要坚持改革创新，坚持教育公平，推动教育从规模增长向质量提升转变，促进区域、城乡和各级各类教育均衡发展，以教育现代化支撑国家现代化.

2019 年 2 月，中共中央、国务院印发了《中国教育现代化 2035》，进一步强调：优先发展教育，大力推进教育理念、体系、制度、内容、方法、治理现代化，着力提高教育质量，促进教育公平，优化教育结构，为全面建成小康社会、实现新时代中国特色社会主义发展的奋斗目标提供有力支撑.

紧接着，中共中央、国务院印发《关于深化教育教学改革全面提高义务教育质量的意见》《深化新时代教育评价改革总体方案》，教育部也出台了一系列纲领性文件.

2021 年 5 月 21 日，习近平总书记主持召开中央全面深化改革委员会第十九次会议，会议指出，义务教育最突出的问题之一是中小学生负担太重，短视化、功利化问题没有根本解决. 特别是校外培训机构无序发展，“校内减负、校外增负”现象突出. 减轻学生负担，根本之策在于全面提高学校教学质量，做到应教尽教，强化学校教育的主阵地作用. 要深化教育教学改革，提升课堂教学质量，优化教学方式，全面压减作业总量，降低考试压力. 要鼓励支持学校开展各种课后育人活动，满足学生的多样化需求. 要加强教师队伍建设，优化教师资源配置，提高教育教学水平，依法保障教师权益和待遇.

“提升教育质量，促进教育公平，减轻学生负担”，成为党和国家赋予广大教育工作者的神圣使命和光荣职责. 作为一名长期工作在教学一线的初中数学教师，在提升教育质量这项伟大的工程中能做怎样的贡献呢？什么样的初中数学课堂才是真正能促进学生发展的高质量课堂呢？正是基于这些思考，并通过不断地实践检验、修正完善，初中数学“一·二·四”思维课堂教学模式才逐渐形成.

第二节　“新课标”中的教学导向

《义务教育数学新课程标准(2011 年版)》指出:数学是人类文化的重要组成部分,数学素养是现代社会每一个公民应该具备的基本素养. 作为促进学生全面发展教育的重要组成部分,数学教育既要使学生掌握现代生活和学习所需要的数学知识与技能,更要发挥数学在培养人的理性思维和创新能力方面不可替代的作用.

数学课程应致力于实现义务教育阶段的培养目标,要面向全体学生,适应学生个性发展的需要,使得人人都能获得良好的数学教育,不同的人在数学方面得到不同的发展.

课程内容要反映社会的需要、数学的特点,要符合学生的认知规律. 它不仅包括数学的结果,也包括数学结果的形成过程和蕴涵的数学思想方法. 课程内容的选择要贴近学生的实际,有利于学生体验与理解、思考与探索. 课程内容的组织要重视过程,处理好过程与结果的关系;要重视直观,处理好直观与抽象的关系;要重视直接经验,处理好直接经验与间接经验的关系. 课程内容的呈现应注意层次性和多样性.

教学活动是师生积极参与、交往互动、共同发展的过程. 有效的教学活动是学生学与教师教的统一,其中,学生是学习的主体,教师是学习的组织者、引导者与合作者.

数学教学活动应激发学生兴趣,调动学生积极性,引发学生的数学思考,鼓励学生的创造性思维;要注重培养学生良好的数学学习习惯,使学生掌握恰当的数学学习方法.

学生学习应当是一个生动活泼的、主动的和富有个性的过程. 除接受学习外,动手实践、自主探索与合作交流同样是学习数学的重要方式. 学生应当有足够的时间和空间经历观察、实验、猜测、计算、推理、验证等活动过程.

教师教学应该以学生的认知发展水平和已有的经验为基础，面向全体学生，注重启发式和因材施教．教师要发挥主导作用，处理好讲授与学生自主学习的关系，引导学生独立思考、主动探索、合作交流，使学生理解基本的数学知识，获得基本的数学技能、掌握基本的数学思想和方法，获得基本的数学活动经验．

学习评价的主要目的是为了全面了解学生数学学习的过程和结果，激励学生更好地学习和促进教师更好地教学．应建立目标多元、方法多样的评价体系，评价既要关注学生学习的结果，也要重视学习的过程；既要关注学生数学学习的水平，也要重视学生在数学活动中所表现出来的情感与态度，帮助学生认识自我、建立信心．

在数学课程中，应当注重发展学生的数感、符号意识、空间观念、几何直观、数据分析观念、运算能力、推理能力和模型思想．为了适应时代发展对人才培养的需要，数学课程还要特别注重发展学生的应用意识和创新意识．

2016年9月，《中国学生发展核心素养》正式发布．在《中国学生发展核心素养》总体框架指导下，高中数学提出了“数学抽象、逻辑推理、数学建模、直观想象、数学运算、数据分析”六大核心素养．新的教育思想和理念对初中数学教学产生直接而深远的影响．

新课标从课程性质、基本理念、设计思路等方面给初中数学教学以明确的导向．初中数学教学的本质是数学思维活动的教学，核心是数学思维，途径是课堂教学，主体是学生．我们需要一种数学课堂，让学生在其中获得数学知识和技能，掌握数学思想和方法，发展数学思维能力，养成良好的学习习惯和品质，实现数学素养的提升．因而，初中数学课堂要突出学生的主体地位，课堂教学既要有理性的深度，发展学生的智力因素，又要有人文的温度，发展学生的非智力因素，从而培养高智商与高情商兼备的全面发展的人．在此基础上，从“一个中心、两条主线、四个维度”的视角建构“主线明晰，多维立体，情理交融”的初中数学思维课堂，便形成了“一·二·四”数学思维课堂模式．一个中心，即以学生的发展为中心；两条主线，即思维主线和情感主线，其中思维主线是明线，可以通过问题的设计来呈现，情感主线是暗线，它贯穿和渗透在课堂的各个环节和过程中；四个维度即课堂的时间管理、课堂的空间管理、课堂的行为管理与课堂的评价管理．

第三节　初中数学课堂现状

纵观当前的数学课堂教学行为，我发现存在以下一些典型现象：

现象 1　教育信奉“开卷有益”“技多不压身”等填鸭式观念，致使处于基础教育第一线的教师，在唯分、唯考，追求知识加速跑的“绩效教育”中迷失了自我.

现象 2　每堂课都把教学内容安排得满满登登，追求“教学进度”、追求“信息量最大化”、追求“问题的不断深化”，大搞题海战术，过分注重结果的获得，而忽视思维过程，教师教得辛苦，学生学得痛苦，造成学生厌恶课堂、厌恶学习及课堂效率高耗低效的严重后果.

现象 3　教师只注重知识的传授、技能的训练，无视学生的个体差异，忽视情感、态度的培养，忽视意志的锤炼，忽视学生价值观的形成，学生的学习积极性受到严重挫伤，两极分化的情况越来越严重，部分学生过早迷失在数学学习中，对今后的可持续发展形成极大的阻碍.

以上现象说明，“知识学得越多越好，知识掌握得越扎实越好”的传统教学观念是以“知识为主导”的教育价值取向下的产物，它致使教师追求知识加速跑，错过学生思维发展的关键期，学生收获了知识，却牺牲了智慧的内核——思维. 不少孩子刚刚进入初中，就在数学学习中被分化出来，过早迷失在数学学习的起跑线上. 因而，改变传统的教学方式，构建一种新型的课堂模式，让学生经历“爱学数学→会学数学→学好数学→会用数学”的发展过程，促进学生生动活泼、富于个性地学习成长，缩小城乡差距，提升教育质量，对初中数学教学具有尤为重要的意义.

第四节　教学实践的思考与收获

回顾自己教学研究的历程，大致经历了以下四个阶段.

一、初识(1991.9—2005.12)

在连续创造优异成绩的过程中，我开始思考和沉淀自己的课堂教学行为，此为教学研究的第一阶段. 其间，得到湖北大学课程改革专家黎世法教授的指导，推广应用黎教授的成果“异步教学法”，尝试“六段”教学模式，即“提出问题—指示方法—学生学习—明了学情—研讨学习—强化小结”，对课堂时间进行合理规划，强调学生是学习的主人，倡导个性化的学习方式，提高了课堂教学效率. 我撰写的《新课程异步教学法在初中数学教学中的实施》获全国优秀科研成果奖，得到时任中国教育学会会长顾明远的高度评价. 在主持市“十一五”规划重点课题的过程中，连续 8 次获县中考数学教学质量一等奖，9 次获县数学教学成绩一等奖，被评为市首届教育科研带头人，参加市教学能手竞赛，以全市第一名的成绩荣获决赛一等奖.

二、探索(2006.1—2009.7)

教学研究的第二阶段，探索“合作学习，自主探究”教学模式，形成了“明确目标、指导自学—组内合作、组间竞赛—学生点评、归纳小结—教师点评、总结提升”四环节合作学习方式. 尝试让学生主动参与、探究发现、交流合作，抓住“以学生发展为本”这条主线，关注学生学习的探究过程、情感变化、成功体验，营造适合学生合作学习的环境. 在研究实践中，激活了学生思维，丰富了课堂内容. 这期间，论文《初中数学“分层合作、自主探究”教学模式的实践研究》《构建初中数学有效课堂教学模式的探索与实践》分别在《基础教育研究》《数学学习与研究》上发表.

三、深耕(2009.9—2018.6)

教学研究的第三阶段，在小组合作学习的基础上，我对分层教学进行了专项研究. 2016 年，主持市重点规划课题“现行行政班级下的初中数学分层教学实践研究”，制定分层教学目标，设计分层教案，实行分层施教，进行分层评价，有针对性地加强对不同层次学生的学习指导. 在课题研究的过程中，不仅自己的教学成绩保持领先，而且带动了实验班级齐头并进，我所管理的年级在桂林市中考中勇夺桂冠. 分层教学改变了两极分化严重的状况，学生整体水平有了很大的提升，全面提高了教学质量.

四、精研(2018.9—2021.5)

教学研究的第四阶段，通过课题研究，建构初中数学“一·二·四”思维课堂教学模式.

(一) 区级重点课题

2018 年 9 月，我提出了构建初中数学“一·二·四”思维课堂的构想，并成立了课题组，组织课题组成员查阅相关资料，进行文献综述，填写课题申报书，制订课题研究实施方案. 同年，“构建‘一·二·四’数学思维课堂的探索与实践”获批深圳市光明区 2018 年教育科研规划重点课题.

1. 课题研究的核心问题

(1) 建构“主线明晰、多维立体”的初中数学思维课堂，改变“结构单一，高耗低效”的课堂教学现状. 从“一个中心、两条主线、四个维度”的视角建构数学思维课堂，培养学生良好的数学学习习惯和数学思维品质，促进学生生动活泼、富于个性地学习成长，全面提高教学质量.

(2) 建构“情理交融，有温度有深度”的初中数学思维课堂，改变“情(情感、态度)、理(思维、方法)分割，重形式，轻内涵”的教学现状. 以学生的发展为中心，两条主线情理交融，四个维度科学建构，不仅注重基础知识和基本技能的教学，更注重发展学生抽象思维和推理能力、创新意识和实践能力，注重情感态度与价值观的培育，提升学生的核心素养，为学生终身可持续发展奠定基础.

2. 课题研究的目标

(1) 通过课题研究，构建起“初中数学‘一·二·四’思维课堂”模式，既彰显了学校的数理特色，又能为本区义务教育阶段数学课堂教学改革提供可借鉴的经验.

(2) 通过课题研究，培养学生浓厚的数学学习兴趣和良好的数学学习习惯，让不同层次的学生都能得到发展，为学生的个性化学习和可持续发展奠定基础.

(3) 通过课题研究，改变学生数学成绩两极分化严重的现状，全面提高初中数学教学质量.

(4) 通过课题研究，形成研究报告、优秀课例、教学设计、研究论文等物化成果，促进教师的专业成长.

3. 课题研究的内容

(1) 发展学生数学思维的课例研究.

(2) 培育学生情感智力的方法和策略研究.

(3) 思维发展主线和情感渗透主线相互交融的课例研究.

(4) 数学课堂教学中时间管理、空间管理、行为管理、评价管理策略研究.

(5) 建构初中数学“一·二·四”思维课堂模式的研究.

4. 课题研究的主要阶段

(1) 理论建构

① 理论学习

课题组要求每一位成员认真学习《义务教育数学课程标准(2011年版)》《张奠宙数学教育随想集》《章建跃数学教育随想录》(上、下卷)等理论书籍，认真阅读《课程·教材·教法》《中学数学教学参考》《中学数学》等优秀期刊. 在认真研读的基础上，每月举行一次集中研修分享活动，提升大家的理论素养.

② 专家指导

分别聘请特级教师、正高级教师薛森强校长，正高级教师刘会金、孙国芹等专家对课题组进行指导，为课题研究的方向、路径、方法等把脉.

(2) 实践检验

① 主持人示范引领

在课题研究的关键期，主持人通过上示范课、组织专题研讨等形式，展示课堂教学流程，传授课堂教学经验，把握课题研究的进程，确保课题研究的质量.

② 课题组成员互学共研

课题组要求每一位成员每学期上一节精品课，设计一个优秀课例，撰写一篇研究论文，形成互学共研的良好氛围.

（3）交流研讨

① “请进来”激活思想．分别邀请深圳市北环中学罗老师、深圳市南山外国语学校姚老师、广东省佛山市顺德区骨干教师等到校交流，听取外校老师对数学课堂的理解及对本课题研究的建议．

② “走出去”博采众长．课题组成员分别到深圳大学附属中学、深圳市宝安区松岗实验学校、深圳市光明区公明中学、深圳市光明区外国语学校等交流学习．

（4）辐射推广

① 课题组通过专题讲座、示范课等形式展示课题研究成果．在市、区级教研活动中做专题讲座 10 场，上示范课 6 节．

② 通过支教帮扶等形式推广课题研究成果．在广西田林县田林中学、广东陆丰市碣北中学、广西来宾市等开展帮扶活动，推广课题研究成果，深受当地教师欢迎．

③ 辐射影响区内学校．深圳市光明区实验学校、深圳市光明区公明中学、深圳市光明区光明二中、深圳市光明区高级中学等学校的教师纷纷申请加入课题组，希望参与课题研究及成果推广工作．

5．课题研究结论及成效

（1）强化一种理念

既重视思维的发展，又注重情感的渗透，既彰显理性的深度，又充满情感的温度，让数学的理性散发出温暖的光芒，让课堂成为师生积极参与、共同发展的平台，这是初中数学“一·二·四”思维课堂的价值追求．

（2）建构一种模式

从“一个中心，两条主线，四个维度”的视角建构数学课堂，形成多维立体的初中数学“一·二·四”思维课堂模式．“一个中心”，即以学生发展为中心；“两条主线”，即思维主线和情感主线；“四个维度”，即课堂的时间管理、课堂的空间管理、课堂的行为管理和课堂的评价管理．

① 在教学策略上，做到“知识呈现问题化，问题设计系列化，问题变式层次化，问题解决方法化”．

② 在课型结构上，新知课按五环节展开，即“问题导入→新知探究→变式应用→开放拓展→总结升华”，复习课设置为“问题呈现→问题变式→问题开放→问题拓展→问题归纳”五个环节，做到问题呈现有效度、问题变式有梯度、问题开放有

广度、问题拓展有深度、问题归纳有高度.

(3) 形成课堂管理的四个策略

从初中数学课堂的时间管理、空间管理、行为管理、评价管理四个维度,形成相应的管理策略.

(4) 编制一本学习评价手册

编制《“一·二·四”数学思维课堂学习评价手册》,包括“致学生语”“我的学期规划”“我的单元学习计划及反思”“我的学习笔记及课堂评价表”“我的积分榜”“我的学期总结”六个部分. 该评价手册是思维培养和情感润泽有机结合的载体,现已在实验班级使用,旨在培养学生的规划意识,让学生看见自己的进步和成长,学会自我反思和自我激励.

(5) 汇编一册优秀案例集,制作一张优秀课例光盘

课题组在研究的过程中,积累了一批优秀的教学设计和导学案,汇编成优秀案例集. 精选其中的10个经典课例视频,20个精品课件,刻录成优秀课例光盘.

(6) 成效及影响

① 教学质量显著提升,学校整体步入良性发展的快车道

课题研究促进学校数学学科的发展,更促进了学校整体教学质量的快速提升. 深圳市光明区马山头学校招收的第一届学生95%为周边地区外来务工人员子女,基础差,底子薄,但数学学科在2020年学校首届中考中取得优异的成绩,平均分全区第一名,A+和A等率全区第二名,课题主持人被评为深圳市光明区2020届初中教育教学工作先进个人. 在深圳市光明区组织的期末统一测试中,学校数学成绩也由全区垫底位置跃升至全区前五名,年级总成绩由初一时全区公办学校倒数第一名跃升为全区第二名. 办学三年来,学校的声誉连年攀升,得到社会各界的高度肯定.

② 课题研究促进了教师的专业发展

课题研究促进了教师的专业发展,课题组成员共发表论文10篇,开设研究课20节,其中课题主持人在国家级核心期刊发表论文4篇,在深圳市内外开展专题讲座10场,深受广大数学教师好评,兄弟学校的教师纷纷申请加入课题组,充分发挥了引领辐射作用.

③ 课题研究促进了学生的可持续发展

在2020年中考中,学校进步最大的欧同学,入学测试时数学成绩只有27分,

而中考时取得91分的好成绩. 此外，进步30分以上的学生有7人，占比19.4%；进步20～30分的有8人，占比22.2%；10多位同学入学时数学成绩不及格，而中考成绩达80分以上. 课题研究为学生打开了一扇窗，让他们看到了窗外多彩的世界，获得了学习的强大动力，为其可持续发展奠定了坚实的基础.

6. 专家组鉴定意见

2021年6月4日，在课题结题成果鉴定会上，以深圳市教科院基础教育研究中心主任李庚靖博士为组长的专家组一致认为：“构建‘一・二・四’数学思维课堂的探索与实践”课题理念先进，研究目标明确，思路清晰，与学校的数理办学特色进行了很好的融合；课题研究过程始终立足于解决问题，宏观与微观相结合，环环相扣，过程扎实；课题具有创新性，超越了传统的评价方式，是落实《深化新时代教育评价改革总体方案》的有益尝试；课题整体研究水平较高，是做得十分成功的课题之一. 专家组一致推荐“构建‘一・二・四’数学思维课堂的探索与实践”课题成果为优秀成果. 此外，专家组建议：把课题研究与信息技术教育深度融合，加大推广与辐射的力度.

（二）广东省“强师工程”课题

在全面梳理、总结、拓展的基础上，以项目“基于‘一・二・四’模式的初中数学思维课堂建构的实践研究”申报广东省2020年“强师工程”课题，成功获得立项，并已举行开题论证活动，课题研究在更多的实验学校和更广泛的教师参与的情况下深入开展.

“建构数学思维课堂，培育数学核心素养”必将令初中数学教学焕发出更加蓬勃旺盛的生命力量. 初中数学“一・二・四”思维课堂，将站在更高的起点上获得新的发展.

第二章

初中数学“一·二·四”思维课堂的理论建构

第一节 国外数学思维课堂研究综述

数学能启迪、培养、发展学生的思维，数学思维又是数学教育的核心. 虽然其他学科的教育也可以培养、发展学生的思维，但在深度、广度及系统性上都无法与数学教育相比.

21 世纪是知识经济时代，迫切需要思维能力强的人才. 在此背景下，数学思维能力培养逐渐成为数学教育界的热门话题，并在理论和实践两个层面给予高度关注.

美国研究者做了一项关于发展性数学方法课程培养小学生高层次思维的实证研究，研究设计了实验组和对照组，以数学问题解决、创造性思维为主要测试内容开展了前后测试. 测试结果表明，发展性数学方法课程对培养小学生以问题解决能力、创造性思维能力为主的高层次思维能力是有效的.

加拿大研究者设计了一种模型诱发行为来完善数学建模活动课程. 通过学生在数学建模活动中的描述、解释、判断和表现，明确揭示他们的思维过程，并讨论了如何拓展学生的数学思维，以及通过改变问题的条件，从而改变解决方案，帮助学生发展高层次数学思维能力.

以色列研究者在基于问题的学习（PBL）模型的基础上，发展学生高层次思维能力. 这种方法包含两个阶段的基于问题的学习过程，具有较强的可操作性.

在数学课程标准方面，新加坡义务教育阶段数学教学大纲的基本理念为“数学是发展和提高人的逻辑推理能力、空间想象能力以及分析和抽象思维能力的重要工具”，“学生在学习和应用数学的过程中发展计算能力、推理能力、思维技巧和问题解决能力”，因此数学思维和逻辑推理、空间想象、计算、问题解决等能力是并列的. 新加坡高中数学教学大纲将数学分为 H1，H2，H3 3 个层次，H1 和 H2 层次的教育目标指出“发展数学思维和问题解决能力，并将这些技巧运用在问题解决中”，层次较高的 H3 层次的教育目标指出“在数学推理证明、创造性的数学问题解决和数学模型的使用中培养思维的严谨性”，对数学思维培养的要求落到了问题解决、推理证明、模型使用等实处. 新加坡在 2009 年和 2013 年国际学术评估项目(PISA)数学素养测试中排名仅次于上海，位居第 2 位. 对数学思维能力的重视，是其取得如此好的成绩的原因之一.

近年来，土耳其叶迪特佩大学 KILIÇ，Hülya 等就小学六年级学生数学思维技能教学中如何正确使用素材进行了实证研究；西班牙阿利坎特大学 C. Fernández 等就小学教师对学生问题解决中的数学思维关注进行了理论研究.

第二节 国内数学思维课堂研究综述

国内对思维的重视可追溯到孔子.《论语·述而》中有"子曰,学而不思则罔,思而不学则殆".这里,孔子指出了学与思之间的关系,特别是前半句更是强调了"思"对于"学"的重要性.孔子所要提倡的"学而思",即是强调学习知识之后,需要再进行思维层面的理解和感悟.

任樟辉在其著作《数学思维论》中提出"从数学思维的角度看,学生是思维的主体,教师是学生思维的主导,而思维的材料就是教材或数学知识",在其2001年的著作《数学思维理论》中指出"数学思维是针对数学活动而言的,它是通过对数学问题的提出、分析、解决、应用和推广等一系列工作,以获得对数学对象(空间形式、数量关系、结构模式)的本质和规律性的认知过程".

张乃达在《数学思维教育学》一书中,详细阐述了数学思维的内涵、方法、形式、过程,以及数学思维与数学教学等,为数学思维教学的研究提供了理论基础.

戴再平认为,数学开放题的教学有助于培养学生的数学思维.开放性的数学探究活动,由于条件开放,方法多样,有利于培养学生的数学思维能力.

潘巧明、张维忠认为,利用计算机技术创设数学教学情境,能有效发展学生的数学思维能力.计算机技术可以帮助学生积累数学知识,优化认知结构,激发创造性思维;数学课堂应加强形象思维、发散思维和直觉思维的培养,使学生能运用各种思维方式进行数学创造性思维.

胡香兰认为,数学教学中教师可通过"五想"(愿想、能想、多想、会想、联想)启迪学生思维,她还特别研究了数学思维训练的教学模式,即:提出问题—研究问题—解决问题—发展问题—总结问题.

贾凤梅认为,在数学教学中,除了要让学生掌握基础知识、基本技能外,还要注重培养学生的数学思维能力.他还提出,数学教学应加强对数学审题的指导,审题能力的提高会促进学生数学思维能力的提高.

综上所述,可以看出,目前关于数学思维的研究越来越集中到“为教育而数学思维”这一研究方向,并且相关研究不断深入. 由此可以预见,数学思维研究将引领数学教育发展.

但是,以上研究均强调数学思维,突出数学的理性,而义务教育阶段数学课程目标从“知识技能、数学思考、问题解决、情感态度”四个方面都提出了明确要求,这就为本课题的研究指明了方向,“数学思维课堂”应该是师生积极参与、交往互动、共同发展的过程,既要有理性的深度,也要有感性的温度.

第三节 初中数学思维课堂的价值追求

“让数学的理性散发出温暖的光芒，让课堂成为师生积极参与、交往互动、共同发展的阵地. 既重视思维的发展，又注重情感的渗透；既彰显理性的深度，又充满情感的温度.”这是“一·二·四”数学思维课堂的价值追求与实践愿景.

一、学术价值

一直以来，专家、学者、一线教师从不同的层面和视角聚焦初中数学课堂教学，并做了较为深入的研究，取得了显著的成效. 但是，纵观他们的研究过程和研究成果，基本处于情(情感、态度)、理(思维)分割的状况：有些在引导思维发展上有突出成效，却忽视了情感、态度和价值观的建构；有些聚焦了数学课堂的育人功能，但在发展学生思维方面明显不够深入. 情与理的分割使得育人效果大打折扣.

陈振宣先生在《培养数学思维能力的探索》中提出：“实际上，人的智能是通常称为智力因素和情感因素的矛盾统一体.”这里所说的“情感因素”的核心正是情感智力. 章建跃先生提出了“好的数学教学”的评判标准：能产生最大的长期利益的教学就是好的数学教学，“长期利益”的含义是让学生学会做人做事，“做人”就是有理性精神，“做事”就是会数学的思考.

《义务教育数学课程标准(2011 年版)》从知识技能、数学思考、问题解决、情感态度四个方面阐述课程目标，要求学生“获得适应社会生活和进一步发展所必需的数学的基础知识、基本技能、基本思想、基本活动经验”，提出“数学素养是每个公民应该具备的基本素养”.

《普通高中数学课程标准(2017 版，2020 年修订)》进一步凝练了数学学科核心素养，落实了中国教育“立德树人”的根本任务，指出：“学科核心素养是育人价值的集中体现，是学生通过学科学习而逐步形成的正确价值观、必备品格和关键能力.数学学科核心素养是数学课程目标的集中体现，是具有数学基本特征的思维品质、关键能力以及情感、态度与价值观的综合体现，是在数学学习和应用的过程中逐步形成和发展的.”

以上课程标准为中学数学教学指明了方向，但广大教师只是受了理念的熏陶，并不知道具体在教学上怎么做. 因此，让理念落地，从学科育人的高度对数学课堂教学进行探索实践，形成切实可行的操作系统，应该成为一线教师当前教学研究的主要任务.

本课题提出，从“一个中心，两条主线，四个维度”的视角构建数学思维课堂，形成“一·二·四”模式. 一个中心，即以学生的发展为中心；两条主线，即思维主线和情感主线；四个维度，即课堂的时间管理、课堂的空间管理、课堂的行为管理、课堂的评价管理. 两条主线情理交融，四个维度科学建构，为初中数学课堂教学研究开启了新的方向.

二、应用价值

新课程理念下的初中数学课堂教学，要面向全体学生，适应学生个性发展的需要，使人人都能获得良好的数学教育，让不同的人在数学方面得到不同的发展.

但是，一谈到数学，人们首先想到就是严密的推理、严谨的逻辑、抽象的思维.“推理、逻辑、思维”使数学这门学科华丽而高贵，让很多孩子望而却步. 能否让数学课堂充满着生机和灵动？能否让数学的理性散发出温暖的光芒？能否让每一个孩子在数学课堂上都找到一个自己的支点？课题组围绕这些问题展开讨论，并达成共识：义务教育阶段的数学课堂应该是有温度的、灵动的，应该是以思维为核心的智慧课堂，应该为学生的终身可持续发展奠定基础，它需要我们去探索，去实践，去建构.

通过本课题的研究，建构初中数学思维课堂具有两大应用价值：

(1) 从宏观上看，初中数学思维课堂关注全体学生，不放弃任何一个学生，通过分层合作的方式组织课堂教学，让不同层次的学生都能看到希望，让每一位学生都能获得发展，从而改变学校(尤其是生源结构复杂、教育水平欠发达地区的学校)学生数学成绩两极分化严重的现状，整体提高数学教学质量，为促进教育均衡发展做出数学学科的贡献.

(2) 从微观上看,初中数学思维课堂不仅是学生掌握必备基础知识和基本技能的阵地,而且注重学生在抽象思维和推理能力、创新意识和实践能力、情感态度与价值观等方面的发展,从而真正促进学生生动活泼、富于个性地学习成长.

第四节　初中数学思维课堂的理论支撑

一、“掌握学习”理论

美国著名的教育家、心理学家布鲁姆提出的“掌握学习”理论，强调每个学生都有能力学习和理解任何教学内容，并达到掌握水平. 只要能提供较好的学习条件，学生学习能力、速度和动机方面的个别差异将会消失，大多数学生将获得较好的学习成绩.

“掌握学习”理论为初中数学“一·二·四”思维课堂的目标追求成为现实可能提供了理论依据.

二、“教学形式最优化”理论

巴班斯基的“教学形式最优化”理论指出，在传授容易理解的新教材、进行书面练习和实验时采用个别教学最好，这时教师要个别指导，介绍独立学习的合理方法. 在必须采用不同深度的新教材或练习演算时，可进行不同方案的临时分组；学困生做容易的题目，教师提供纲要信号、辅导卡片或助手辅助；学优生做稍难的题目，讨论学习的多种方案. 当讲授复杂、分量较多的新教材，又不能采用个别或分组教学形式时，应采用集体讲授或集体谈话的形式. 他主张实行三种教学形式的最佳结合.

“教学形式最优化”理论为初中数学“一·二·四”思维课堂中空间管理策略提供了充分的依据.

三、“最近发展区”理论

苏联教育家维果茨基的“最近发展区”理论认为，每个学生都存在两种发展水平:一种是学生的现有水平,指独立活动时所能达到的解决问题的水平;另一种是学生可能的发展水平,也就是通过教学所获得的潜力. 这两者之间的差距就是“最近发展区”. 只有针对“最近发展区”的教学,才能促进学生的发展,而停留在“现在发展区”的教学,只会阻碍学生的发展. 人的个别差异既包括现有水平的差异,也包括潜在水平的差异. 其实教学是一个不断把现有水平转化为潜在水平的过程,也就是不断创造新的“最近发展区”的过程,即把未知转化为已知、把不会转化为会、把不能转化为能的过程. 根据“最近发展区”理论,教师在教学的过程中,应从学生的这两种水平的实际差异出发,引导学生独立思考问题、小组合作探究,帮助学生达到潜在水平即新的现有水平,然后根据新的“最近发展区”,沿着思维主线继续设计由浅入深的问题,使学生透过问题的非本质特征,去触及知识的本质内涵,进而达到更高的潜在水平.

维果茨基的理论为初中数学“一·二·四”思维课堂的构建提供了充分的依据,教师在教学活动中,要以学生现有的水平为起点,在学生“最近发展区”内设计好思维发展的主线,做到由简到繁,由易到难,循序渐进,帮助学生实现认知水平的提升,并不断地创造更高水平的“最近发展区”,真正促进学生的全面发展.

四、建构主义学习理论

建构主义(Constructivism),又称结构主义,该理论是由皮亚杰(J. Piaget)提出的儿童认知学说发展而来的. 建构主义认为,学习是学习者积极主动的建构活动,不是对知识的被动接受. 真正的数学教学应具有如下几个特征:① 在学习目标方面,表现为对知识的深层次的理解;② 在学习过程方面,表现为高水平的思维;③ 在学习的情境方面,表现为师生之间,生生之间的充分沟通、合作. 每个学习者都以自己原有的经验系统为基础对新的信息进行处理,建构自己的理解,并且原有知识又因为新经验的进入而发生调整和改变,所以学习并不是信息的简单积累,它同时包含由于新旧经验的冲突而引发的观念转变和结构重组. 也就是说,学生的学习活动是一个建构过程,在这个过程中,学生是学习的主人,教师是学习的组织者,在活动中要充分体现学生的主体地位和教师的主导地位. 教学活动本身是一种认知活动,学生是这种认知活动的主体. 学生的认知活动归根结底是学生自己的事情,教师永远无法包办代替,因为人是具有主观能动性的,人的主观能动性决定了人的活动是积极主动的而非消极被动的. 因此,学生不应是被动的接受者,也不是教师滔滔不绝的演讲中顺从、痴迷的听众，而应是学习过程中的主动参与者和积极建构者.只有确立学生在教学活动中的主体地位，发挥其主体作用，调动学生学习的积极性和主动性，才能真正保证教学质量.教师不能把学生看作是被动接受教师改造的对象，直接把知识灌输给学生，而是要通过合理有效的组织教学活动，引导学生积极主动地参与到课堂学习活动中.

建构主义的教学，是让学生利用已有的经验积累主动地、积极地去认识知识，组织和重新组织知识，重点在引导学生主动探究知识的形成过程，让学生在探究的过程中去优化组合，去再认识、再建构，实现意义重构的目的.

在建构主义学习理论指导下，初中数学“一·二·四”思维课堂提出“以学生的发展为中心”的理念，教师设计好每一节课的思维主线，组织好教材，通过变式、开放等问题呈现，创设有利于学生发展且能独立思考、合作探究的学习情境，引导学生通过观察思考、分析讨论、归纳总结等活动主动探索，在探索过程中充分发挥自己的主体作用，建构对新知识的深层次理解，在获得知识与技能的同时，实现素养的提升.

第五节 初中数学思维课堂的研究方法

一、文献研究法

运用文献研究手段，查阅、搜集和研究有关学科素养、数学思维、课堂教学等方面的国内外书籍、论文及网络资料，通过整理、分析与比较，对课堂教学中如何培养学生思维，如何培育情感、态度、价值观，如何构建数学思维课堂等形成全面的认识. 在此基础上，确立本课题的研究目标及研究内容. 做好文献研究，基于前人的研究基础，可以少走弯路，提高效率. 站在巨人的肩膀上，更能触及问题的本质，更易于抵达成功的彼岸.

二、行动研究法

在数学思维课堂的教学研究中，根据“问题—计划—行动—观察—反思”等步骤，通过教学实践、观察、访谈、资料分析等对课题材料进行整理、归类，从而概括出行动与研究目标的关系，在一定范围内系统、科学地解决课堂教学中存在的问题.

课题研究按图 2.1 所示的流程进行.

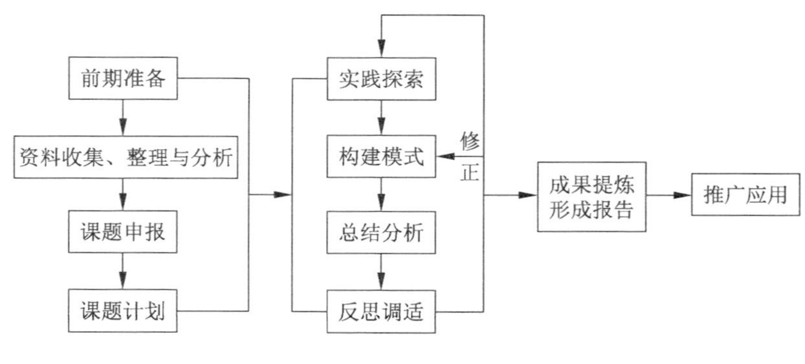

图 2.1

三、案例分析法

通过对典型教学案例的分析，从理论和实践两方面论证其设计意义与价值，并且运用经验总结法，总结有效思维课堂的教学经验，优化课堂教学结构，建构初中数学“一・二・四”思维课堂模式.

四、观察法

对学生的发展进行动态的观察，包括学习兴趣、学习方法、合作意识、参与程度等主要内容，从而不断调整课题研究的方向和路径.

第三章

初中数学“一·二·四”思维课堂的教学主张

数学故事：棋盘上的麦粒

在印度有一个古老的传说：舍罕王打算奖赏国际象棋的发明人——宰相西萨·班·达依尔．国王问他想要什么，他对国王说："陛下，请您在这张棋盘的第1个小格里，赏给我1粒麦子，在第2个小格里给2粒，第3小格里给4粒，以后每一小格都比前一小格增加一倍．请您把这样摆满棋盘上所有的64格的麦粒都赏给您的仆人吧！"国王觉得这要求太容易满足了，就命人给他这些麦粒．当人们把一袋一袋的麦子搬来计数时，国王才发现：就是把全印度甚至全世界的麦粒全拿来，也满足不了那位宰相的要求．

那么，宰相要求得到的麦粒到底有多少呢？

$1+2+4+8+\cdots\cdots+2^{63}=2^{64}-1=18446744073709551615$(粒)

这是一个十分惊人的数字．

折纸游戏

思考：一张纸的厚度大约是0.1毫米，把这张纸对折30次，厚度会是多少呢？

折纸次数	纸的厚度(毫米)
1	$0.1\times2=0.1\times2^1$
2	$0.1\times2\times2=0.1\times2^2$
3	$0.1\times2\times2\times2=0.1\times2^3$
⋮	
30	$0.1\times2^{30}=0.1\times1073741824$(毫米)$=107374.1824$ 米>8844 米

把一张纸对折30次的厚度超过了珠穆朗玛峰的高度！

从以上两个例子可以看出，幂运算真的非常神奇．当一粒麦子变成两粒麦子，然后以2为底数依次进行幂运算，经过64次运算后之后，得到一个天文数字．一张纸对折30次，相当于以2为底数进行30次幂运算，结果竟然超过了珠穆朗玛峰的高度．这就是"九层之台，起于累土"吧．

试想，在我们的课堂中，把学生的潜能看成"底数2"，然后进行幂运算，是否也会发生这种神奇的现象呢？答案是不言而喻的！

从这个意义来说，“一·二·四”承载的不仅仅是一种课堂教学的模式，更是饱含着对课堂能量的无限期待：以学生的发展为中心，初中数学课堂将会迸发出无穷的力量！

第一节 以学生为中心的数学课堂

> 真正的数学是教人，而不是教书，学科教师不是教学科，而是用学科来教人，这是培育学科核心素养首先必须确立的教学观念.
>
> ——余文森《核心素养导向的课堂教学》

在学科教学中，知识的获得、能力的培养、成绩的提高，这些都很重要，但是，这一切必须服务于学生的健康、幸福、尊严和个性的发展以及内心的自由. 初中数学“一·二·四”思维课堂的核心主旨为“一个中心”，即以学生的发展为中心，两条主线情理交融，四个维度科学建构，都是为实现“一个中心”保驾护航. “以学生的发展为中心，使人人都能获得良好的数学教育，不同的人在数学上获得不同的发展”是一切教学活动的出发点和最终归属. 那么，该如何建构以学生发展为中心的课堂呢？

一、营造民主平等的课堂氛围

自然界有这样一种现象：当一株植物单独生长时，显得矮小，而与众多同类植物一起生长时，则根深叶茂，生机盎然，这种现象叫“共生效应”. 英国卡文迪许实验室100多年来培养出20多位诺贝尔奖获奖者，便是一个“共生效应”的杰出典型.

一个班级就是一个很好的共生环境，教师要充分利用这个共生环境，正确运用“共生效应”，建立互帮互助的学习“共生圈”. 尊重学生，平等对待每一位学生，营造团结协作、奋发向上的良好氛围，促进学生共同发展.

在工作的第二年，我任教了一个全校最特殊的班级，这是一个由留级生和插班生组成的班级，学生纪律涣散，成绩不理想，从未得过学校的表彰和肯定. 我到班上说的第一句话就是：“请同学们记住，你们每一个人在老师心里都很重要，老师会平等对待每一位同学，我相信我们的班级一定会成为学校最好的班级，班里的每一位同学都会成为最棒的自己．也请大家回去告诉家长，老师有信心教好大家！”我的这番话不仅赢得了学生的信任，也在他们的心里播下了希望的种子．在课堂教学中，我处处注意维护学生的自尊，营造民主和谐的氛围，激发学生的学习兴趣，组建学习小组开展学习竞赛活动，把学生的注意力成功吸引到学习中．一年过后，这个班不仅取得了全乡第一名的好成绩，而且实现了德、智、体、美、劳全面发展，被评为学校的先进班级．

二、突出学生在学习活动中的主体地位

学生可以通过接受学习的方式，也可以通过自主探索等方式获得知识，但必须建立在自己思考的基础上．学生应用知识并逐步形成技能，离不开自己的实践．学生在获得数学知识技能的过程中，只有积极参与教师精心设计的教学活动，才能在数学思考、问题解决和情感态度方面得到发展．

（一）突出学生在学习活动中的主体地位，要善于创设引发学生思考的情境

案例一　在教学一元二次方程的概念时，可提出问题：

① 我们已经学习过哪些方程？

② 这些方程是怎么定义的？

③ 你能利用已有经验，尝试给出一元二次方程的定义吗？

④ 你能写出两个一元二次方程吗？

这样环环相扣的 4 个问题，给学生创设了思考的情境，在唤起学生对知识记忆的同时，实现有效迁移，从而完成概念的自我建构，凸显学生的主体地位，而不是把概念灌输给学生，把学生当作被动接受知识的容器．

（二）突出学生在学习活动中的主体地位，要善于提出能引发学生思考的问题

在课前、课中，或者在课堂小结时提出能引发学生思考的问题．

案例二　在教学“二元一次方程与一次函数”这一内容时，课前教师先提出问题：

① 教材为什么把二元一次方程与一次函数放在一起？

② 它们之间会有什么关联？

③ 你准备从哪些方向去探究它们之间的关系？

通过问题引发学生的思考，同时揭示这一节课的核心内容，激发学生主体参与的意识，让学生带着问题去学习，可以提高课堂的专注度和参与度.

案例三 在教学“中点四边形”时，教师引导学生通过探究后得出结论：顺次连接平行四边形四边中点得到平行四边形，顺次连接矩形四边中点得到菱形，顺次连接菱形四边中点得到矩形. 这时，教师可以提出问题：

① 顺次连接任意四边形四边中点得到的中点四边形是什么形状？

② 如果对应的中点四边形是正方形，那么原四边形应该满足什么条件？

③ 决定中点四边形形状的关键要素是什么？

在教学中提出 3 个层层深入的问题，既是承上启下，也是画龙点睛，把学生学习的视角由关注外在的形态转移到对问题本质的认识和研究上来，最后得出“中点四边形的形状由原四边形两条对角线的位置及数量关系决定”这一核心结论也就水到渠成了.

案例四 在教学“反比例函数与图形面积”这一专题时，课堂小结可提出 3 个问题：

① 通过本节课的学习，在反比例函数背景下，你会求哪些图形的面积？请归类整理.

② 通过本节课的学习，你积累了哪些数学模型？这些模型之间有什么联系与区别？

③ 通过本节课的学习，你掌握了哪些解题的策略和方法？

突出学生在学习活动中的主体地位，就是要把思考权、探究权还给学生，因而教师用心设计能引发学生深度思考的问题就显得尤为重要.

（三）突出学生在学习活动中的主体地位，要给予学生思考、讨论、发言的机会

突出学生在学习活动中的主体地位，既要给予学生思考、讨论、发言的机会，又要给予学生思考、讨论、发言的时间和空间．因而，教师在安排教学内容时不宜太满，要留有余地．在传授知识和技能时，要让学生经历思考和探究的过程，学生能通过探究获得结论时，教师不要急着把结论告诉学生，学生自己可以学会的东西，教师还要做到少讲、精讲．俗话说：“言为心声．”教师要善于倾听学生的发言，通过学生的表述来判断他们对当前内容理解和掌握的程度，再有的放矢进入下一环节的教学．“以学定教，先学后教”是落实学生主体地位的有效举措．

三、关注学生的个体差异

曾有这样一则报道：美籍华裔物理学家钱致榕先生上中学时正处战乱时期，社会风气不好，学生也不学习，当时学校从300名学生中挑选出60名，组成一个“荣誉班”，钱先生即为其中一员．教师告诉这些学生，之所以挑选他们重点培养是因为他们很有前途．后来，这个班的学生基本都考上了大学，大多数成了才．但是，直到20世纪80年代，钱先生才从当年的教师口中了解到，这60名学生当时是学校通过抽签筛选出来的，并非因为他们真的更优秀．但这60名学生因为得到肯定，最终大多成了才．由此可见，教师的态度对学生是多么重要．教师一定要树立正确的学生观，了解每个学生的特点，发现他们的长处，积极对待落后的学生，通过一些方法来改变他们，使每个学生都能得到应有的发展．

一个班级里的学生来自不同的家庭，有着不同的成长经历，当然也就会有不同的性格、兴趣、爱好、特长．另外，一个班的学生年龄虽然相仿，但智力发展不一定同步，再加上一些其他的因素，会表现出有些人成绩暂时领先，有些人成绩暂时落后，有些人逻辑思维能力强，有些人在语言表达上有天赋……教师应当接受学生的个体差异，不能因为自己的喜好而对学生产生偏见，使学生的心灵蒙上阴影，这不利于他们的成长．在尊重学生个性差异的基础上，要做到因材施教．对于学习有困难的学生，教师要给予更多的关注与帮助，鼓励他们主动参与数学学习活动，并尝试用自己的方式解决问题、表达自己的看法，要及时肯定他们的点滴进步，耐心引导他们分析学习产生困难或产生其他错误的原因，并鼓励他们自己去改正，从而提高学生学习数学的兴趣，增强他们学好数学的信心．对于学有余力并对数学有兴趣的学生，教师要为他们提供足够的材料和思维空间，发展他们的数学才能．只有

关注学生的个体差异，才能促进每个学生在原有基础上获得发展.

有一年，我中途接任初三数学教学工作，查看任教班级初二下学期期末考试成绩时，发现有一个叫薇薇的女生的数学成绩单上写着“5分”. 当时我心想：“这孩子一定是小学阶段就开始放弃数学学习，因此到初中基本就一窍不通了，否则，也不至于考出个位数的成绩！”上课时，我留意观察，发现薇薇并不是拒绝学习的孩子，她的表现甚至有些活跃，积极回应老师的问题，积极参加到小组讨论中. 这样的孩子怎么可能只考5分呢？通过进一步了解，我发现薇薇是一个外向型的孩子，有文艺特长，性格有些叛逆，因为和上一任老师闹矛盾，所以无心学习，成绩一塌糊涂. 我上课有意识地加强对薇薇的关注，发动小组的成员帮助她，有进步及时肯定和鼓励，并创造条件让她展示文艺特长，渐渐地，薇薇爱上了数学，成绩不断进步，中考时，数学考了105分(满分120分).

四、寻找学生智能发展的最佳点

奥托·瓦拉赫是诺贝尔化学奖获得者，他开始读中学时，父母为他选择了一条文学之路，不料一学期下来，教师这样评价：“瓦拉赫很用功，但过分拘泥，难以造就文学之材.”此后，父母又让他改学油画，可他不善于构图，又不会润色，成绩全班倒数第一，而对如此“笨拙”的学生，绝大部分老师认为他成才无望，只有化学老师认为他做事一丝不苟，具备做好化学实验的素质，建议他学化学，瓦拉赫的智慧之花一下子被点燃了，并最终获得了成功. 这说明了一个道理：个人的智能发展是不均衡的，都有其强项和弱项，在学习过程中，一旦找准了自己智能发展的最佳点，便可取得惊人的成绩.

在教学过程中，有的学生表现得优秀些，是由于他们展现的恰好是自己的强项；有的学生表现平常甚至比较差劲，往往是因为这些方面确实是他们的弱项，而他们的特长却被压抑着. 教师有责任和义务挖掘学生的潜力，帮助他们正确认识自己，找准自己的位置. 在教学活动中，要鼓励与提倡解决问题策略的多样化，恰当评价学生在解决问题过程中所表现出的不同水平；问题情境的设计、教学过程的展开、练习的安排等要尽可能地让所有学生都能主动参与，并提出各自的问题解决策略，引导学生通过与他人的交流、讨论，最终选择合适的策略，丰富数学活动的经验，提高思维水平.

正确运用“瓦拉赫效应”，用变化、发展的眼光看待学生，或许会有意想不到的收获. 我的一个学生欧欧，学习很努力，但成绩却不理想，常常在及格线左右徘徊.

我发现他空间观念强但数感弱，有一定的逻辑推理能力，但计算能力很差，每次做题的思路基本正确，但在计算上一定会出问题. 针对这一特点，我给他提了一些学习建议，例如几何是他的强项，课上尽量多展示，课下加强薄弱项代数的学习，有计划地开展计算练习. 一个学期之后，他的学习状态有了很大的改观，中考时数学考了 91 分(满分 100 分).

以学生的发展为中心，落实在课堂中就是要遵循学生的身心发展规律和教育教学的基本规律，确保学生在学习活动中的主体地位，从而实现学生生动活泼、富于个性的学习成长.

第二节 数学理性散发的温暖光芒

《教育要培养情商》一书中提出:“创新主要是创造性的培养,而创造性的关键是情商,其次是思维方式,最后才是基础知识和基本技能. 高情商提供动力支持,基础知识、基本技能提供物质基础. 创新教育最重要的不是“双基”,而是对创造性贡献最大的情商因素. 培养适应21世纪社会发展要求的成功型人才,不仅需要培养高智商的人才,更需要培养具有高情商的人才.”

数学作为一门基础学科,肩负着立德树人的根本任务,初中数学思维课堂既要有理性的高度,也要有感性的温度;每一节课既要设计好思维的主线,更不能忽略情感的主线.

中国科学院院士、中国科学院数学与系统科学研究院研究员袁亚湘在《开讲啦》节目中,面对很多网友提出“数学太难学”的问题时说:“中学的数学跟大学的数学差别太大太大,上大学之前学到的数学就是个小拇指头这么一点点. 中学数学是打基础的阶段,学习数学要从兴趣出发. 不管是老师还是家长,对于孩子的数学教育,最重要的是要教会他们数学背后的奥秘与道理,要让孩子觉得好玩.”袁院士还说,他的学习兴趣和爱思考的习惯得益于母亲的培养,基于学习兴趣,他才能通过努力不断取得优异成绩,才能在多年的数学研究中克服重重困难.

针对如何发挥数学学科的德育功能,张奠宙教授给出了构建数学学科德育体系的框架:一个基点,三个维度,六个层次.

- 一个基点,即热爱数学.
- 三个维度,即具有人文精神、科学素养和道德品质.
- 六个层次:

第一层次,数学本身的文化内涵,以优秀的数学文化感染学生;

第二层次,数学内容的美学价值,以特有的数学美陶冶学生;

第三层次，数学课题的历史背景，以丰富的数学发展史激励学生；

第四层次，数学体系的辩证因素，以科学的数学观指导学生；

第五层次，数学周围的社会主义现实，以昂扬的斗志鼓舞学生；

第六层次，数学教学的课堂环境，以优良的课堂文化塑造学生.

因此，作为一名数学老师，使命绝不仅仅是教授数学知识，更重要的是育人，把落实情感态度的目标作为己任，努力把情感态度目标有机地融入数学教学过程之中. 在教育教学活动中，教师要尊重学生，以强烈的责任心，严谨的治学态度，健全的人格感染和影响学生；要不断提高自身的数学素养，善于挖掘教学内容的教育价值. 教师设计教学方案、进行课堂教学活动时，要引导学生积极参与教学过程，组织学生探索，鼓励学生创新，使他们愿意学，喜欢学，对数学感兴趣，感受到数学的价值，体验到成功的喜悦，从而增强自信心. 教师也要引导学生善于与同伴合作交流，既能理解、尊重他人的意见，又能独立思考、大胆质疑，在数学学习中养成良好的学习习惯，磨炼克服困难的意志.

回顾自己 30 年的教育历程，从教学新人到成熟老教师，我一直注重挖掘学科的育人功能，注重思想方法的渗透，注重情感态度和价值观的引领.

工作的第一年，我不懂教学艺术，也不知道怎样的课才算是一节好课，凭着一腔热情，教学生喜欢的，以学生喜欢的方式教，取得了非常好的成绩.

工作的第二年，我任教了一个留级生和插班生混合组建的班级. 每节课我都尽量给每一个学生提供一次发言的机会，不遗余力地寻找学生身上的闪光点，不失时机地鼓励和肯定他们，激发了他们学习的兴趣，点燃了他们的学习热情. 一年后，这个班取得全乡统考第一名的好成绩.

工作的第四年，我又一次接受了新的挑战. 在关心、爱护、唤醒学生的同时，我开始思考如何从教学内容中挖掘育人的素材，让学生由喜欢我转为喜欢上这门课，而学生迸发出来的潜力常常让我欣喜和感动.

……

不论在教学过程的哪一个阶段，我都牢牢抓住“以学生发展为本”这个中心，让学生主动参与、探究发现、交流合作，关注学生学习的探究过程、情感变化、成功体验，营造适合学生合作学习的环境，在研究实践中，激活了思维，丰富了课堂. 注重培养学生浓厚的学习兴趣和良好的学习习惯，用自己的满腔热情感染学生；注重与学生心灵的沟通和交流，在课堂上鼓励学生调动多种感官参与学习，培养学生的专注力和意志力. 对学生非智力因素的培养为我的数学教学打开了一扇窗，透过这扇窗学生看到了多姿多彩的数学世界，获得了学习的强大动力.

注重对学生情商的培养，让数学的理性散发出温暖的光芒，构建“以生为本”的课堂让我收获满满，在为孩子们搭建坚实成长平台的同时，我与他们建立起深厚的师生情谊，收获了强烈的职业幸福感.

第三节　培养核心素养的思维课堂

罗增儒教授把新中国数学课堂的变迁概括为 5 个时期，如图 3.1 所示.

第 1 时期（20 世纪 50 年代）：课堂教学主要是传授知识的过程，简称为数学知识的教学.

第 2 时期（20 世纪 60 年代）：课堂教学主要是传授知识、培养能力的过程，简称为数学知能的教学.

第 3 时期（20 世纪 80 年代）：课堂教学主要是传授知识、培养能力、转变态度的过程，简称为数学知能情的教学.

第 4 时期（20 世纪 90 年代）：课堂教学主要是传授知识、培养能力、领悟思想、转变态度的过程，简称为数学思想的教学.

第 5 时期（21 世纪）：课堂教学不仅要传授知识、培养能力、领悟思想，而且要掌握核心素养，发展情感态度，立德树人，简称为数学素养的教学.

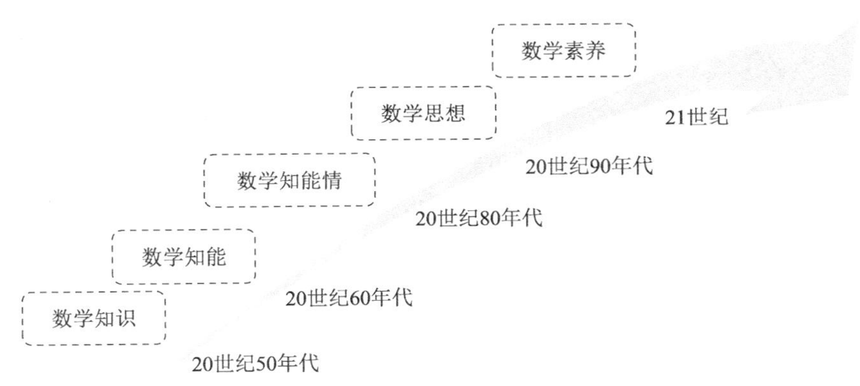

图 3.1

罗教授提出，从“数学知识的传授”逐步发展为“数学素养的生成”，把培养、提升学生的核心素养作为课程的基本目标,“数学素养教学”是中国数学课堂发展的一个必然阶段,它是“知识教学”“能力教学”“思想教学”的深化与提升. “数学素养教学”不是要“偏离知识、削弱能力”,而是不满足于“从知识内容及其所使用的方法”中提炼数学思想,还要找出数学思想方法里的DNA——数学核心素养,并与立德树人沟通. 这对教师和教学提出了更高的要求.

数学学科的核心素养具体指什么? 又该怎样培养呢?《普通高中数学课程标准(2017年版)》给出了答案:数学学科核心素养是具有数学基本特征的思维品质、关键能力以及情感、态度与价值观的综合体现,包括数学抽象、逻辑推理、数学建模、直观想象、数学运算和数据分析. 数学学科核心素养是在数学学习和应用的过程中逐步形成和发展起来的,在初中阶段主要表现为获得基础知识、基本技能、基本思想、基本活动经验,增强发现和提出问题的能力、分析和解决问题的能力,会用数学的眼光观察世界,会用数学的思维思考世界,会用数学的语言表达世界.

初中数学“一·二·四”思维课堂从“理解数学”“理解教学”“理解学生”的视角开展研究,注重变式、开放等教学方法的应用,对教学策略、课型结构进行重建,注重挖掘数学学科的育人功能,注重思想方法的渗透,注重情感态度和价值观的引领,让学生在经历“爱学数学→会学数学→学好数学→会用数学”的过程中,具有初步的创新意识和实事求是的科学态度,获得多元发展,实现数学素养的提升,在培养数学核心素养、落实立德树人根本任务的道路上迈出了坚实的步伐.

一、遵循思维规律,发展数学素养

初中生的思维发展是有逻辑的,是一个螺旋式上升的过程. 教师通过设计系列化的、具有创新意义的数学活动,引导学生循环往复、螺旋上升地经历数学抽象、逻辑推理和数学应用(数学建模)等过程,促使学生在抽象数学对象,获得核心概念的过程中发展数学抽象、直观想象素养,在发现数学性质与关系、推导数学公式、证明数学定理的过程中发展逻辑推理、数学运算素养,在应用数学的知识、思想和方法解决实际问题的过程中发展数学建模、数据分析素养.

案例一 在教学“用字母表示数”这一内容时,以“小青蛙的游泳运动会”为背景设计由浅入深的三个题组,让学生经历“数→字母→式→图形→规律”的探究过程,在这个过程中培养思维能力,发展数学素养.

【问题 1】 小青蛙的游泳速度为 2 米/秒，3 秒钟后，这只小青蛙游了__________米，a 秒钟后，这只小青蛙游了__________米.

变式 1：小青蛙的游泳速度为 b 米/秒，a 秒钟后，这只小青蛙游了_____米.

变式 2：小青蛙的游泳速度为 b 米/秒，大青蛙的游泳速度比小青蛙的速度快 1.5 米/秒，则大青蛙游泳的速度为__________米/秒.

变式 3：小青蛙的游泳速度为 b 米/秒，大青蛙的游泳速度比小青蛙的速度快 1.5 米/秒，则百米游结束后，小青蛙用时为__________秒，大青蛙用时为__________秒.

【问题 2】 如图 3.2 所示，长方形泳池长为 100 米，宽为 50 米，则这个泳池的面积为__________平方米.

变式 1：若长方形泳池长为 a 米，宽为 b 米，请求出这个泳池的面积.

变式 2：在变式 1 的条件下，若长增加了 20 米，你还能求出这个泳池的面积吗？

变式 3：若大长方形长为 c 米，宽为 d 米，小长方形(泳池)长为 a 米，宽为b 米，求四周看台的面积.

变式 4：长方形泳池长为 a 米，宽为 b 米，三角形看台的高为 c 米，求看台的面积.

变式题组示意如图 3.3 所示.

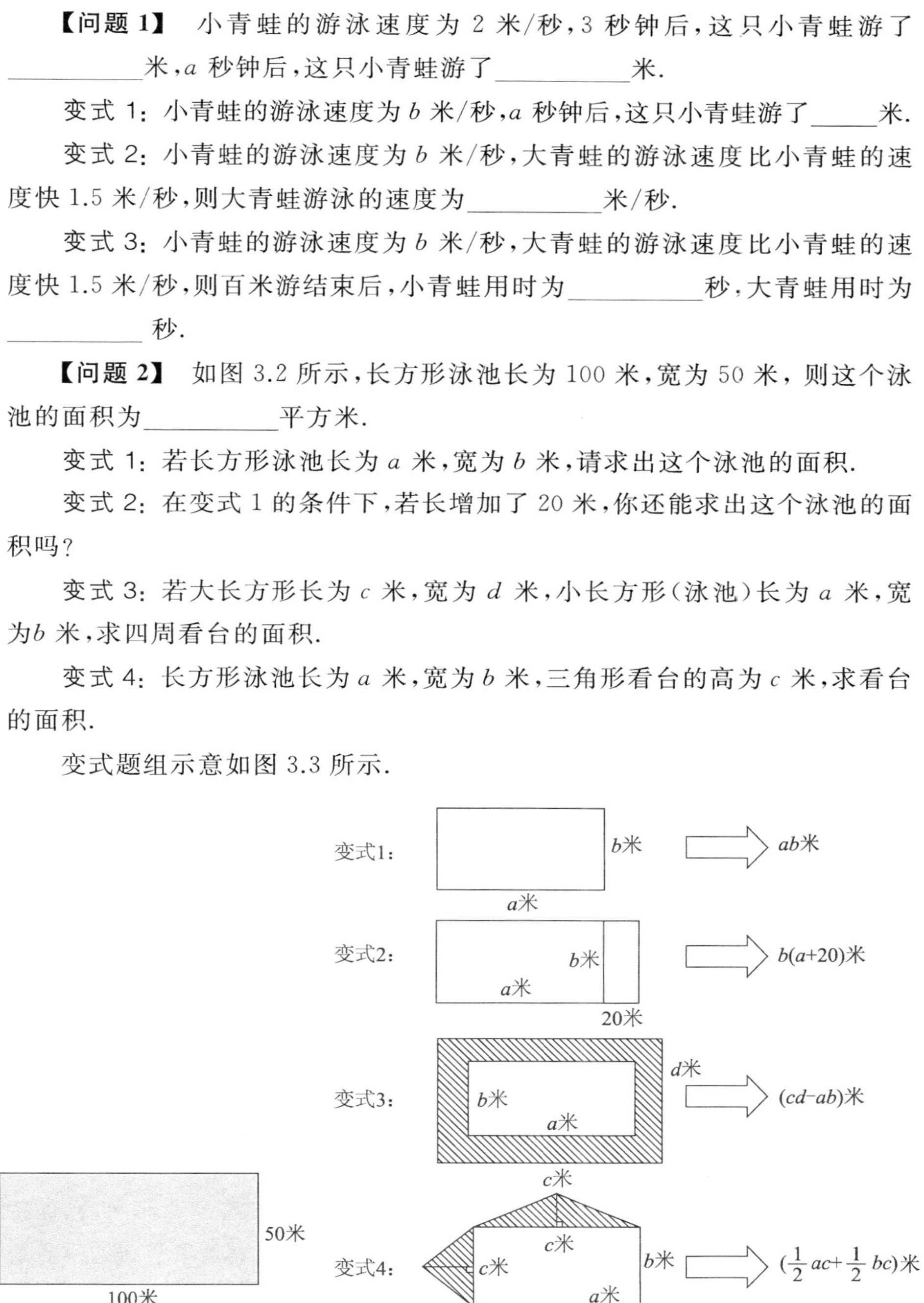

图 3.2　　　　图 3.3

【问题 3】 如图 3.4 所示，小青蛙们组成了一个个小方队，按照(1)(2)(3)方队的规律，请回答下列问题：

① 第(4)个图中有__________只小青蛙；

② 第(10)个图有__________只小青蛙；

③ 猜想：第(n)个图中有__________只小青蛙.

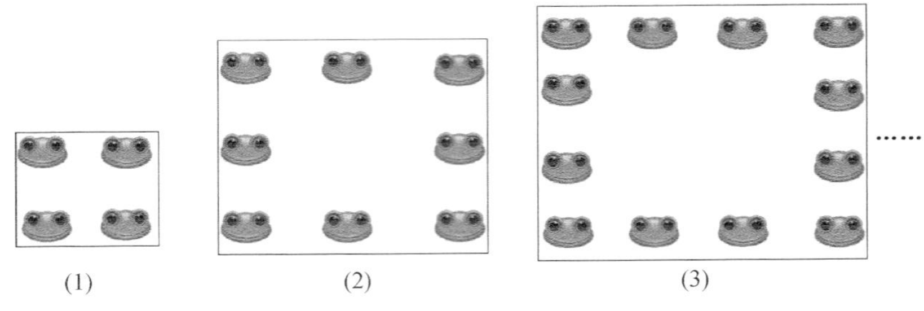

图 3.4

二、变式教学培养思维的灵活性

变式教学是指教师有目的、有计划地对问题进行合理转化，不断变换问题中的非本质特征(如变换问题中的条件或结论，变换问题的内容或形式等)，但问题的本质属性始终保持不变，以展示知识的发生、发展过程，揭示数学问题的结构和演变过程的一种教学手段. 变式的核心是多角度思考，分层次推进，使学生从“变”的现象中发现“不变”的本质，从“不变”的本质中探究“变”的规律，有利于培养学生思维的灵活性.

在“一·二·四”思维课堂中，精心设计变式题组，对核心概念进行不同角度、不同层次的变化，引导学生多侧面、多角度、多渠道地思考问题，不仅能促使学生对知识的融会贯通，更能让学生在变化中领略数学的魅力，体会学习数学的乐趣，实现让学生“爱学数学，会学数学”的目标.

案例二 教学平行线的性质时，可通过图形变式的方式设计问题，在保持 $AB \parallel CD$ 不变的条件下，改变点 P 的位置(点 P 分别在两条平行线的内侧或外侧，如图 3.5 所示)，得到四类图形，分别探究每一类图形中 $\angle BPD$，$\angle B$，$\angle D$ 之间的数量关系. 这样的设计可避免机械、单调的重复训练，教给学生思考问题的角度和方法，从而提高学生的数学思维能力.

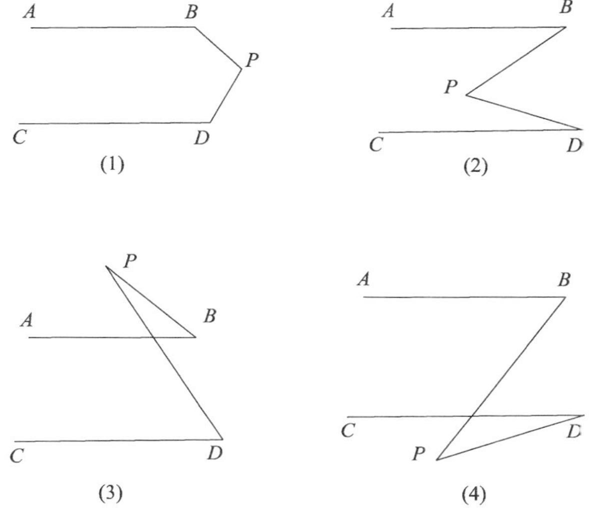

图 3.5

三、开放性教学培养思维的发散性

所谓开放性教学，就是以知识教学为载体，创造一个开放的教学环境，让学生主动探索，在探索中发现并获取相关知识和技能的一种教学方式. 由于这种方式不局限、不拘泥，以学生为主体，给学生自由思考和想象的时间和空间，能有效培养学生的发散性思维和创新能力. 张奠宙教授就特别重视开放性教学，他在《张奠宙数学教育随想集》中谈道：让“开放性教学”成为“家常菜”，开放性教学落实于日常，有利于创新，是未来的目标.

在教学课堂教学中设计开放性问题，让学生多探讨，多争论，有利于营造民主和谐的课堂教学氛围，引导学生在“自主、合作、探究”中经历数学抽象、逻辑推理和数学建模等过程，通过开放性问题的解决深化核心概念，发展数学抽象、直观想象等素养.

案例三　在教学平行四边形性质判定的应用时，设计开放性问题，使学生在开放探究中激活思维，提高问题解决能力和综合应用知识的能力.

【问题】 在▱$ABCD$ 中，E，F 分别为对角线 BD 上的两点.

如图 3.6 所示，若 $BE=DF$，连接 CE，AF.

求证：四边形 $AECF$ 是平行四边形.

［问题变式］ 如图 3.7 所示，若 $AE\perp BD$ 于 E，$CF\perp BD$ 于 F，连接 CE、AF.

求证：四边形 $AECF$ 是平行四边形.

［问题开放］ ① 如图 3.8 所示，连接 CE，AF，请添加一个条件________________，使四边形 $AECF$ 是平行四边形.

② 如图 3.9 所示，点 E，F，G，H 分别在▱$ABCD$ 的对角线 BD，AC 上，当满足条件________________时，四边形 $EHFG$ 是平行四边形.

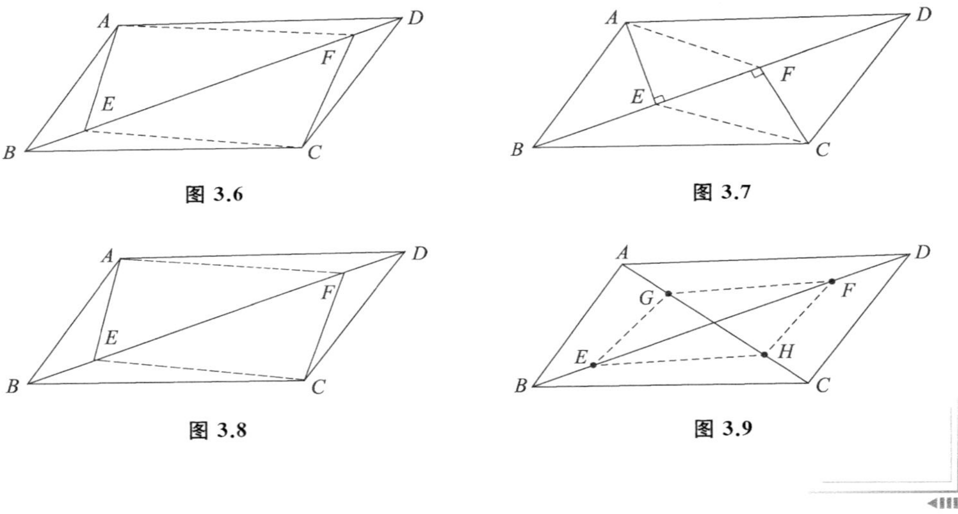

图 3.6　图 3.7　图 3.8　图 3.9

四、搭建思维载体，提升思维能力

初中阶段的学生处于直观形象思维向抽象思维发展的时期，在解决数学问题时，往往表现为形象思维见长. 符号标记是解决数学问题的一种辅助手段，它可以使数学抽象的属性形象化，隐性的特征显性化，从而帮助学生把复杂的问题转化为简单的问题加以解决，对于提高学生发现和提出问题、分析和解决问题的能力具有重要的意义.

(一) 巧用标记助力计算,会用数学的眼光观察

从小学升入初中,七年级的学生刚刚经历从数到式的过程,直观、形象的事物对他们更具有吸引力. 在整式加减运算的教学过程中,我尝试寻找一个载体,就是通过符号标记,引导学生用数学的眼光去观察,去发现问题的本质和规律,培养学生的数学素养.

案例四　整式的加减运算

在整式加减的教学中,我进行了这样的实验:一班与二班在相同的时间当堂完成 5 道题,方法不同,运算的准确率却有很大差异.

1. 常规解法及效果

一班采用直接运算的方式,完成以下 5 道题:

① x^2-3x^2

② $x^2+2x^2-3x^2$

③ $x^2+2x^3-3x^2-x^3$

④ $x^2y-xy^2-5xy^2+3x^2y+2xy^2$

⑤ $x^2y-2x^2y^2-5xy^2-3x^2y+6xy^2+x^2y^2$

一班运算正确率统计如下:

题号	①	②	③	④	⑤
正确率	100%	94%	86%	70%	48%

2. 符号标记法及效果

同样的 5 道题,在二班同学运算前教师先做示范,并强调当项数超过 3 项时,答题前先观察,并用符号对不同的同类项进行标记:

① x^2-3x^2

② $x^2+2x^2-3x^2$

③ $\underline{x^2}+\underline{\underline{2x^3}}-\underline{3x^2}-\underline{\underline{x^3}}$

④ $\underline{x^2y}-\underline{\underline{xy^2}}-\underline{\underline{5xy^2}}+\underline{3x^2y}+\underline{\underline{2xy^2}}$

⑤ $\underline{x^2y}-\underline{\underline{2x^2y^2}}-\underline{\underline{\underline{5xy^2}}}-\underline{3x^2y}+\underline{\underline{\underline{6xy^2}}}+\underline{\underline{x^2y^2}}$

二班计算正确率统计如下：

题号	①	②	③	④	⑤
正确率	98%	94%	90%	86%	82%

【案例分析】 对比一班和二班的计算结果，可以看出，在整式加减的运算中，如果不借助辅助手段，随着项数和类别的增加，学生运算正确率明显下降，尤其是第⑤道题，类别相近，项数较多，常规运算正确率很低，典型错误如找错同类项、漏项等.而采用符号标记法运算，学生能轻松把不同的同类项清晰区别开来，大大提高了运算的准确性. 在后续的教学中，这一结论得到了进一步验证.

实践证实，学会符号标记，会用数学的眼光去观察，更有利于学生把握问题的本质和规律，可为提高运算能力奠定坚实的基础.

(二) 巧用标记进行公式辨析，会用数学的思维思考

平方差公式和完全平方公式是初中数学整式乘法中很重要的两个公式，但是我发现，不少学生在学习完公式之后，只满足于记住公式和机械套用公式，没有弄明白公式的结构特征，对公式理解不透彻，当遇到项的位置变化或项数增加时，要么一筹莫展，要么破绽百出. 当学生运用符号标记方法进行公式辨析时，问题立刻迎刃而解.

案例五　运用乘法公式进行计算

平方差公式用字母表示为$(a+b)(a-b)=a^2-b^2$，而完全平方公式的左边可以写成$(a+b)(a+b)$或$(a-b)(a-b)$，在结构上与平方差公式左边相似，因此学生不容易辨别. 这时，可引导学生认真观察，发现两个公式的本质特征，再用符号标记法把发现的规律形象地表达出来.（与学生约定：用符号对公式进行标记，“—”表示符号相同的项，“▲”表示符号相反的项.）标记如下：

平方差公式：$(\underset{-}{a}+\underset{\blacktriangle}{b})(\underset{-}{a}-\underset{\blacktriangle}{b})=a^2-b^2$

完全平方公式：$(a+b)^2=(\underline{a}+\underline{b})(\underline{a}+\underline{b})=a^2+2ab+b^2$

$(a-b)^2=(\underline{a}-\underline{b})(\underline{a}-\underline{b})=a^2-2ab+b^2$

通过符号标记，两个公式的本质属性立刻显现出来：平方差公式的左边存在一对完全相同的项和一对互为相反数的项，且结果等于完全相同的项与互为相反数的项的平方差；而完全平方公式的左边则存在两对完全相同的项. 接着，通过问题1的4道题检测应用效果.

【问题1】 请选择合适的乘法公式进行计算.

① $(a+b)(b-a)$

② $(-a+b)(b-a)$

③ $(-a+b)(-a-b)$

④ $(a+b)(-a-b)$

对4道题进行符号标记并计算如下：

① $(\underset{\blacktriangle}{a}+\underline{b})(\underline{b}-\underset{\blacktriangle}{a})=b^2-a^2$

② $(\underline{-a}+\underline{b})(\underline{b}\underline{-a})=(b-a)^2=a^2-2ab+b^2$

③ $(\underline{-a}+\underset{\blacktriangle}{b})(\underline{-a}-\underset{\blacktriangle}{b})=(-a)^2-b^2=a^2-b^2$

④ $(\underset{\blacktriangle}{a}+\underset{\blacktriangle}{b})(-\underset{\blacktriangle}{a}-\underset{\blacktriangle}{b})=-(a+b)^2=-a^2-2ab-b^2$

为了进一步培养学生的思维能力，在问题1的基础上，把整式乘法中两个因式的项数由两项变为三项或四项，形成了问题2的4道题，要求学生完成.

【问题2】 下列各式可以怎样应用公式进行计算？

① $(a-b+c)(a-b-c)$

② $(a-b-c)(a+b-c)$

③ $(a-b+c)(a+b-c)$

④ $(a-b+c-d)(a+b-c-d)$

用符号标记并计算如下：

① $(\underline{a}-\underline{b}+\underset{\blacktriangle}{c})(\underline{a}-\underline{b}-\underset{\blacktriangle}{c})=(a-b)^2-c^2=a^2-2ab+b^2-c^2$

② $(\underline{a}-\underset{\blacktriangle}{b}-\underline{c})(\underline{a}+\underset{\blacktriangle}{b}-\underline{c})=(a-c)^2-b^2=a^2-2ac+c^2-b^2$

③ $(\underline{a}-\underset{\blacktriangle}{b}+\underset{\blacktriangle}{c})(\underline{a}+\underset{\blacktriangle}{b}-\underset{\blacktriangle}{c})=a^2-(b-c)^2=a^2-b^2+2bc-c^2$

④ $(\underline{a}-\underset{\blacktriangle}{b}+\underset{\blacktriangle}{c}-\underline{d})(\underline{a}+\underset{\blacktriangle}{b}-\underset{\blacktriangle}{c}-\underline{d})$

$=(a-d)^2-(b-c)^2$

$=a^2-2ad+d^2-b^2+2bc-c^2$

【案例分析】 问题1的4道题相似度很高，仅仅存在个别符号或者排列顺序的区别，但4道题所用公式不同，计算结果也大相径庭. 学生只有深刻理解了公式的内涵，才能做出准确的判断及应用. 符号标记，可以使抽象的属性形象化，隐性的特征显性化. 用符号标记之后，学生很快做出了判断：①和③可以用平方差公式计算，②可以用完全平方公式计算. 进一步观察发现，④中存在两对互为相反数的项，提取负号后可以转化为两对完全相同的项，因而可以间接运用完全平方公式计算.

问题 2 是问题 1 的拓展和延伸，需要通过加法的交换律和结合律把两个因式变形后，再应用公式进行计算，体现了转化和整体等数学思想，是一组思维含量较高的问题. 如何交换位置，选择哪两项结合，是对学生思维能力的考验. 在实际完成的过程中，学生把从问题 1 中获得的经验用于解决问题 2，对问题 2 的 4 道题先用符号进行标记，然后观察发现每道算式的本质特征，进而选择正确的方法进行计算，得出了正确的结果. 符号标记，帮助学生架构起用数学的思维去思考实际问题的桥梁，使学生能把复杂的问题转化为简单的问题来解决，从而提高分析问题和解决问题的能力.

(三) 巧用标记建立函数模型，会用数学语言表达

在初中阶段的数学学习中，函数问题是不少学生难以逾越的一条鸿沟. 究其原因，是学生经验增长赶不上知识发展的步伐，直觉、形象为主的思维现状与抽象的函数问题难以有效衔接. 如何在函数教学中提升学生的解题能力，培养抽象思维能力呢？以符号标记做媒介，帮助学生建立起函数模型，是一种行之有效的方法.

案例六　利用函数模型解决函数比较求值问题

在一次函数与反比例函数相结合的问题中，有一类“比大小，求范围”的题型(如问题 3 和问题 4)，这类问题学生感到十分棘手，做题方向不明，连蒙带猜，错漏百出. 如果引导学生运用符号标记法建立函数模型，有效突破了难点，就能取得理想的教学效果.

【问题 3】 已知：一次函数 $y_1=x+2$ 与反比例函数 $y_2=\dfrac{8}{x}$，当 $y_1<y_2$ 时，求 x 的取值范围.

用符号标记法解决问题如图 3.10 所示.

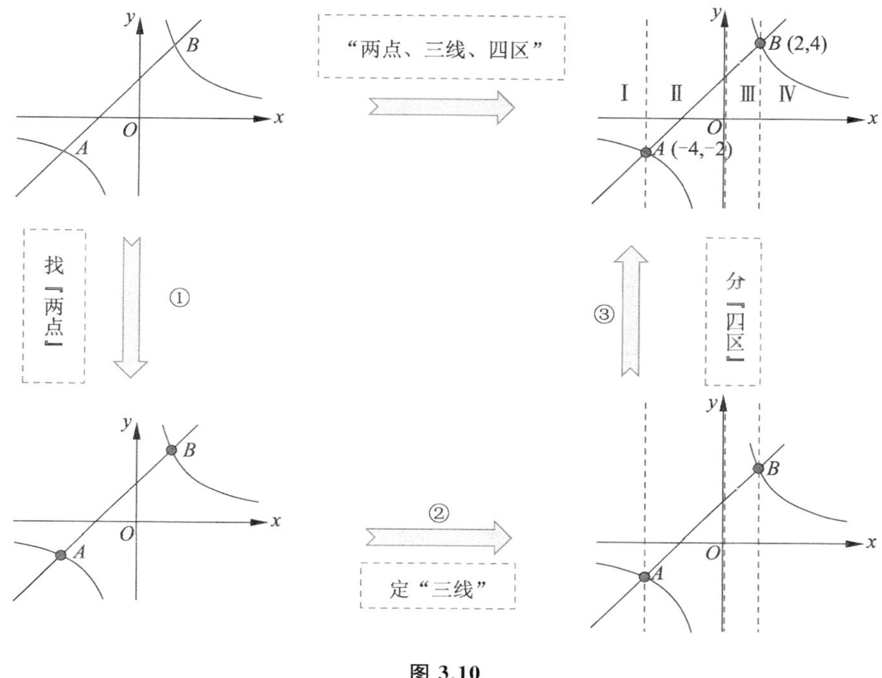

图 3.10

具体步骤如下：

① 在同一平面直角坐标系中画出一次函数 $y_1=x+2$ 与反比例函数 $y_2=\frac{8}{x}$ 的图象；

② 求出它们的交点坐标 $A(-4,-2)$，$B(2,4)$；

③ 分别过 A，B 两点作与 y 轴平行的直线，三条竖直的直线把坐标平面分成四个区域，并分别标记为Ⅰ、Ⅱ、Ⅲ、Ⅳ区；

④ 观察发现，在Ⅰ区和Ⅲ区，直线在下，曲线在上，即 $y_1<y_2$，此时相应 x 的取值范围是 $x<-4$ 或 $0<x<2$.

为了把符号标记法内化为学生解决函数相关问题的自觉行为，进一步提升建立数学模型的能力，再通过问题 4 进行巩固和强化.

【问题 4】 如图 3.11 所示，一次函数 $y_1=mx+n$ 与 $y_2=\frac{k}{x}$ 的图象相交于点 $A(2,3)$，$B(6,1)$，当 $mx+n>\frac{k}{x}$ 时，求 x 的取值范围.

符号标记法步骤：① 确定两个函数图象的交点 A，B；② 确定三条竖直的直线；③ 用符号标记坐标平面的四个区域；④ 观察得出答案，在Ⅰ区和Ⅲ区，直线在曲线的上方，此时 x 的取值范围是 $x<0$ 或 $2<x<6$.

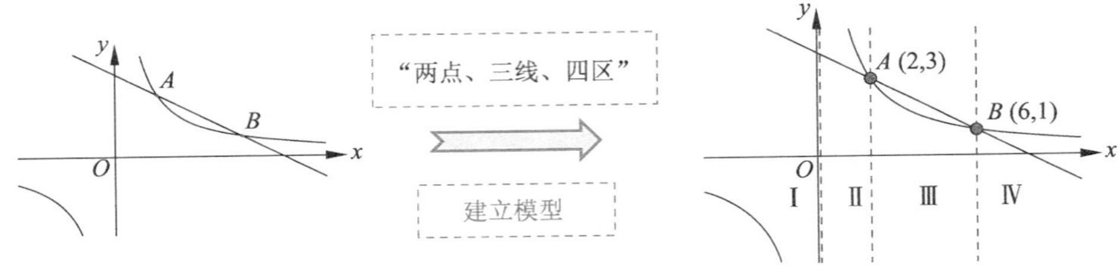

图 3.11

【案例分析】 函数是“数”与“形”的完美结合，“数形结合”是解决函数类问题的重要思想，问题 3 的解决过程正是渗透数形结合思想的过程. 在实际答题时，不少学生容易受“先入为主”的影响，对“数”的依赖性较强，当 $y_1<y_2$ 时，易转化为 $x+2<\dfrac{8}{x}$，可是往下一步涉及一元二次不等式的解法，显然超出了初中学生的能力范围，难以得出正确答案. 这时，就需要教师进行点拨和引导，通过数形结合，借助函数图象建立数学模型，才是解决这类问题的最佳方式. 问题 3 的难点在于，反比例函数的图象是不连续的两条曲线，与直线结合在一起交错起伏，学生难以观察发现变化规律. 在教学过程中，教会学生找关键点（函数图象的两个交点），定关键线（三条竖直的线），把坐标平面分成四个区，并用符号进行标记，建构起“两点、三线、四区”的数学模型，学生的解题思路就会变得清晰明朗起来. 通过观察发现，在Ⅰ区和Ⅲ区，直线在下，曲线在上，即 $y_1<y_2$，此时 x 的取值范围是 $x<-4$ 或 $0<x<2$；在Ⅱ区和Ⅳ区，直线在上，曲线在下，即 $y_1>y_2$，此时 x 的取值范围是 $-4<x<0$ 或 $x>2$.

问题 4 是问题 3 的一般化. 学生发现，问题 3 的解题策略同样适用于这道题. 于是用符号标记“两点、三线、四区”，建构起数学模型，问题 4 的解决也就水到渠成了. 在解题过程中，学生不仅能用数学的思维去思考发现这一类问题的共性，也学会了用图象语言和文字语言把发现的数学规律表达出来. 在解决两个一次函数比较大小、一次函数与二次函数比较大小的问题时，学生还能想到借助函数图象，用“找点、定线、分区”的方法来解决，实现了解决问题能力提升的一次飞跃. 学生解决问题的过程是数学模型建立的过程，通过符号标记建构起来的解题能力，已经内化成为数学素养的一部分.

以上三个案例分别对应初一“整式的加减”、初二“乘法公式”、初三“函数综合”三大内容，贯穿初中数学学习的全过程．从数到式，从式到公式，再到函数，是从具体到表象再到抽象的过程．这个过程离不开教师的引领，需要教师运用教育智慧，利用载体，搭建平台，让学生经历“从形象到抽象”的过程，在润物细无声中培育数学素养．

“授人以鱼不如授人以渔．”在数学教学中，教给学生解决问题的策略和方法，比解决问题本身更重要．让学生学会巧用符号标记，不仅能提高学生的解题能力，更重要的是能帮助学生找到研究的着眼点，获得研究的经验和方法，让学生会用数学的眼光观察世界，会用数学的思维思考世界，会用数学的语言表达世界，从而促进数学素养的提升．

第四节 课堂的时间管理策略

课堂是学生学习活动的主要阵地，学生不仅在这里获得必备的基础知识和基本技能，也在这里培养抽象思维和推理能力、创新意识和实践能力、情感态度与价值观．要想全面提高教学质量，实现学生生动活泼、富于个性地学习成长，提高课堂教学效率才是最有效的途径和方法．

我曾对初中生课堂专注度进行问卷调查，通过分析统计得出以下结论：在课堂专注度方面，30％的调查对象表示在数学课堂上不会分心，63％的调查对象表示偶尔会分神，7％的调查对象表示在课堂上经常会分神；在课堂集中精力听讲方面，68％左右的调查对象表示能够集中精力听讲30分钟以上，而30％左右的调查对象表示仅能集中精力听讲20分钟，甚至更少．

初中生的身心发展规律决定他们的注意力不够持久，注意的分配不稳定，要想提高课堂教学效率，必须做好时间规划，合理分配各个教学环节的时间．

通过实践验证，我得出了比较科学的课堂时间管理策略：一节40分钟的课，教师讲授的时间不应超过20分钟，留给学生自主学习和思考的时间至少应该保证在15分钟以上．若一节课安排2次小组合作学习机会，每次合作学习时间以5分钟左右为宜，若安排3次以上小组合作学习机会，每次合作学习时间以3分钟左右为宜．

在“一·二·四”数学思维课堂中，新知课按“问题导入→新知探究→变式应用→开放拓展→总结升华”5个环节展开（时间分配大致如图3.12所示）．专题课按“情景导入→建立模型→模型变式→模型开放→总结升华”5个环节推进（时间大致分配如图3.13所示）．复习课按“五度”模式推进，即“问题呈现有效度→问题变式有梯度→问题开放有广度→问题拓展有深度→总结升华有高度”（时间大致分配如图3.14所示）．课堂教学有了清晰的路径，更易于实施时间的管理策略，从而使减负增效真正落到实处.

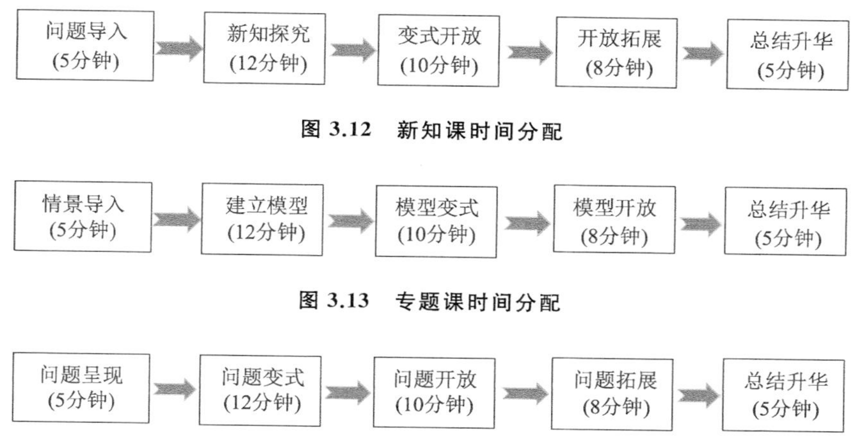

图 3.12 新知课时间分配

图 3.13 专题课时间分配

图 3.14 复习课时间分配

第五节 课堂的空间管理策略

课堂的空间管理即对课堂中的人、事、物进行统筹、规划、调配，营造一种能引起心理共鸣的学习活动氛围，便于师生在教学过程中进行知识、情感、思维交流，从而为提高课堂教学效率服务.

我曾主持桂林市“十三五”规划重点课题“现行行政班级下的初中数学分层教学实践研究”，在课题研究的过程中提出采用小组分层合作学习的方式组织课堂教学，深受学生的欢迎，教学效果好，实验班级成绩突出.

一、分析学生差异，成立合作小组

教师综合考虑学生的学业成绩、心理发展规律、年龄特点和个性差异，遵循“组内异质，组间同质”的原则，把全班搭配成若干个同质学习小组，为课堂有效开展合作学习创造有利的条件. 在合作小组中，每个成员都有一个身份，负责一项特定的工作，各组再民主推选一位小组长负责学习小组的具体工作，如课前检查本组成员预习和作业完成情况，课堂组织开展组内合作和组间竞赛，课后指导本组成员及时复习和独立完成作业. 然后，根据合作需要、学生特长，进行组内分工，有负责纠正别人在解释或总结中出现的错误的监督员，有负责小组与教师及其他小组联系和协调的联络员，有负责记录的记录员，还有负责总结的发言人等. 在不同的活动中，角色可进行互换，但要求每个小组成员都有事做，从而让学生懂得人的智能、个性、才干是多样的，每一个人都有长处和不足，只有既善待自我，又欣赏别人，既知己又知人，才能取得最大的团队学习成效. 具体操作方式为“五步”工作流程.

● 第一步：分组

在一个班级中，优等生、中等生、后进生的比例大约为 1∶2∶1，参照这个比例把学生分为 A，B，C 三个层次. 然后按照 4 人一组的标准，把一个行政班级分成约

12 个小组，每个小组的 4 个成员分别对应 A，B，B，C 层次.

● 第二步：分工

每一个小组设组长一名，副组长兼纪律委员一名.（也可以考虑 4 个人都有职务，根据实际情况灵活处理）.

● 第三步：排座位

分好组之后以小组为单位安排座位，每次上数学课按分层合作小组的座位落座.（提醒学生课前准备好数学课必备的物品.）

● 第四步：定规则

① 小组长要带领好组员，团结友爱，互相帮助，共同进步；

② 正式上课铃响之前带齐数学用品到达指定位置坐好；

③ 上课不能做与数学学习无关的事，不能谈论与数学学习无关的话题；

④ 专心听课，自主思考，认真做好笔记，独立、认真完成作业；

⑤ 积极参加小组合作学习，大胆发表见解，踊跃发言.

● 第五步：课堂组织

① 每节课安排 2 至 4 次合作学习的机会；

② 根据教学内容确定合作学习内容，合作学习内容一般以问题的形式呈现，备课时注意紧扣本节课的重点或难点设计问题.

二、精心设计活动过程，有效开展合作学习

在课堂教学中，教师根据学生在发展过程中的个体差异，渗透分层施教策略，克服班级授课制整齐划一的缺点，优化课堂教学结构，发挥优等生和中等生的作用，“好带中，中帮差”，使优等生得到发展，中等生得到提高，后进生得到转化，实现面向全体，因材施教.

（一）明确目标，指导自学

要让中学起始年级学生养成预习习惯并长期坚持，必须教给学生预习数学的方法. 教师备课要根据教学目标并站在学生的思维角度来研读教材，摸清学生在预习中可能遇到的困难，编拟出预习提纲，指导学生课前先预习新课的内容，主动感知教材，适当演算课本上的习题.

练习设置为基础型和提高型两种类型. 基础型练习各层次学生必做，提高型练习优等生必做，并鼓励中等生选做，力争使各层次学生都能感受到成功的喜悦，

引导他们逐层递进，达到更高思维水平. 课前预习和课堂练习必须与三个层次的学生相适应，既要保证面向全体，又要兼顾到优等生和后进生，使合作学习前学生个体的学习更有效，为有效开展合作学习打下基础.

（二）组内合作，组间竞赛

在小组内，通过开展“好带中，中帮差”的组内合作学习，促进学生更好地开展合作. 利用初中生好胜心、集体及个人荣誉感比较强，希望自己的学习效果和行为表现得到老师肯定的年龄特征，结合数学学科的特点，引入竞争机制，制定相应的竞赛规则，开展学习竞赛，更好地促进有效合作学习.

（三）学生点评，归纳总结

归纳总结先由学生来点评，利用他们认识上的不完善，把问题展开来研究，帮助他们主动建构知识. 教师要积极创设过程性成功的机遇，使各层次学生特别是中下游的学生有输出信息和品尝成功滋味的机会. 在归纳总结难度不大的问题时，应优先让基础较差的学生回答，让他们通过努力获得肯定，从而激发他们的学习兴趣；难度大的问题归纳要发挥优等生的优势，激发深层次思维.

（四）教师点评，总结提高

教师对小组合作所学的知识和方法进行归纳总结，提高和深化学生的认识，并对各小组的表现进行点评，特别是对进步明显的学生和课堂表现较好的小组加以表扬、鼓励，以培养和增强他们对数学学习的兴趣.

小组分层合作学习方式既重视教师教学方式和学生学习方式的变革，又关注学生学习的探究过程、情感变化、成功体验和接受能力；既有利于营造适合学生合作学习的环境，也有利于时刻把握“以学生发展为中心”的课堂内涵，减轻了教师的压力，提高了教学的实效，使“调动学生学习积极性，充分发挥个人的创造能力，激发创新思维”落到了实处.

第六节　课堂的行为管理策略

良好的学习习惯和思维品质是学生徜徉数学世界的通行证. 但是,良好的习惯和品质不是与生俱来的,是后天教育培养的结果. 在数学课堂教学中,教师要注重培养学生严谨、规范、敢于质疑、乐于探究、善于合作等良好的习惯和品质,提高综合运用知识解决问题的能力.

一、表达期待,寻找共鸣

教师要善于走进学生的内心,与学生达成共同的学习愿景,尤其是教师给学生的“第一印象”很重要.

1. 上好数学第一课

“第一节课”对学生学习的影响十分深远,因此教师要充分发挥“第一节课”效应,从两个方面入手加强课堂行为管理.

首先,让学生对学科特点形成初步印象,树立学习信心,激发学习兴趣.

其次,要教给学生数学学习的通性通法,包括:

① 从“读”中学. 学会阅读课本,在预习过程中做好标记,课堂上有目的地去听课.

② 从“问”中学. 学会思考质疑,主动探索发现,做到每日“三问”——今天我学会了什么? 还有哪些问题没有解决? 今天所学的内容怎样使用?

③ 从“动”中学. 动脑——勤于思考;动口——勇于回答问题,善于与同学交流;动手——对例题、习题及时演算、绘图,不明白的地方及时标记.

④ 从“练”中学. 练技能,练思维,寻求一题多解、寻求最优解法.

2. 与学生用心交流

每接触一批新学生,我都会通过“致学生语”的形式与学生进行心灵对话,拉近彼此之间的距离,把刚性的要求以温婉的形式传达给学生.

致学生语

亲爱的同学：

很高兴在学习的旅程中与你相约，遇见数学，遇见美好！

著名数学家华罗庚曾说过：宇宙之大，粒子之微，火箭之速，化工之巧，地球之变，生物之谜，日用之繁，无处不用数学. 可以说，数学是打开世界之门的金钥匙.

那么，怎样才能获得这把打开世界之门的金钥匙呢？请保持强烈的好奇心和旺盛的求知欲，并尝试培养浓厚的数学学习兴趣和良好的数学学习习惯.

老师期待你做到：

① 上课即静，坐姿端正，准备好学习用品；

② 精神饱满，面带微笑，与老师进行眼神交流；

③ 调动多种感官参与学习：

看一看，想一想，

画一画，做一做，

说一说，辩一辩；

④ 专心听讲，独立思考，善于合作，勇于探究，乐于反思；

⑤ 按时完成作业，书写工整，答题规范.

当你沿着“爱学数学→会学数学→学好数学→会用数学”的发展路径稳步前行时，不仅能领略到数学世界里的旖旎风光，更能采摘到丰硕而甘甜的数学之果.

日本数学家米山国藏说：“作为知识的数学，出校门不到两年可能就忘了，唯有深深铭记在头脑中的数学的精神、数学的思想、研究的方法和着眼点等，随时随地发生作用，使人终身受益.”为你的终身学习和可持续发展奠定基础，让你拥有取之不尽、用之不竭的巨大能量，就是数学这把“打开世界之门的金钥匙”的全部奥妙.

亲爱的同学，“积小流以成江海，积跬步以至千里”，让我们一起走进数学，一起热爱数学，一起开启一场奇妙的探索之旅吧！

二、规范行为，培养习惯

1. 课前一分钟调节情绪

学生上课时如果精神饱满且情绪高涨，那么在学习时就会感到很轻松，学得也很快；而情绪低落的时候，学什么都会感觉力不从心，效率低下. 这是因为良好的心境可以使大脑处于亢奋状态，脑细胞活动很活跃，参与学习的程度高，所以可以大大提高学习效率.

良好的情绪是可以调节的，课间最好让孩子们走出教室，晒晒太阳，看看绿色植物，呼吸新鲜空气，也可以参加适当的文体活动. 充分利用预备铃与上课铃之间的一分钟时间，让学生读一段名言警句，或者浏览一段即将开课的学科中自己最感兴趣的内容，或者回忆几个自己学习获得成功的片段，将情绪调节至最佳状态.

2. 调动多种感官参与学习

课堂要调动学生的多种感官参与学习，要求做到眼、耳、心、手并用，认真看，专心听，用心想，动手记. 科学研究证明，多种感官参与学习有利于提高注意的稳定性，避免开小差，减少分心走神的情况.

3. 加强眼神交流

眼睛是心灵的窗户，眼神的交流就是心的交流. 在平常的教学中可以发现，成绩优秀的同学上课盯着老师的时间比较长，而成绩落后的同学基本不抬头看老师，更别提与老师进行眼神交流了. 课堂应鼓励学生积极与老师眼神交流，每节课不少于 3 次. 通过交流，老师能感觉到学生是否在用心听课，而学生可以从老师的眼神中获得肯定和鼓励.

4. 鼓励积极思考，踊跃发言

课堂既是学习知识的主阵地，又是提升能力的大舞台. 发言可以训练思维能力，锻炼语言表达能力，加深对知识的理解. 因此，教师在课堂上提出问题时，要鼓励学生认真思考，以恰当的方式与同学交流自己的观点，然后大胆表达自己的见解.

5. 引导学生做好笔记

俗话说：“好记性不如烂笔头.”记好笔记对于学好一堂课的知识非常重要. 但不少学生容易陷入两个极端：一类是找不到东西记，一节课下来，课本、笔记本都光洁如新；另一类是什么都想记，老师讲的每一句话都要记下来，结果写得满满登登却跟不上教学进度，错过了精彩内容，捡了芝麻丢了西瓜. 因此，在教学过程中，要引导学生有重点、有规划地做好笔记，以便于复习. 有些重要内容书上有，只需要用笔做好标注即可(最好用彩色笔标注)，课本上没有的内容选重点做好笔记，比如老师的板书及补充的经典例题等就应该记录下来.

三、发展个性，塑造品质

1. 制订个性化的学习目标

目标是学生学习的灯塔和不竭动力. 为了让学生的学习热情具有持久性，教师应让每个学生都给自己制订一个切合实际的学习目标. 学生在不同阶段的学习中朝着一个具体的目标去努力，达到这个目标后，自觉地将目标提升到一个更高的层次，在这样不断递进的学习中，学生不仅能感受到学习的乐趣，学习能力也能得到增强. 尽管每个学生给自己订的目标不同，但只要他们都在不断地进步，就值得鼓励和肯定.

2. 执行个性化的学习计划

学生的学习要想有实效，必须循序渐进，不能打乱仗. 学生之间个体差异客观存在，因此学生的学习也要个体化. 教师应指导学生制订适合自己的学习计划，既要有整个学期的学习计划，有大单元的学习计划，也要有小单元的学习计划，还要有课外拓展计划、单科突破计划等. 教师在大方向指导的情况下，具体的学习进度、学习强度由学生自己来决定. 这样，学生真正成为自己学习的主人，就不会把学习当成是负担和压力而厌倦它了.

3. 选择个性化的学习方式

学生在学习中的表现是各种各样的. 比如阅读，有的喜欢默读，有的喜欢小声读，有的喜欢大声朗读，还有的喜欢边读边写. 而在数学课堂上，可以有独学、对学、群学、请教老师、全体学等多种形式，学生可根据自己的需要进行选择. 练习时，有些学生只能完成基础题，有些学生可以完成选做题，有些学生则可以完成提高题. 但不管学生采用什么样的学习方式，只要他全身心地投入学习中，老师就应该给他以肯定和鼓励，从而让不同水平的学生都迸发出高涨的学习热情.

第七节 课堂的评价管理策略

2020年10月，中共中央、国务院印发《深化新时代教育评价改革总体方案》（以下简称《方案》），《方案》要求：以习近平新时代中国特色社会主义思想为指导，全面贯彻党的十九大和十九届二中、三中、四中全会精神，全面贯彻党的教育方针，坚持社会主义办学方向，落实立德树人根本任务，遵循教育规律，系统推进教育评价改革，发展素质教育.《方案》提出：坚持科学有效，改进结果评价，强化过程评价，探索增值评价，健全综合评价，充分利用信息技术，提高教育评价的科学性、专业性、客观性.

为积极贯彻落实《方案》精神，在建构初中数学“一·二·四”思维课堂的过程中，对课堂的评价管理进行改革，改变传统的课堂评价方式，实行当堂自我评价、阶段性小组评价、期末过程性评价相结合的评价方式，设计使用《初中数学“一·二·四”思维课堂学习评价手册》，使学生学会审视自己的课堂学习行为，学会自我激励，学会团结协作，学会坚持努力，从而促使学生不断进步和成长.

一、当堂自我评价

在数学课堂中，实行自我评价的方式，有利于调动学生的主观能动性，而每节课设置评价的环节，则能让学生养成审视自己学习行为的习惯，看见自我真实的进步和成长. 为了深入持久地做好当堂自我评价工作，我设计了初中数学“一·二·四”思维课堂学习评价表（如表3.1所示），从学习收获、学习过程、自我激励三个方面规范学生的评价行为，其中学习收获侧重对学习内容的评价，包括本节课的核心知识、核心思想方法、问题解决策略；学习过程主要从学生学习行为方面进行评价；自我激励部分主要是帮助学生从情感态度方面进行自我建构. 三个方面有机结合，让冰冷的评价工具变为有温度的自我调节行动.

二、阶段性小组评价

小组评价可以按知识的逻辑顺序，实行大单元整体评价的方式，也可以以时间单位展开，如每月进行一次评价. 每一次评价包括自评、互评、小组评三个部分. 首先由学生个人对现阶段数学学习表现进行总结；然后同桌相互评议，找出优点和不足，给出建议；最后在小组内开展评议，讨论个人和小组阶段性目标完成情况，再制订新的目标和计划. 阶段性小组评价有利于强化责任感，增强团队意识，实现小组成员相互约束、相互帮助、共同提高的目的.

表 3.1

<table>
<tr><td colspan="2">初中数学“一·二·四”思维课堂学习评价表</td></tr>
<tr><td colspan="2">课题：</td></tr>
<tr><td rowspan="6">学习收获</td><td>本节课的核心知识</td></tr>
<tr><td>1.
2.
3.
……</td></tr>
<tr><td>本节课的核心思想方法</td></tr>
<tr><td>1.
2.
3.
……</td></tr>
<tr><td>本节课的问题解决策略</td></tr>
<tr><td>1.
2.
3.
……</td></tr>
<tr><td>学习过程</td><td>这节课独立完成________个问题，与同学合作交流________次，解决________个问题，举手发言________次.</td></tr>
<tr><td>自我激励</td><td>1. 我给自己这节课的评分是________________
2. 我对自己说的话：________________
____
________________</td></tr>
</table>

三、期末过程性评价

期末实行过程性的评价方式，改变单一以考试成绩评判学生一学期表现的片面做法，尊重学生的个体差异和学习付出，不仅注重结果，也注重态度，更注重过程，让不同的学生都能看到希望，使不同的学生在数学上能有不同的收获. 具体评价方式如下：

(1) 期末总成绩＝期中成绩×20%＋期末成绩×40%＋平时成绩×40%

(2) 平时成绩计算方法(满分按100分计)：

① 课堂表现(30分)，依据初中数学“一·二·四”思维课堂学习评价表进行评分；

② 平时作业(20分)；

③ 学习笔记(10分)；

④ 改错本(10分)；

⑤ 草稿本(5分)；

⑥ 小组加分(15至25分)，期末对小组积分进行评比，获得一等奖每人25分，二等奖每人20分，三等奖每人15分.

(小组评比办法：根据小组每月综合表现进行评分，第一名积15分，第二名积14分，依次递减；期末计算小组总积分，第一至五名获一等奖，六至十名获二等奖，十名之后获三等奖.)

四、编制《初中数学“一·二·四”思维课堂学习评价手册》

《初中数学“一·二·四”思维课堂学习评价手册》(如图3.15所示)包括五个部分：

① 我的学期规划；

② 我的单元学习计划及反思；

③ 我的学习笔记及课堂评价表；

④ 我的积分榜；

⑤ 我的学期总结.

设计和使用学习评价手册，旨在培养学生的规划意识，让学生看见自己的进步和成长，学会自我反思和自我激励，实现思维培养和情感润泽的有机结合.

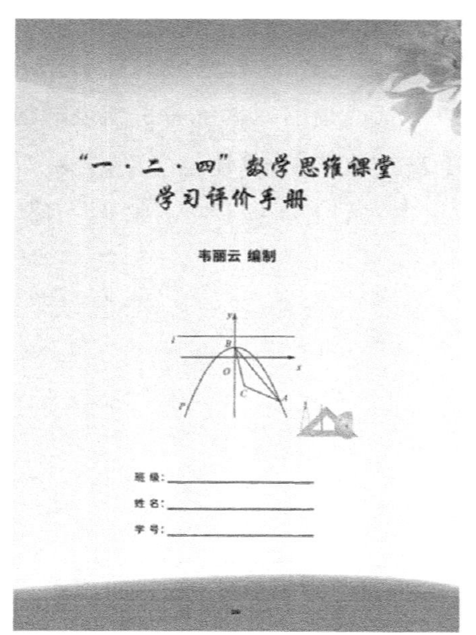

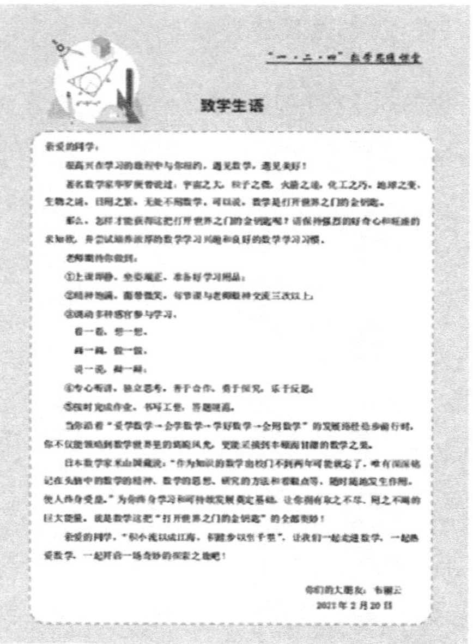

"一·二·四"数学思维课堂

数学生语

亲爱的同学：

很高兴在学习的旅程中与你相约，遇见数学，遇见美好！

著名数学家华罗庚曾说过：宇宙之大，粒子之微，火箭之速，化工之巧，地球之变，生物之谜，日用之繁，无处不用数学。可以说，数学是打开世界之门的金钥匙。

那么，怎样才能获得这把打开世界之门的金钥匙呢？请保持强烈的好奇心和旺盛的求知欲，并尝试培养浓厚的数学学习兴趣和良好的数学学习习惯。

老师期待你做到：

①上课安静，坐姿端正，准备好学习用品；

②精神饱满，面带微笑，每节课与老师眼神交流三次以上；

③调动多种感官参与学习：

看一看，想一想；

画一画，做一做；

说一说，辩一辩。

④专心听讲，独立思考，善于合作，勇于探究，乐于反思；

⑤按时完成作业，书写工整，答题规范。

当你沿着"爱学数学→会学数学→学好数学→会用数学"的发展路径稳步前行时，你不仅能领略到数学世界里的绮丽风光，更能采撷到丰硕而甘甜的数学之果。

日本数学家米山国藏说："作为知识的数学出校门不到两年可能就忘了，唯有深深铭记在头脑中的数学的精神、数学的思想、研究的方法和着眼点等，随时随地发生作用，使人终身受益。"为你终身学习和可持续发展奠定基础，让你拥有取之不尽、用之不竭的巨大能量，就是数学这把"打开世界之门的金钥匙"的全部奥妙！

亲爱的同学，"积小流以成江海，积跬步以至千里"，让我们一起走进数学，一起热爱数学，一起开启一场奇妙的探索之旅吧！

你们的大朋友：韦丽云

2021年2月20日

图 3.15

第四章

初中数学“一·二·四”思维课堂课例设计

课例 1 数轴 | 新知课

一、教学分析

1. 内容分析

数轴是用"长度"度量各类量的抽象，日常生活中常见的用温度计度量温度，用弹簧秤(刻度在直线上)称重量等，都已为学生学习数轴概念打下了基础. 数轴概念是初中数学内容中数形结合的起点，数形结合是帮助学生理解数学、学好数学的重要思想方法. 通过本节课学习，使学生初步理解数形结合的思想，初步掌握用数轴解决问题的方法，为今后充分利用"数轴"这个工具打下基础.

2. 学情分析

学生在小学阶段已经接触到在"射线"上用点来表示数，以及读出或写出"射线"上的点所表示的数，对数与点的这种对应关系有了初步的了解. 前面已经学习过的"有理数的概念"为数轴概念的建立和进一步学习数轴上的点与有理数的对应关系奠定了知识基础，学生具备了"表示"的基本技能和基本方法.

3. 教学目标

① 掌握数轴的概念，理解数轴上的点与有理数的对应关系.

② 会画数轴，会用数轴上的点表示给定的有理数，能读出数轴上的点所表示的有理数，能利用数轴比较有理数的大小.

③ 经历数轴概念的形成过程，初步感受数形结合思想.

④ 在合作探究的学习过程中培养好奇心和求知欲，激发学习数学的兴趣.

4. 教学重难点

① 教学重点：经历数轴概念的形成过程，掌握数轴的概念，利用数轴解决一些简单的问题.

② 教学难点:在经历数轴概念形成的过程中体会数学化的思想(图 1).

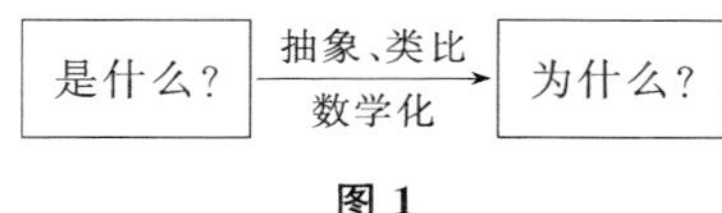

图 1

二、教学过程

环节 1　问题导入

复习提问:有理数有哪些分类方法?(复习板书见图 2)

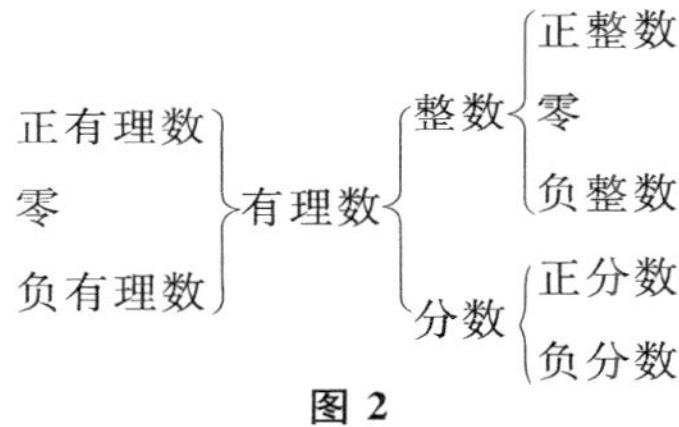

图 2

【教学说明】 复习有理数的分类方法,为数轴概念的引入做好知识铺垫.

环节 2　探究新知

探究1　温度计上的有理数

(1) 如图 3 所示,温度计上显示的温度各是多少?

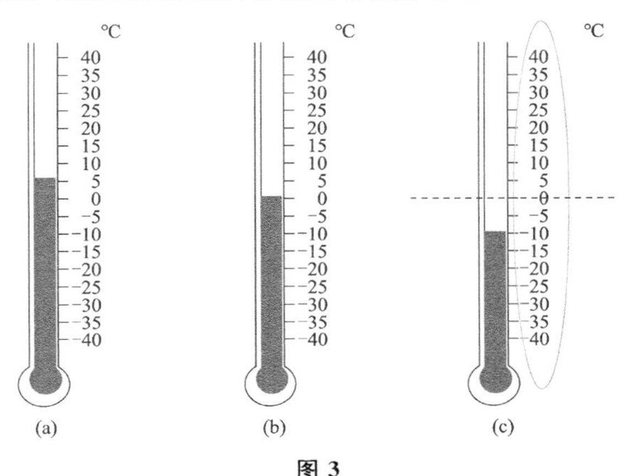

图 3

(2) 温度计上的刻度有什么特点?

① 零刻度表示温度正负分界点;

② 比零度高的是正值,比零度低的是负值.

【教学说明】 *以学生熟悉的温度计导入新课,初步形成数的方向、分界点等认知,初步感受数与形的对应关系.*

探究2 生活中的有理数

在一条东西向的马路上有一个汽车站,汽车站往东 3 m 和 7.5 m 处分别有一棵柳树和一棵杨树,汽车站往西 3 m 和 4.8 m 处分别有一棵槐树和一根电线杆.

(1) 试画图表示这一情境(图 4).

(2) 怎样用数简明地表示这些树、电线杆与汽车站的相对位置关系?(图 5)

(3) 如图 6 所示,通过对两个图形的比较,你有什么发现吗?

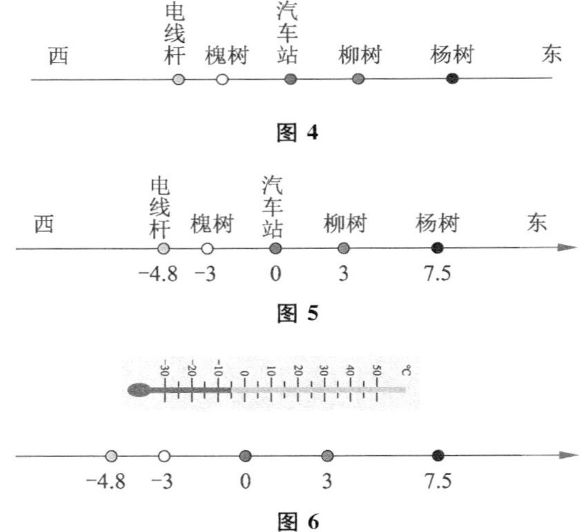

图 4

图 5

图 6

【教学说明】 *从生活情境出发,引导学生体验从具体到抽象的发展过程,在一步步抽象的过程中完成对数轴概念的建构,培养学生的空间观念和几何直观素养.*

概念生成 数轴概念建构

① 数轴是规定了原点、正方向和单位长度的直线.

② 原点、正方向和单位长度称为数轴的三要素.

③ 正数在原点的右侧,负数在原点的左侧.(图 7)

原点
正方向
-3
-2
-1
0
1
2
3
1个单位长度

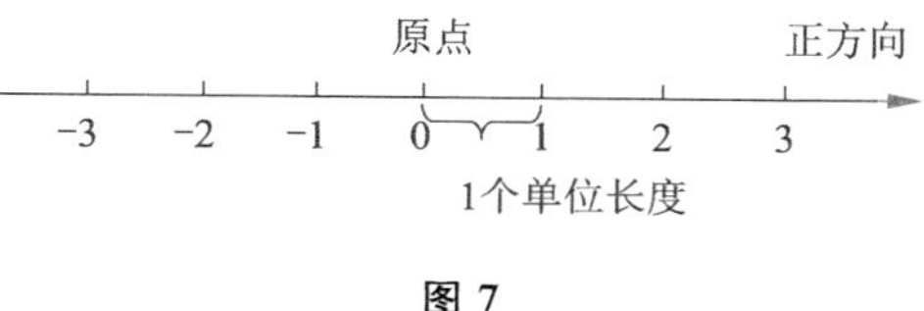

图 7

概念辨析　下列各图中，表示数轴的是(　　)

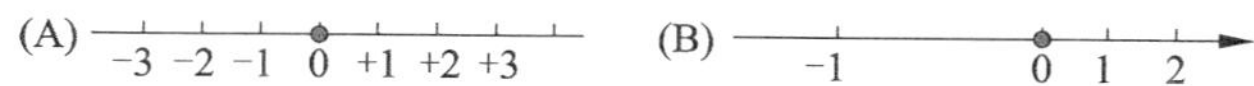

(A)
-3 -2 -1 0 +1 +2 +3
(B)
-1
0 1 2
(C)
-2 -1 +1 +2 +3 +4
(D)
-2 -1 0 +1 +2

【教学说明】　在学生充分探究的基础上，正向生成数轴的概念，从数轴定义、数轴三要素、数轴上数的分布特点 3 个方面进行阐述，再通过 4 个图形让学生进行概念辨析[(A)缺少正方向；(B)长度单位不统一；(C)缺少原点；只有(D)是正确的]. 从正反两个方向进行概念教学，不仅让学生知道"是什么"，更要让学生明白"为什么".

环节 3　变式应用

1. 以"数"定"形"

【问题 1】　画出数轴，并用数轴上的点表示下列各数：

$$-3.5, 0, 5, -5, \frac{3}{2}$$

【教学说明】　问题 1 是以"数"定"点"，是数轴概念的直接应月(图 8)，是由数到形的过程，学生需要经历以下三个步骤(图 9)，并得出"任意一个有理数都可以用数轴上的一个点来表示"的结论.

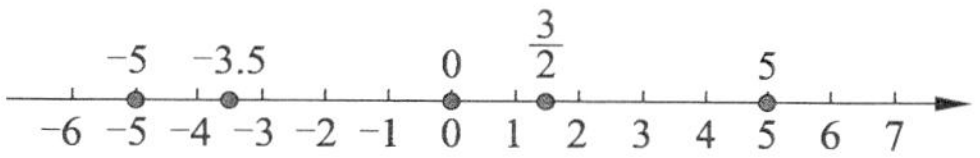

-5
-3.5
0
3/2
5
-6 -5 -4 -3 -2 -1 0 1 2 3 4 5 6 7

图 8

画数轴 ⟹ 找位置(定方向，定距离) ⟹ 描点、标数

图 9

2. 以“形”定“数”

变式 1：① 如图 10 所示，数轴上 A,B,C,D 各点分别表示什么数？

② 点 A 在原点____边，与原点的距离是____个单位长度；

点 B 在原点____边，与原点的距离是____个单位长度.

③ 与原点距离 2 个单位长度的点有______个，分别是____________.

④ 是不是数轴上的每个点都对应一个有理数？

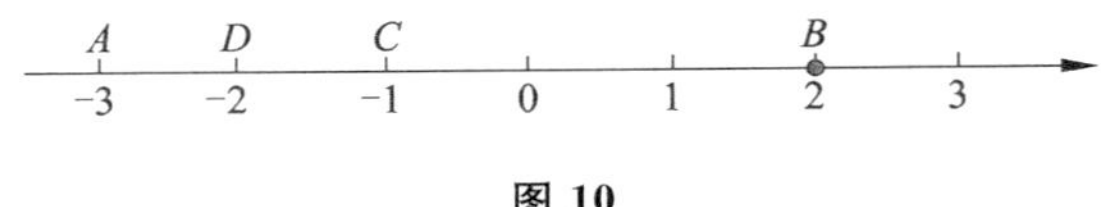

图 10

【教学说明】 变式 1 以题组的形式出现，在以“点”定“数”的同时，初步感受图形的方向、距离对数的影响. 其中问题④稍微超出了学生的现有经验，需要教师进行引导补充，目的是帮助学生建构起“数形对应”的正确认知.

3. 比较大小

变式 2：利用数轴(图 11)比较下列每组数的大小：

① 6.5____5　② 0____-2.8　③ -2____6　④ $-\frac{3}{2}$____-4

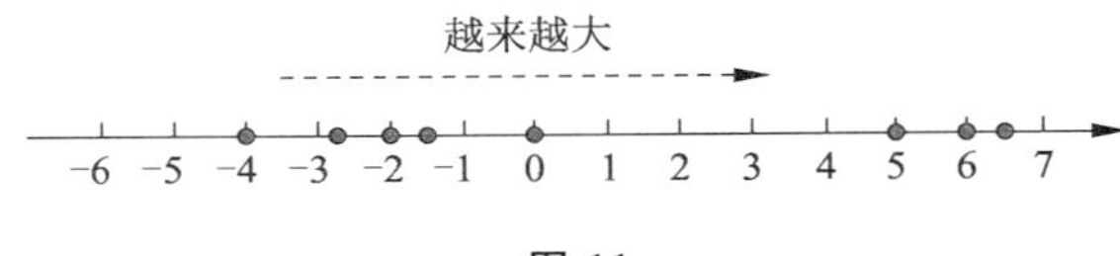

图 11

【教学说明】 变式 2 通过解决数的大小比较问题，初步感受数轴的工具性，使学生对数轴的方向性、有序性有更深入的认识，并得出以下结论：

① 数轴上两个点表示的数，右边的总比左边的大；

② 正数大于 0，0 大于负数，正数大于负数.

环节 4　开放拓展

【问题 2】 如图 12 所示：① 点 M 从原点出发，向右移动 2 个单位，这时点 M 对应的数是________.

② 点 M 从原点出发，向左移动 3 个单位，这时点 M 所对应的数是________.

③ 点 M 从原点出发，向右移动 3 个单位后，再向左移动 5 个单位，这时点 M

所对应的数是________.

④ 若点 M 对应的数是 3，点 M 向左移动 4 个单位，再向________移动________单位，此时点 M 所对应的数是 2.

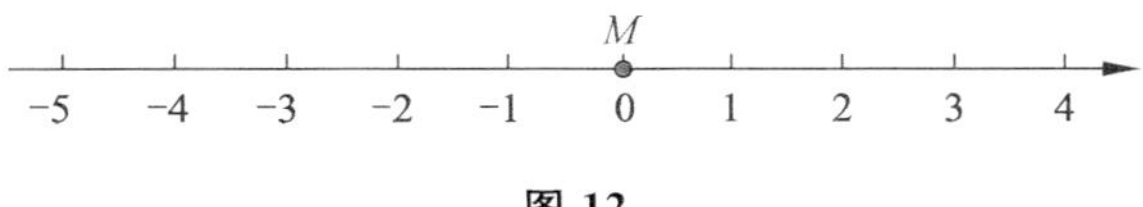

图 12

【教学说明】 在开放拓展的环节，设计一组由浅入深的问题，从运动的视角深入探究方向、距离对数的影响，实现对数轴概念的深度建构.

环节 5 总结提升

在学生充分思考和交流之后，教师与学生一起对本节课的知识、方法、思想进行梳理，形成结构框架图(图 13)，再让学生自主完成初中数学“一·二·四”思维课堂自我评价表.

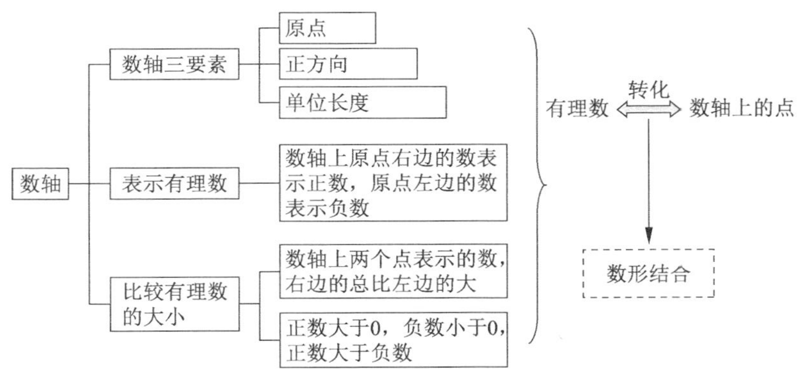

图 13

【教学说明】 总结是一节课的点睛之笔，既是回顾，更是升华. 通过引导学生对本节课的归纳总结，实现方法引领和思想渗透.

三、教学反思

1. 本节课的思维主线

本节课从学生熟悉的生活情境出发，通过抽象类比，得出数轴的概念，让学生经历数学化的过程；在概念习得的基础上，从正反视角进行概念辨析，巩固数轴概念;通过以“数”定“形”、以“形”定“数”、比较大小三个题组强化概念应用;以开放题组的形式探究数轴上点的运动方向、距离与“数”的对应,实现概念的深度建构.整节课沿着“问题导入→新知探究→变式应用→开放拓展→总结升华”的主线展开教学,由浅入深,层层递进,促进学生思维向纵深处发展.

2. 本节课的情感主线

本节课作为初中数学内容中渗透数形结合思想的起始课,情感主线设计为:在经历数轴概念形成的过程中体会数学的奥妙,激发学习数学的浓厚兴趣;在合作探究的学习过程中,培养好奇心和求知欲;在问题解决的过程中,培养良好的学习习惯和思维品质.

课例 2 一次函数的应用(第一课时)|(新知课)

数学教学必须注重数学的整体性，这是由数学的学科特点决定的. 这种整体性，既体现在数学概念及其反映的数学思想方法一体性上，又体现在各部分内容的有机联系上. 从教的角度说，把握好整体性，才能有准确的教学目标，才能把数学教得本质而自然，教学行为才能“准”“精”“简”，才能充分发挥数学的育人功能；从学的角度看，注重整体性，才能了解知识的源头、发展和去向，才能掌握不同内容的联系性，既学到“好数学”，又学得兴趣盎然.

2019 年 10 月，我指导本校教师承担深圳市光明区初中数学研究课，授课内容为北师大版八年级上册第四章第 4 节“一次函数的应用”第一课时，教学设计依纲据本，整体立意，凸显核心，历经三次打磨，最终在研究课上得到很好的呈现，获得听课老师的一致好评.

一、教材分析

1. 内容分析

本节课的教学内容是求一次函数的表达式，上承“一次函数的图象与性质”，下接“二元一次方程与一次函数”，具有承前启后的作用. 求一次函数表达式的实质是用方程的思想解决一次函数基本形式中的系数问题，是一个建立数学模型的过程，学生在建立一次函数模型的过程中获得解决问题的思路和方法，为后续学习研究反比例函数、二次函数奠定基础.

教材的引例以图象的方式描述两个变量(物体下滑过程中的速度与时间)之间的关系，对应正比例函数模型；例 1 则通过文字语言描述两个变量(弹簧的长度 y 与所挂物体质量 x)之间的关系，对应一次函数模型. 两个例题分别从“形”与“数”的视角进行探究，体现了从特殊到一般的思想，是数学建模的载体.

但如果仅仅局限于两个例题的教学，显然广度、深度不够，不利于学生从整体去感知和理解教材，也就无法从本质上建构求一次函数表达式的策略和方法. 因此，在教学中需要对例题进行挖掘和拓展.

2. 学情分析

学生已经学习了一次函数的图象与性质，对一次函数的基本形式、正比例函数与一次函数的关系等内容有清晰的认识，也已经学习了一元一次方程、二元一次方程组的解法，这些内容为本节课的学习奠定了良好的知识基础. 八年级学生已经具有合作学习的意识，具备了一定的逻辑思维能力和探究能力，为本节课的学习提供了能力保障.

3. 教学目标

① 能根据已知条件确定正比例函数及一次函数的表达式.

② 了解确定正比例函数及一次函数表达式的基本条件，能合理利用所给信息（文字、图象、实际问题等）进行求解，并能运用所学知识解决简单的实际问题.

③ 经历对正比例函数及一次函数表达式的探求过程，体会解决问题的多样性，培养数形结合、分类讨论、从特殊到一般等数学思想.

④ 在解决问题的过程中，发展学生的数学思维，提升几何直观、数学抽象、数学建模等数学素养.

4. 教学重难点

① 教学重点：能根据已知条件确定正比例函数及一次函数的表达式，并能利用所学知识解决简单的实际问题.

② 教学难点：体会问题解决方法的多样性，能根据不同的条件选择合适的方法解决问题.

二、教学实施

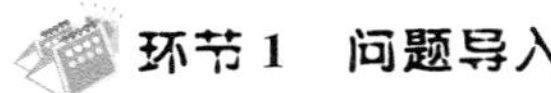

环节1　问题导入

【问题1】 复习回顾

① 一次函数 $y=kx+b$（k，b 为常数且 $k\neq0$）的图象是________；其中，k 决定图象的________，b 决定图象的________.

② 已知 $y=kx+b$（k，b 为常数且 $k\neq0$），当 $b=0$ 时，称为________函数，该函

数图象一定经过点________________.

【教学说明】 复习一次函数的相关内容，唤起学生对知识的记忆，同时也为本节课的学习做好储备和铺垫．求一次函数的表达式本质就是求解常数 k，b 的值，在此强调 k，b 的作用，可以实现有效迁移，使学生更容易理解问题的本质．

环节 2　新知探究

【问题 2】 “数”的视角，探求本质

已知正比例函数 $y=kx$，当 $x=5$ 时 $y=4$，则 $k=$________.

变式 1：已知一次函数 $y=kx+2$，当 $x=5$ 时 $y=4$，则 y 与 x 的函数关系式是________.

变式 2：已知 $y=kx+b$，当 $x=0$ 时 $y=4$；当 $x=-2$ 时 $y=0$，求 y 与 x 的函数关系式.

【教学说明】 学生对问题的认识总是从“数”开始，于“形”升华．因此，求一次函数表达式先从“数”的视角去探求问题本质，符合学生的最近发展区规律．本环节从简单问题入手，逐级推进，让学生体会方程思想，明白求函数表达式的实质就是构建以 k，b 为未知数的方程(组)，并获得“一个方程可以求解一个常数，两个方程组成方程组可以求解两个常数”的活动经验．

环节 3　变式应用

1.“形”的视角，整体建构

【问题 3】 如图 1 所示，已知正比例函数的图象直线 l 经过点 A，求直线 l 的函数表达式.

变式 1：如图 2 所示：① 若直线 l 向上平移 3 个单位得到直线 l_1，请写出直线 l_1 的函数表达式________________________.

② 若把直线 l 向下平移 2 个单位得到直线 l_2，请写出直线 l_2 的函数表达式________________________.

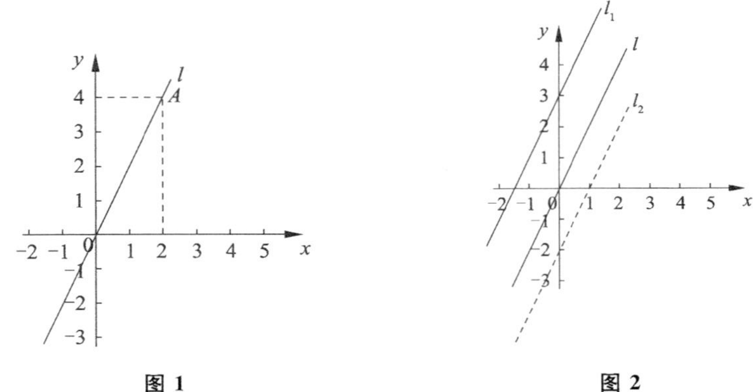

图 1　　图 2

变式 2：如图 3 所示：① 若直线 l_3 平行于直线 l，且经过点 $B(0,4)$，求直线 l_3 的函数表达式.

② 若直线 l_4 经过点 $B(0,4)$，且与 x 轴交于点 $C(5,0)$，求直线 l_4 的函数表达式.

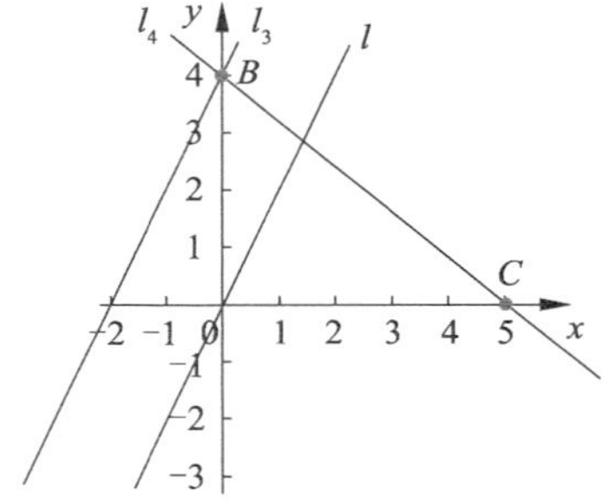

图 3

【教学说明】 在学生刚学完一次函数图象和性质的基础上，本环节设计了根据图象信息求函数表达式的变式题组. 问题 1 给出图象上的一个点坐标，求正比例函数的表达式，强化一个条件可以求解一个常数（基本形式中的 k）的基础认知. 变式 1 让学生感受直线上下平移对函数表达式的影响（b 变化，变化规律是上加下减，k 不变）；变式 2 让学生探究在同一坐标系中，平行和相交两种不同的位置关系与函数表达式中常数 k，b 的关系（平行时 k 相等，相交于 y 轴上同一点时 b 相等），强化两个条件可以求解两个常数的能力认知. 此环节引导学生观察图象，捕捉有效信息，从直线的变换方式、位置关系进行整体设计，通过建立方程模型求函数表达式，突出了数形结合思想，充分发展学生的几何直观素养.

2. 问题解决,模型应用

【问题 4】 (此问题为教材中的引例) 某物体沿一个斜坡下滑,它的速度 v(m/s)与其下滑时间 t(s)的关系如图 4 所示.

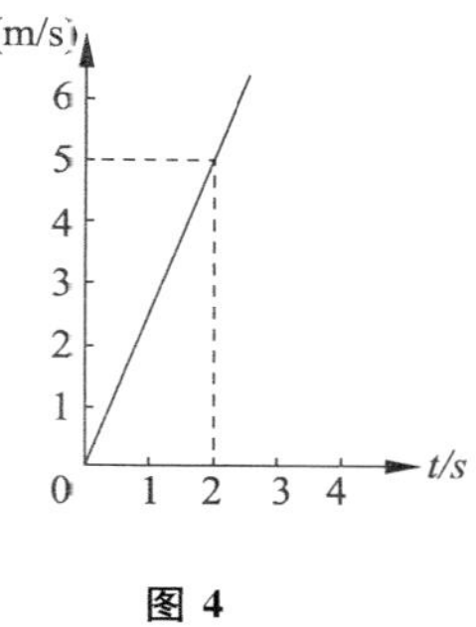

图 4

(1) 写出 v 与 t 之间的关系式;

(2) 下滑 3 s 时物体的速度是多少?

【问题 5】(此问题为教材中的例 1) 已知弹簧的长度 y(cm)在一定的限度内是所挂重物质量 x(kg)的一次函数.现已测得不挂重物时弹簧的长度是 14. 5 cm ,挂 3 kg 的重物时,弹簧的长度是 16 cm.

(1)写出 y 与 x 之间的函数关系式;

(2)求当所挂物体的质量为 4 kg 时弹簧的长度.

【教学说明】 此环节的两个例题是教材中的原题,例题背景来源于生活,知识涉及物理学科的范畴,体现了学科融合的特点. 学生通过“数”“形”两个方面的探究,对求一次函数的表达式有了清晰的思路,此时利用一次函数模型解决跨学科问题,便水到渠成,同时也增强了学生应用数学的意识和能力.

环节 4 开放拓展

【问题 6】 已知一次函数的图象与 x 轴交于点(5,0),且与 x 轴、y 轴围成的三角形面积等于 10,求该一次函数的表达式.(答案:$y=-\frac{4}{5}x+4$ 或 $y=\frac{4}{5}x-4$)

【教学说明】 问题 6 设计具有一定的挑战性,可锻炼学生的抽象思维能力.此题需要学生自己画出函数图象,根据图形面积求出线段长度,再由线段长度得到点的坐标,最后求出一次函数的表达式,体现了分类讨论的数学思想,给学习能力强的学生充分的发展空间,有利于培养数学建模、数学抽象等素养.

环节 5 总结升华

对本课内容进行归纳总结,并用图形的方式进行表达(图 5).

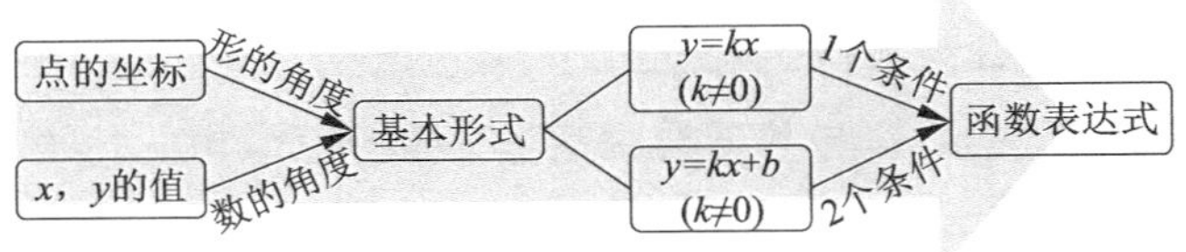

图 5

【教学说明】 以流程图的形式进行归纳总结，通过简洁明了的形式，强化核心知识，突出核心方法，促进学生深度思考.

三、思考与感悟

1. 基于整体建构的教学要遵循规律

首先是要遵循知识发展的规律. 教师要理清当堂内容在教材中的地位、与之关联的前后内容、知识发展的逻辑顺序等. 在此基础上，确定知识的“生长点”与“延伸点”，把每堂课教学的知识置于整体知识的体系中，注重知识的结构和体系，处理好局部知识与整体知识的关系，引导学生感受数学的整体性，体会到对于某些数学知识可以从不同的角度加以分析，从不同的层次进行理解.

函数表达式是刻画现实世界的一个数学模型. “求一次函数的表达式”需要建立在理解一次函数的基本形式、掌握一次函数的图象和性质两方面内容之上，基于整体构建的思想，本节课从复习一次函数的基本形式入手，引导学生从“数”“形”两种视角开展探究，建构求一次函数表达式的方法和策略；然后，把“数”作为“生长点”，把“形”作为“延伸点”，设计应用及拓展问题. 整节课的内容由“函数表达式”这条主线来贯通，各环节之间衔接自然流畅，学生易于理解和掌握.

其次是要遵循学生的认知规律. 教学设计应该以学生的认知发展水平和已有的经验为基础，教学活动要符合学生的认知规律和心理特征，有利于激发学生的学习兴趣，引发学生的数学思考. 学生对数学的认识是一个从“数”到“形”，从感性认识向理性认识发展的过程. 基于此，本节课的设计遵循最近发展区规律，让学生从“数”的视角开启探究之旅，在利用最基础、最熟悉的一元一次方程求解出 k 值，进而得到函数表达式的过程中获得成功的体验，既增强了学习的信心，激发了探究的欲望，又为后续的学习研究奠定了良好的情感基础，数学学科的德育功能也于润物细无声中落到了实处.

2. 基于整体建构的教学要凸显核心

章建跃先生说，数学核心概念往往具有鲜明的直观背景，简单、易懂且威力无穷，是开启数学大门的金钥匙，教师要集中注意力于核心概念，掌握用金钥匙打开数学宝藏的方法. 基于整体建构的教学要抓住核心概念，呈现核心知识，渗透核心思想，建构核心方法.

“求一次函数的表达式”的核心概念是一次函数的基本形式，而 k 和 b 则是核心概念的两个要素. 本节课紧紧围绕核心知识设计问题，从“数”和“形”两个方向培养学生读题和读图的能力，通过建立方程(组)求解常数 k 和 b，让学生获得“一个条件可以求解一个常数，两个条件可以求解两个常数”的经验，渗透了数形结合、从特殊到一般、分类讨论等数学思想. “数的视角”与“形的视角”两组问题相得益彰，让学生领会到“数缺形时少直观，形缺数时难入微，数形结合百般好，隔离分家万事休”的奥妙，取得了低耗高效的教学效益.

3. 基于整体建构的教学要因“生”制宜

《义务教育数学新课程标准(2011 年版)》提出，数学课程要面向全体学生，适应学生个性发展的需要，使人人都能获得良好的数学教育，不同的人在数学上得到不同的发展. 在此理念的指导下，基于整体建构的教学要因“生”制宜，处理好基础与提高、保底与拓展的关系，让不同的人在数学学习中获得不同的发展.

本节课的设计由浅入深，层层递进，既面向全体学生，又充分考虑了不同层次学生的实际. 整节课沿着“温故知新→数的视角→形的视角→学科融合→问题拓展→归纳总结”这样一条主线展开，知识和能力要求呈螺旋式上升，在各个教学环节中，学生学习热情高，探究活动参与面广，在课堂效果反馈时，学生纷纷表示有很大的收获.

课例3 二元一次方程与一次函数 |新知课

一、教学分析

1. 内容分析

本课是初中数学北师大版八年级上册第五章第六节的内容，学习安排在一次函数和二元一次方程组之后，是学生在掌握一次函数和二元一次方程组相关知识的基础上，首次接触方程与函数关系的内容. 本节课通过探究二元一次方程(组)的解与直线上点的坐标之间的关系，使学生初步建立“数”(二元一次方程)与“形”(一次函数的图象)之间的对应关系，从而建构起“方程”与“函数图象”之间对应关系及相辅相成关系的知识认知，渗透数形结合、转化的数学思想.

2. 学情分析

知识技能基础：学生能够正确解二元一次方程组，初步掌握了一次函数及其图象的基础知识，已经具备了函数的初步思想，对于数形结合的数学思想也有所接触.

活动经验基础：学生能够根据已知条件准确画出一次函数图象，已有小组合作学习经验.

3. 教学目标

① 初步理解二元一次方程和一次函数图象的关系.

② 了解两直线在同一坐标系中的位置关系，能根据图象确定二元一次方程组的解.

③ 通过操作、观察、思考，培养学生的归纳、概括能力.

④ 通过探究学习，积累基本活动经验，领会数形结合、转化的数学思想.

⑤ 通过积极参与数学学习活动，培养学生独立思考、积极探索、勇于创新、求

真求实的精神，培养学生对数学的浓厚兴趣.

4. 教学重难点

① 教学重点：理解二元一次方程(组)与一次函数图象的关系.

② 教学难点：应用方程与函数的联系观解决问题.

二、教学过程

环节1　问题导入

思考：二元一次方程 $x+y=5$ 与一次函数 $y=-x+5$ 的图象之间会有什么关系(图1)？

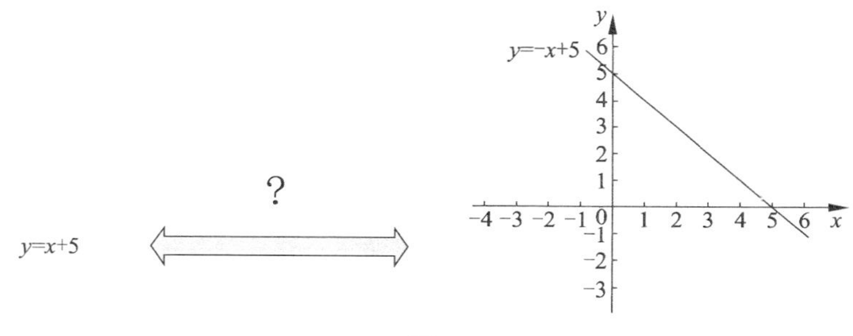

图1

【教学说明】 提出问题，唤起学生的好奇心，引发积极思考.

环节2　新知探究

探究1

① 二元一次方程 $x+y=5$ 有多少解？$\begin{cases}x=0\\y=5\end{cases}$，$\begin{cases}x=5\\y=0\end{cases}$，$\begin{cases}x=2\\y=3\end{cases}$是它的解吗？

② 画出一次函数 $y=-x+5$ 的图象，点(0,5)，(5,0)，(2,3)在这个函数图象上吗？

③ 在一次函数 $y=-x+5$ 的图象上任取一点，它的坐标适合方程 $x+y=5$ 吗？

④ 通过以上探究，你有什么发现？

二元一次方程的解 ⟺ 一次函数图象上点的坐标

⑤ 从形的角度看：以二元一次方程 $x+y=5$ 的解为坐标的点组成的图形对应一次函数 $y=-x+5$ 的图象.

从数的角度看：一次函数 $y=-x+5$ 图象上的每一个点的坐标对应二元一次方程 $x+y=5$ 的一个解.

【教学说明】 通过设置系列问题，让学生感受方程 $x+y=5$ 和一次函数 $y=-x+5$ 形式的相互转化，初步了解二元一次方程与一次函数的对应关系，进而启发引导学生发现二元一次方程的解与一次函数图象上点坐标的对应关系.

探究2

① 在图 2 的函数图象上，增加直线 $y=2x-1$（图 3），从新的图象上能得出什么信息？

② $y=-x+5$ 与 $y=2x-1$ 能组成二元一次方程组吗？

若能，可组成怎样的二元一次方程组？

③ 请求出二元一次方程组 $\begin{cases}x+y=5\\2x-y=1\end{cases}$ 的解.

④ 通过以上探究，你又有什么发现？

二元一次方程组的解 ⟺ 两条直线的交点坐标

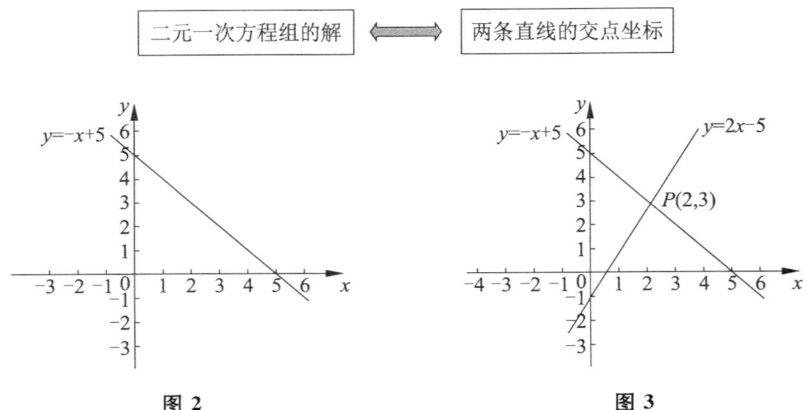

图 2　　图 3

【教学说明】 通过自主探索，使学生初步体会"数"（二元一次方程组）与"形"（两条直线）之间的对应关系，为求两条直线的交点坐标打下基础. 学生在探究过程中感受到"数"的问题可以转化为"形"来处理，反之"形"的问题可以转化成"数"

来处理，积累基本活动经验.

探究3

① 在图 2 中增加直线 $y=-x-1$（如图 4），此时两条直线是怎样的位置关系？

② 你能求出二元一次方程组$\begin{cases}x+y=5\\x+y=-1\end{cases}$的解吗？

③ 你认为什么情况下二元一次方程组无解呢？

④ 归纳.

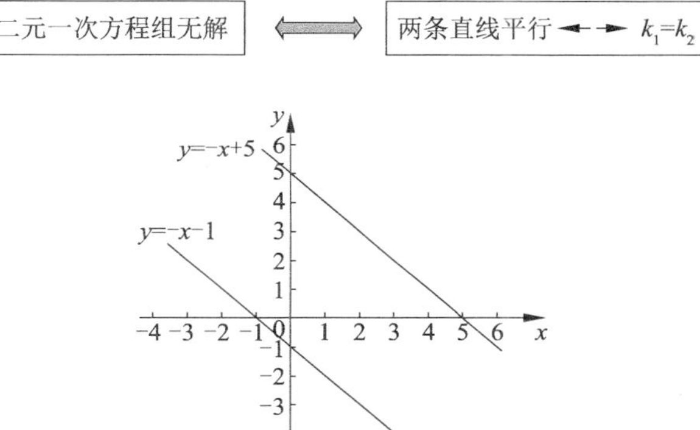

图 4

【教学说明】 进一步揭示“数”与“形”的转化关系，通过探究，将两直线的另一种位置关系（平行）与方程组无解相结合，这是对探究活动二的有益补充，体现了从一般到特殊的思想方法，能培养学生数形结合的意识和能力.

环节 3　变式应用

【问题 1】 已知 $2x-y=1$，请用含 x 的式子表示 y，得__________.

变式 1：以方程 $2x-y=1$ 的解为坐标的点，都在一次函数__________的图象上.

变式 2：直线 $y=7x+m$ 与 x 轴的交点坐标是(5,0)，则关于 x 的方程 $7x+m=0$ 的解是 $x=$__________.

变式 3：方程组$\begin{cases}x-y=4\\3x+y=16\end{cases}$的解是__________，由此可知一次函数

____________与____________的图象必有一个交点，且交点坐标是____________.

变式 4：若直线 $y=ax+b$ 与 $y=kx$ 的交点坐标是(1，3)，则方程组 $\begin{cases}y=ax+b\\y=kx\end{cases}$ 的解是____________.

【教学说明】 从一个学生较为熟悉的方程变形切入，加深学生对“数”的理解.然后设置由浅入深、层层递进的 4 个变式题组，使学生的关注点由“数”转变到“形”，巩固“数”“形”对应的探究成果，进一步强化数形结合的数学思想方法.

环节 4 开放拓展

【问题 2】 如图 5 所示，两条直线 l_1，l_2 的交点坐标是____________.

变式 1：如图 6 所示，直线 $l_1: y=k_1x+b_1$ 与直线 $l_2: y=k_2x+b_2$ 相交于点 P，则方程组 $\begin{cases}y=k_1x+b_1\\y=k_2x+b_2\end{cases}$ 的解是____________.

变式 2：如图 7 所示，直线 $l_1: y=2x+3$ 与直线 $l_2: y=px+q$ 相交于点 M，则关于 x 的方程 $2x+3=px+q$ 的解为____________.

变式 3：如图 7 所示，直线 $l_1: y=2x+3$ 与直线 $l_2: y=px+q$ 相交于点 M，当 $y_1>y_2$ 时，x 的取值范围是____________.

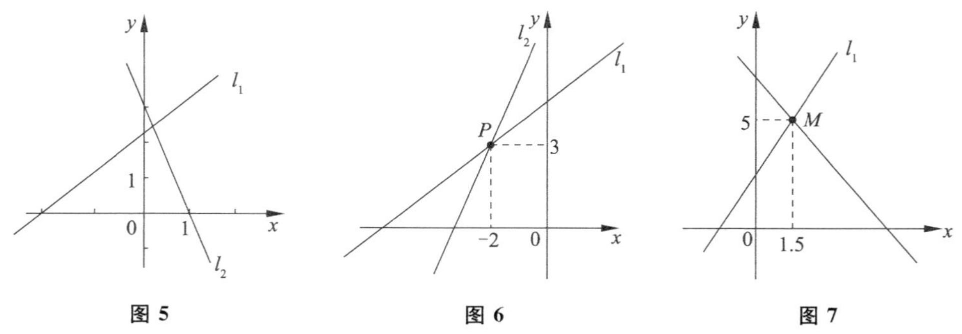

图 5　　图 6　　图 7

【教学说明】 问题 2 对学生能力的要求明显高于问题 1 及其变式题组，要解决这一问题，须经历以下过程：找点坐标→分别求出两条直线的表达式→联立二元一次方程组→求出方程组的解→得到交点坐标. 让学生通过这一过程，发现“形缺数时难入微”，获得“形”题“数”解的经验. 而三个变式题组主要考察的是学生读题和读图的能力，体会“数缺形时少直观”的事实，获得的是“数”题“形”解的经验. 问题2及其变式题组让学生认识到“数”与“形”相得益彰的奥妙，领会“数形结合百般好”，是对数形结合思想理解的升华.

环节5　总结升华

引导学生归纳总结，并学会用图形的方式表达(图8).

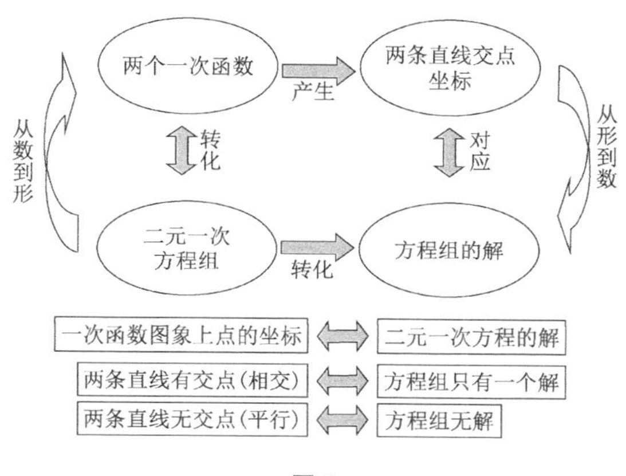

图8

【教学说明】　归纳总结既是对本节课所学知识的回顾与梳理，更是从获得知识到形成能力，再到提升素养的升华过程.

三、教学反思

1. 本节课的思维主线

本节课按照初中数学“一·二·四”思维课堂“新知课”五环节模式进行设计，思维主线沿着“问题导入→新知探究→变式应用→开放拓展→总结升华”的路径发展. 通过三个探究活动揭示二元一次方程(组)的解与直线上点的坐标之间的关系，使学生初步理解“数”(二元一次方程)与“形”(一次函数的图象)结合的思想，从而建构起“方程”与“函数图象”的关联. 通过问题1及其4个变式题巩固“数”“形”对应的探究成果，强化数形结合思想的应用；通过问题2的题组让学生获得“数”题“形”解和“形”题“数”解的经验，领会“数形结合百般好”的奥妙.

2. 本节课的情感主线

通过本节课的探究学习，培养学生对数学的浓厚兴趣；通过积极参与数学学习活动，培养学生独立思考、积极探索、勇于创新、求真求实的数学精神.

课例4 直线与圆的位置关系 | 新知课

一、教学分析

1. 内容分析

“直线和圆的位置关系”是北师大版九年级下册第三章第六节的内容，是在“点和圆的位置关系”这一内容之后，对直线和圆的位置关系的进一步探究.“直线和圆的位置关系”是平面几何中一种重要的位置关系.

2. 学情分析

学生在日常生活中已有直观经验，对直线和圆的位置关系有一定的感性认识；学生已经了解圆的相关概念，了解圆中的一些数量与位置关系，如点和圆的位置关系，获得了图形的位置关系“不但可以直观呈现，也可以通过数量来刻画”的经验.

3. 教学目标

① 经历探索直线和圆位置关系的过程.

② 理解直线与圆有相交、相切、相离三种位置关系.

③ 经历“观察—猜想—合作交流—概括、归纳”的探究过程，学会运用运动变化的观点揭示知识的发生过程及相关知识间的内在联系.

④ 领悟数形结合、分类、类比、化归等数学思想，培养思维的严谨性和深刻性.

⑤ 培养团结协作、乐于探究、勇于实践的良好品质.

4. 教学重难点

① 教学重点：理解直线与圆的三种位置关系的定义，并能准确地应用.

② 教学难点：应用 d 与 r 的大小关系判断直线与圆的位置关系.

二、教学过程

环节 1　问题导入

思考　如果把太阳看作一个圆，地平线看作一条直线（图 1），那么在太阳升起的过程中，太阳和地平线会有几种位置关系（观看 PPT 动画）？请把看到的情况画出来（图 2）.

图 1

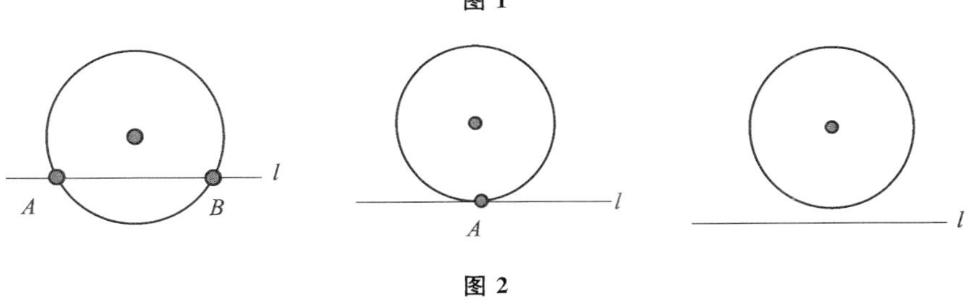

图 2

环节 2　新知探究

请定义图 2 中三种位置关系，并说出这三种位置关系的联系与区别，得出以下结论：

(1) 直线和圆的位置关系—— 用公共点的个数来区分

① 直线和圆有两个公共点，称为直线和圆相交，这时的直线叫作圆的割线.

② 直线和圆有唯一的公共点，称为直线和圆相切，这时的直线叫作圆的切线，唯一的公共点称为切点.

③ 直线和圆没有公共点，称为直线和圆相离.

(2) 直线和圆的位置关系—— 用数量特征来区分(d—圆心到直线的距离；r—半径)

① 直线 l 和⊙O 相交($d<r$)；

② 直线 l 和⊙O 相切($d=r$)；

③ 直线 l 和⊙O 相离($d>r$).

归纳

判定直线与圆的位置关系的方法有两种：

① 根据定义，由直线与圆的公共点的个数来判断；

② 根据性质，由圆心到直线的距离与半径的关系来判断.

环节 3　变式应用

▶ 应用一：已知 d 与 r ，判位置，定交点

【问题 1】 已知圆的直径为 13 cm，设直线和圆心的距离为 d.

① 若 $d=4.5$ cm，则直线与圆________，直线与圆有________个公共点.

② 若 $d=6.5$ cm，则直线与圆________，直线与圆有________个公共点.

③ 若 $d=8$ cm，则直线与圆__________，直线与圆有________个公共点.

(归纳：d，r 关系→位置→公共点)

▶ 应用二：已知 r 和位置关系，定 d 的值

变式：已知⊙O 的半径为 5 cm，圆心与直线 AB 的距离为 d，根据条件填写 d 的范围：

① 若 AB 和⊙O 相离，则____________________；

② 若 AB 和⊙O 相切，则____________________；

③ 若 AB 和⊙O 相交，则____________________.

(归纳：r 与位置关系→定 d→公共点)

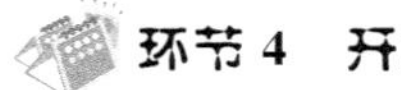

环节 4　开放拓展

【问题 2】 确定 r 的值或取值范围.

如图 3 所示，在 Rt△ABC 中，$\angle C=90°$，$AC=6$ cm，$BC=8$ cm，以 C 为圆心，

r(cm)为半径作圆.

① 当 r 满足____________时,线段 AB 与⊙C 相切.

② 当 r 满足____________时,线段 AB 与⊙C 相交.

③ 当 r 满足____________时,线段 AB 与⊙C 相离.

④ 当 r 满足________________________时,线段 AB 与⊙C 只有一个公共点.(分类讨论:线段与圆只有一个公共点有可能相切,也有可能相交.)

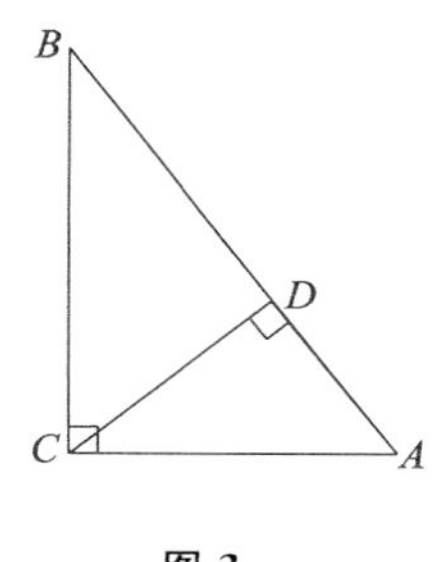

图 3

(归纳:d 与位置关系→定 r→公共点)

[拓展 1] 如图 4 所示,已知直线 $l:y=\frac{3}{4}x+6$ 与 x 轴、y 轴分别交于 A,B 点两点,以坐标原点 O 为圆心作⊙O.

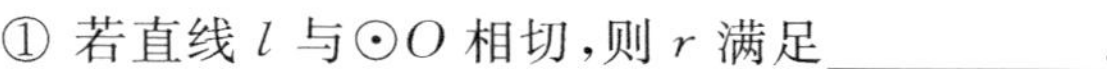

① 若直线 l 与⊙O 相切,则 r 满足__________.

② 若直线 l 与⊙O 相交,则 r 满足__________.

③ 若直线 l 与⊙O 相离,则 r 满足__________.

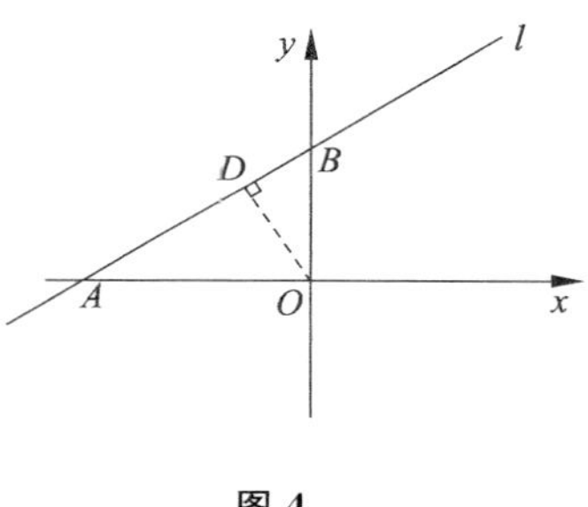

图 4

[拓展 2] 已知直线 $l:y=\frac{3}{4}x+b$ 与 x 轴、y 轴分别交于 A,B 两点,以 O 为圆心,4.8 为半径作⊙O.

① 若直线 l 与⊙O 有一个公共点,则 b 的值是________________.

② 若直线 l 与⊙O 有公共点,则 b 的取值范围是________________.

③ 若直线 l 与⊙O 无公共点,则 b 的取值范围是________________.

环节 5 总结升华

在学生充分思考和交流之后,教师与学生一起对本节课的知识、方法、思想进行梳理,形成知识结构图(图 5),再让学生自主完成初中数学“一·二·四”思维课堂自我评价表.

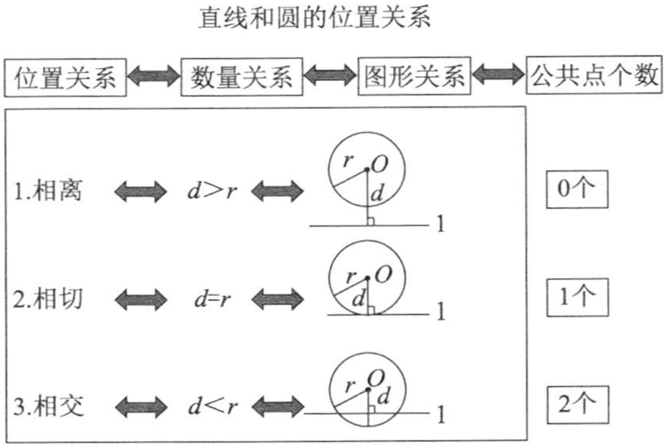

直线和圆的位置关系

位置关系 ⟷ 数量关系 ⟷ 图形关系 ⟷ 公共点个数

位置关系	数量关系	公共点个数
1.相离	$d>r$	0个
2.相切	$d=r$	1个
3.相交	$d<r$	2个

图 5

三、教学评价

本节课在备课的环节就进行了深入的思考，并采纳了集体备课的建议，设置了"问题导入—新知探究—变式应用—开放拓展—总结升华"5 个环节，条理清晰，层次分明，所用的例题和练习基于课本，同时进行了合理的拓展和延伸，既注重情景导入，又注重理性生成. 通过问题 1 和变式题组突出本课的重点，而问题 2 及两个拓展题组的设计则使本课的难点得到了很好的呈现. 实际教学过程十分顺畅，师生互动良好，课堂气氛活跃，圆满完成了教学任务. 课后，听课的专家和学员一致给予高度的评价.

如此高投入的一节课，理应取得与之相应的教学效果. 可是，第二天批改作业时，我惊讶地发现，学生掌握程度还不如平时好，这不得不引起我的重视.

四、思考和感悟

1. 好的教学设计是否等价于高效的课堂?

大部分数学教师在教学准备时都会追求教学设计的"高、大、上"，好像不把一节课设计得跌宕起伏就对不起数学这个以思维为核心的学科. 事实上，当我们把数学课装扮成孤傲冷艳的冰美人时，众多的追求者"拜倒在她的石榴裙下"，但最终能俘获她芳心的却微乎其微，这与 2011 年版《义务教育数学课程标准》中"人人都学有价值的数学""让不同的人在数学上获得不同的发展"是相背离的. 也就是说，好的教学设计不等于高效的课堂.

对于本节课而言，不少学生已经在解决问题2中“④当r满足__________线段AB与$\odot C$只有一个公共点”时被卡住了，可是为了追求设计的梯度和整节课的高度，后面还设计了两组拓展题，把圆的问题放到坐标系中进行探究，跳跃度大，学生消化不了．因此出现了中等水平以下的学生基础掌握不牢固，而难题也没有真正突破的情况．如果在问题的设置上进行一些调整，把问题2中“④当r满足__________线段AB与$\odot C$只有一个公共点”这一问题后置，作为思考讨论的素材，学生学习起来一定会从容得多．

2．教师讲得顺是否代表学生学得好？

实践观察发现，一节课上只要有20名左右的学生与教师交流互动，课堂气氛就会显得比较活跃．问题在于，剩下的“默默无闻”的同学是否处于思维状态？是否跟上了学习的节奏呢？事实上，课堂老师讲得顺并不代表学生就学得好．我们也见过不少公开课、比赛课，课堂“轰轰烈烈”，课后“是是而非”．那是因为有不少学生是“被学懂”“被活跃”了．

在教学“直线与圆的位置关系”时，虽然课进行得十分顺畅，但容易的问题能对答如流，有难度的题能快速突破的基本上都是班里的“高手”，为了追求这节课的“表演”效果，我确实忽略了那些“慢半拍”的同学，而我课堂欠下的“账”，学生终究会在后续的学习中还回来的．因此，要让学生学得好，教师必须给予每位学生充分的尊重和关注．

3．如何构建初中数学高效思维课堂模式？

（1）情商是思维的起点

研究表明：一个班级的学生，智力水平的差异其实并不大，而导致学业水平之间分化严重的原因往往是学习态度、学习兴趣、自信心、意志力等非智力因素．培养学生的情商等于给学生的内心装上了一部发动机，学生在完成具体学习任务时才会情绪高涨，思维活跃，不断享受到学习获得的成功体验．

（2）关注构建初中数学高效思维课堂模式的几个维度

① 课堂的时间管理．

要想提高初中数学课堂的效率与效益，就必须对课堂时间进行有效管理．若把一节课设置为“问题导入—新知探究—变式应用—开放拓展—总结升华”几个环节，就可以减少教学中的随意性和盲从现象，提高教学的针对性和实效性，从而大大提高课堂教学的效率和效益．

初中生的身心发展特征决定了他们注意力的稳定性和持久性尚未成型，一节课上能够专注听课的时间不会超过半个小时. 因此，在实际教学中，一节 40 分钟的课，教师讲授的时间不宜超过 25 分钟，而留给学生自主学习和思考的时间至少应该保证 15 分钟.

② 课堂的空间管理.

美国心理学家、教育家布鲁姆在掌握学习的理论中指出：“许多学生在学习中未能取得优异成绩，主要不是学生智慧能力欠缺，而是由于未能得到适当的教学条件和合理的帮助. 分层就是要最大限度地为不同层次的学生提供这种学习条件和全新的学习机会.”为此，我也进行了探索和尝试，取得了初步的成效.

首先，根据学生的不同特征把学生分成若干学习小组，每个小组 4 人，学生在课堂上以小组为单位开展研讨学习. 这样，教师一节课的注意力就从 50 多个学生身上转移至 10 多个小组，这大大减轻了教师的压力，提高了教学实效. 然后提出要求，小组中要有角色分工，有负责人，有纪律管理员，有执笔者，有发言代表. 在学习过程中，学生各司其职，分工合作，“调动学生学习积极性，充分发挥个人的创造能力，激发创新思维”落到了实处.

③ 课堂的行为管理.

良好的学习习惯和思维品质是学生徜徉数学世界的通行证. 而良好的习惯和品质不是与生俱来的，是后天教育培养的结果. 在数学课堂教学中，教师要着重培养学生严谨、规范、敢于质疑、乐于探究等良好的习惯和品质，提高他们综合运用知识解决问题的能力. 培养学生良好的学习习惯和思维品质，就是为学生获得成功添加一个砝码，使他们不仅能在数学学习的海洋中乘风破浪，而且对他们的整个学习生活都有十分深远的影响.

(3) 注重对过程性学习的评价

为了更好地对学生的过程性学习进行评价管理，我改变了学生平时成绩的计分方法，把平时成绩量化成以下 6 项指标：① 学习笔记 15 分；② 平时作业 20 分；③ 改错本 10 分；④ 草稿本 5 分；⑤ 测试个人加分；⑥ 测试小组加分.

其中，测试个人加分和测试小组加分根据学生个人和小组的学习实际来确定，达到既定目标就给予相应加分，学生平时成绩的满分为 100 分. 每个学期期末，学生要按照这 6 项指标准备好过程性材料，然后小组内进行评议打分，再由课代表审核，最后教师把关给出每个学生的平时成绩.

经过两个学期的尝试，学生已经喜欢上了这样的评价方式，并不断自觉调整学习的方式、完善学习的过程，达到了预期的教学目标.

一位数学家曾说：“没有人能到达北斗星，但是人们望着它却找到了正确的方向.”虽然教学永远是一门遗憾的艺术，但“高效思维课堂教学”却应该是每一位初中数学教师永恒的价值追求.

课例5 二次函数 $y=a(x-h)^2+k(a\neq 0)$ 的图象和性质

新知课

一、教学分析

1. 内容分析

二次函数 $y=a(x-h)^2+k$ 是二次函数 $y=ax^2$，$y=ax^2+c$，$y=a(x-h)^2$ 等形式的一般化，它的图象既可以通过列表、描点、连线等步骤直接画出来，也可以运用图象变换的观点，把二次函数 $y=ax^2$ 的图象经过一定的平移变换而得到，体现了从特殊到一般的数学思想。通过二次函数的图象看性质的经验可以迁移到本节课的学习中.

2. 学情分析

在前几节课中，学生已学习了二次函数的概念，以及二次函数 $y=ax^2$、二次函数 $y=ax^2+c$ 的图象和性质，在此过程中，学会了用列表、描点的方法作出二次函数的图象，并积累了从图象的角度研究函数性质的经验。另外，学生在初二学习过图形平移变换的知识，这些知识储备为本节课的学习奠定了良好的基础，使学生具备了掌握本节课知识的基本技能.

3. 教学目标

① 会画二次函数 $y=a(x-h)^2+k$ 的图象，能正确说出它的开口方向、对称轴和顶点坐标.

② 理解 $y=a(x-h)^2+k$ 的图象与抛物线 $y=ax^2$ 图象的关系，理解 a，h，k 对二次函数图象的影响.

③ 体会建立二次函数的图象与表达式之间联系的必要性，经历观察、猜想、总结等数学活动过程，发展合情推理能力和初步的演绎推理能力.

④ 经历探索二次函数图象的作法和性质的过程，培养学生动手作图的能力，

观察、类比、归纳的能力，以及用数形结合的方法思考并解决问题的能力，发展几何直观、数学建模等核心素养.

4. 教学重难点

① 教学重点：二次函数 $y=a(x-h)^2+k$ 的图象与性质.

② 教学难点：系数 a,h,k 对二次函数图象的影响.

二、教学过程

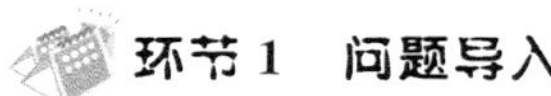

环节 1 问题导入

【问题 1】 ① 请完成表格的填写(表 1).

② 二次函数 $y=2x^2$，$y=2x^2+3$，$y=2(x-1)^2$ 的图象形状________，位置________.

③ 二次函数 $y=ax^2$ 与 $y=ax^2+k$ 的图象有什么关系？

二次函数 $y=ax^2$ 与 $y=a(x-h)^2$ 的图象有什么关系？

表 1

二次函数	开口方向	对称轴	顶点坐标
$y=2x^2$			
$y=2x^2+3$			
$y=2(x-1)^2$			

【教学说明】 通过从特殊到一般的三项任务唤起学生对知识的回忆，以及对知识之间关系的思考，建立起二次函数 $y=ax^2$，$y=ax^2+k$，$y=a(x-h)^2$ 三种形式"数""形"之间的关联，从"形"的视角得出如下结论，为本节课的学习奠定良好的基础.

$$y=ax^2 \xrightarrow{\text{上下平移}} y=ax^2+k \quad \text{顶点在 } y \text{ 轴上}$$

$$y=ax^2 \xrightarrow{\text{左右平移}} y=a(x-h)^2 \quad \text{顶点在 } x \text{ 轴上}$$

环节 2　新知探究

探究1　**二次函数 $y=2(x-1)^2+2$ 的图象和性质**

(1) 请在平面直角坐标系中画出二次函数 $y=2(x-1)^2+2$ 的图象.

(2) 请说出二次函数 $y=2(x-1)^2+2$ 的性质.

(3)请比较 $y=2(x-1)^2+2$ 与 $y=2x^2$ 的图象和性质,说说它们的联系与区别.

【教学说明】 函数学习的基本路径:函数表达式→函数图象→函数性质→函数应用. 学生研究一个新的函数,教师要给予充分的时间让其经历画图的过程,在画出图象的基础上去探究性质. 学生画图可能会出现两种倾向:一是直接画 $y=2(x-1)^2+2$ 的图象(图 1);二是先画出 $y=2x^2$ 的图象,再通过平移的方式得到 $y=2(x-1)^2+2$ 的图象(图 2). 两种方法都值得肯定,教师可引导学生比较两种画图方式的异同,进行最优法导向.

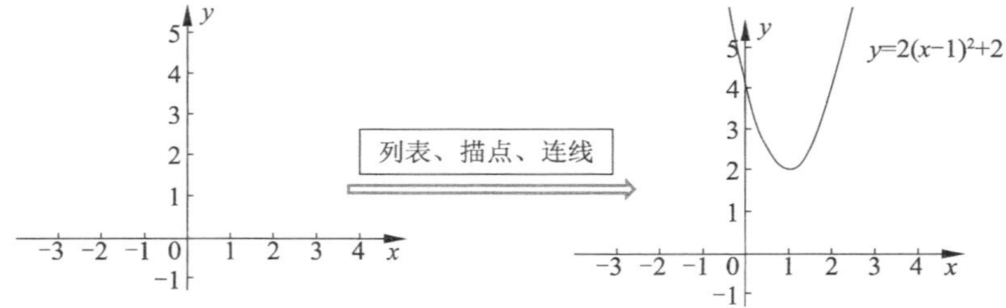

图 1

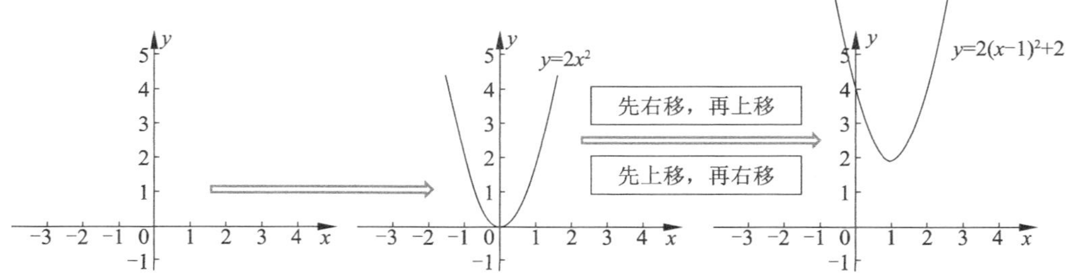

图 2

探究2 二次函数 $y=a(x-h)^2+k$ 的图象和性质

(1) 请完成表格的填写(表 2).

(2) 请比较二次函数 $y=a(x-h)^2+k$ 与 $y=ax^2$ 的图象与性质,说说你的发现.

表 2

二次函数	开口方向	对称轴	顶点坐标
$y=ax^2+k(a>0)$			
$y=a(x-h)^2(a>0)$			
$y=a(x-h)^2+k(a>0)$			

【教学说明】 基于从特殊到一般的思想,在探究并得出 $y=2(x-1)^2+2$ 的图象和性质的基础上,引导学生上升到对 $y=a(x-h)^2+k$ 的认识,并建立起二次函数 $y=ax^2$,$y=ax^2+k$,$y=a(x-h)^2$,$y=a(x-h)^2+k$ 四种形式之间的关联(图 3),再进一步归纳得出 $y=a(x-h)^2+k$ 的性质,并得出本质性的结论:a 决定二次函数图象的形状;h,k 决定二次函数图象的位置.

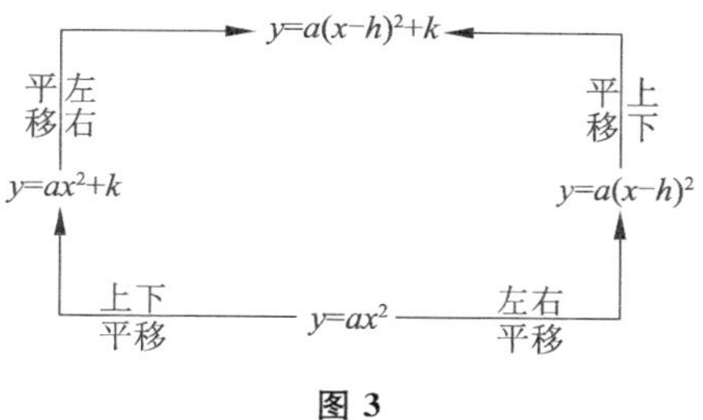

图 3

环节 3 变式应用

【问题 2】 完成表格的填写(表 3).

表 3

二次函数	开口方向	对称轴	顶点坐标
$y=2(x+3)^2+5$			
$y=-3(x-1)^2-2$			
$y=4(x-3)^2+7$			
$y=-5(2-x)^2-6$			

【教学说明】 问题2以表格的形式呈现，是二次函数 $y=a(x-h)^2+k$ 的性质的直接应用，强化对本节课核心知识的理解.

【问题3】 二次函数 $y=-x^2$ 的图象向________平移________个单位，再向________平移________个单位，可以得到二次函数 $y=-(x-2)^2+3$ 的图象.

变式1：二次函数 $y=-x^2$ 的图象向左平移5个单位，再向下平移3个单位，得到新的二次函数表达式为________________.

变式2：二次函数 $y=a(x-h)^2+k$ 的图象向上平移5个单位，再向左平移3个单位，得到的二次函数 $y=3(x-1)^2+4$ 的图象，则 $a=$________，$h=$________，$k=$________.

【教学说明】 设计由浅入深的变式题组，从具体到抽象，从平移变换逐渐发展到对称变换，实现对二次函数 $y=a(x-h)^2+k$ 性质的深度认识和本质理解，促进学习能力提升，培养几何直观、数学抽象、数学建模等素养.

环节4　开放拓展

【问题4】 请写出形状与二次函数 $y=3(x-1)^2+4$ 的图象相同，且顶点为 $(-2,-3)$ 的抛物线表达式.

【教学说明】 设计一道需要分类讨论的开放性问题，提高学生综合解决问题的能力，使本节课的学习目标有了落脚点和生长点.

环节5　总结升华

(1) 请总结梳理二次函数 $y=a(x-h)^2+k$ 的性质，并完成表4的填写.

(2) 决定二次函数图象形状、位置的元素是什么？

(3) 通过本节课的学习，你获得了哪些研究函数问题的经验和方法？

(4) 请完成初中数学“一·二·四”思维课堂自我评价表的填写.

表 4

$y=a(x-h)^2+k(a\neq 0)$	$a>0$	$a<0$
开口方向		
顶点坐标		
对称轴		
增减性		
极值		

【教学说明】 总结不是简单重复，而是要促进学生深度思考，深刻反思，因此，设计有利于促进学生深度思维的三个问题，可使学生的反思有迹可循，思维有序推进.

三、教学反思

1. 本节课的思维主线

本节课按照初中数学“一·二·四”思维课堂“新知课”五环节模式进行设计，思维主线沿着“问题导入→新知探究→变式应用→开放拓展→总结升华”的路径发展. 学生在探究二次函数 $y=2(x-1)^2+2$ 图象画法的过程中，体会问题解决方法的多样性，建立起新的函数图象与之前学习过的函数图象之间的关联，获得函数图象变换的活动经验. 遵循从特殊到一般的规律，在探究并得出 $y=2(x-1)^2+2$ 的图象和性质的基础上，引导学生上升到对 $y=a(x-h)^2+k$ 的一般性认识，进一步归纳并得出本质性的结论：a 决定二次函数图象的形状；h，k 决定二次函数图象的位置. 最后通过变式和开放性问题巩固学习成果，提高学生综合解决问题的能力，促进思维深度发展，使本节课的学习目标有了落脚点和生长点.

2. 本节课的情感主线

二次函数是学生比较畏惧的学习内容，尤其是面对一个新的函数形式，学生普遍存在紧张和抗拒的心理，因此，本节课的情感主线为：树信心—促交流—明方法—养习惯—塑品质. 通过复习做好学习铺垫，设计起点低、入口宽的问题作为学习的基点，帮助学生树立学习的信心；开展小组合作探究活动，给学生搭建交流的平台；通过精心设计的教学活动教给学生学习的策略和方法；遵循知识发展规律和学生身心发展规律开展教学活动，培养学生良好的学习习惯和思维品质；在学习目标的逐步达成中激发学生不怕困难、勇于挑战的精神.

课例 6 三角形内角和定理及其推论的应用 专题课

一、教学分析

1. 内容分析

三角形的相关知识是初中阶段几何学习的启蒙，是研究四边形、圆等平面图形的根基. 本节课是在学习了三角形内角和定理及其推论之后安排的一节专题课，以探究“圆规四边形”性质为载体，通过专题学习加深学生对知识的理解，提高学生综合解决问题的能力.

2. 学情分析

学生已经学习过平行线的判定定理、平行线的性质定理及它们的严格证明，学习了三角形内角和定理的证明及相关推论，具备相关知识基础，并具有严谨推理的意识和一定的逻辑思维能力，为本节课的学习奠定了良好的基础.

3. 教学目标

① 通过探究“圆规四边形”性质，加深对三角形内角和定理及其推论等知识的理解，进一步体会三角形内角和定理及其推论应用的广泛性.

② 经历探究“圆规四边形”性质的过程，获得“把未知图形转化为已知图形来研究”的数学活动经验，提高综合解决问题的能力.

③ 掌握一题多解，多题归一的数学思想方法.

④ 在解决问题的过程中，发展几何直观、数学抽象、数学建模等数学素养.

4. 教学重难点

① 教学重点：加深对三角形内角和定理及其推论等知识的理解，进一步体会三角形内角和定理及其推论应用的广泛性，增强应用的自觉性.

② 教学难点：掌握一题多解，多题归一的数学思想方法.

二、教学过程

环节1　情景导入

【问题1】 春天来了，七年级(3)班的同学们准备组织一次放风筝比赛. 小颖同学设计的风筝如图1所示，她通过测量得出$\angle A=65°$，$\angle B=32°$，$\angle C=28°$. 在她准备测量$\angle BDC$的度数时，小刚在旁边说：“不用测量，我就知道$\angle BDC$是$125°$.”你认为小刚的说法正确吗？为什么？

问题一提出，立刻引起了学生浓厚的兴趣，进而激发了热烈的讨论，有些人认为小刚的说法正确，有些人则认为不正确，但又找不到合理的方法来证明自己的观点. 这时，因势利导的时机就到了.

环节2　建立模型

师：请同学们把小颖同学制作的风筝形状画下来，并说说这个图形的特征.

生1：老师，我发现这是一个四边形.

生2：这不是一个凸四边形，而是一个凹四边形.（学生已经有区别凸、凹四边形的知识经验）.

（教师充分肯定了学生的观察结果.）

生3：老师，我觉得这个图很像一把张开的圆规.（学生们都笑着表示赞同）

师：好，我们就把这个图形命名为“圆规四边形”.（在之前的教学中，教师就有意识地用学生新奇、独到的发现来给图形命名，以激发学生的成就感）

师：“圆规四边形”是我们刚接触的一种新图形，能否通过添加辅助线把它转化为我们熟悉的图形呢？

（学生陷入沉思中，开始动笔在练习本上尝试. 两分钟后，纷纷举手发言.）

生4：连结BC，转化为$\triangle ABC$和$\triangle DBC$如图2).

生5：连结AD，转化为$\triangle ABD$和$\triangle ACD$(图3).

生6：延长BD与AC交于点E，转化为ΔABE和ΔCDE(图4).

师：以上几位同学都想出了很好的办法，通过添加一条辅助线，把“圆规四边形”转化成了我们熟悉的三角形. 这种把一个新图形转化为已学图形的方法可称为“化归”法，“化归”法是今后我们研究几何图形时会用到的一种非常重要的方法. 通过“化归”，就可以利用已学图形的性质去探究得出新图形的性质. 利用这几个图形，大家能找到图1中$\angle BDC$与$\angle A$，$\angle B$，$\angle C$之间的关系吗？

生7：我发现：$\angle BDC=\angle A+\angle B+\angle C$，这可利用图形2说明：

因为$\angle BDC+\angle 1+\angle 2=180°$，

$\angle A+\angle ABD+\angle ACD+\angle 1+\angle 2=180°$，

所以$\angle BDC=\angle A+\angle ABD+\angle ACD$.

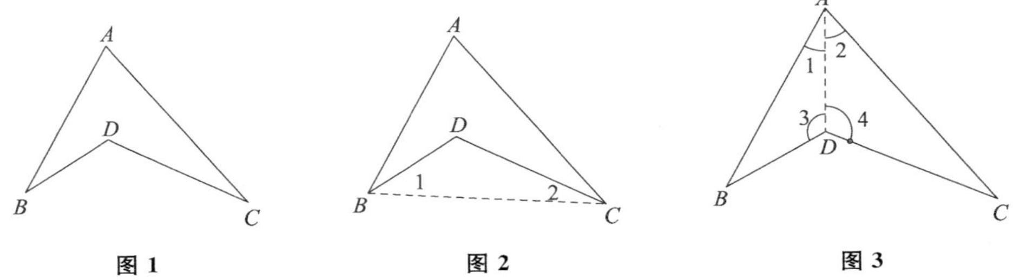

图1　　图2　　图3

接着，学生分别利用图3、图4、图5证实了生7的发现. 在教师准备总结然后进入下一环节时，生8站起来说：“老师，平行线也是我们学过的几何图形，我还可以用平行线的性质来证明这个结论.”（请生8在黑板上写出证明过程）

过点D分别作$DE\parallel AB$交AC于点E，$DF\parallel AC$交AB于F（图6）

因为$DF\parallel AC$，

所以$\angle 2=\angle 4$，$\angle 3=\angle C$，

因为$DE\parallel AB$，

所以$\angle 4=\angle A$，$\angle 1=\angle B$，

则有$\angle 2=\angle A$，

因为$\angle BDC=\angle 1+\angle 2+\angle 3$，

所以$\angle BDC=\angle A+\angle B+\angle C$.

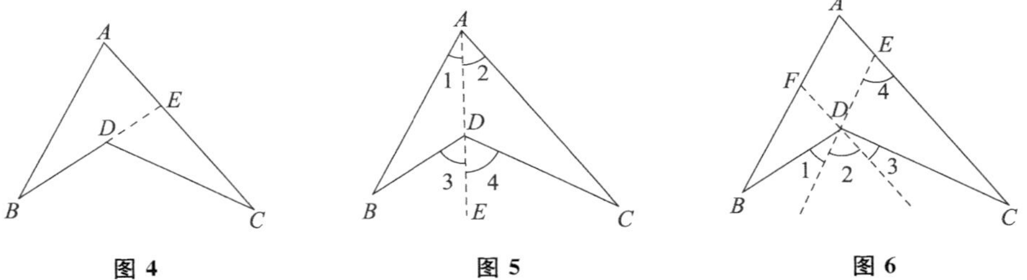

图4　　图5　　图6

生 8 的方法让大家眼前一亮，虽然不比前几种方法简单，但他独到的视角和严密的证明展示了勇于探索的精神和良好的思维品质，同学们对此报以热烈的掌声.

通过探究，得出“圆规四边形”的性质：$\angle BDC=\angle A+\angle B+\angle C$. 于是，问题 1 中小刚的说法得到了证实.

环节 3 模型变式

本节课的教学目标定位是通过学习，让学生经历和体验研究几何图形的全过程(即探究性质—得出结论—应用性质—提升能力)，形成几何学习的思路和方法，为今后的学习奠定基础. 因此，得出“圆规四边形”的性质只是本课的一个过程，而非结果. 为了检验学习效果，可设计拓展问题.

【问题 2】 通过小组讨论，同学们对小颖的风筝模型进行了加工，变成了图 7 的形状.

① 请问图 7 中还存在“圆规四边形”吗？共有几个？

② 若$\angle A=\angle B=\angle C=\angle E=\angle F$，请求出$\angle 1$ 的度数.

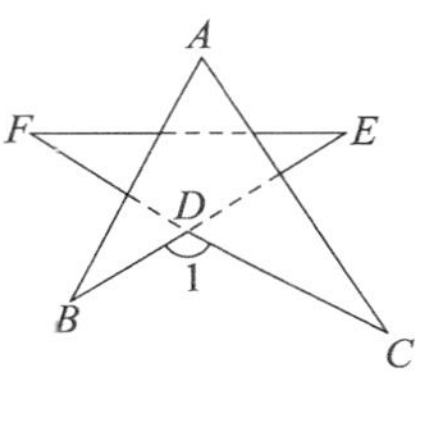

图 7

图 7 是一个五角星的形状，由“圆规四边形”构造而成，但增加的几条线干扰了学生的视觉，对于第一问，学生开始有些犹豫，但随即发现了基本图形 $ABDC$，进而找出图中共有 5 个“圆规四边形”(五角星的每个顶点对应一个). 而对于第二问，学生之前知道五角星五个角的和为 180°，因此很快求出了$\angle A=\angle B=\angle C=\angle E=\angle F=36^\circ$，可老在转圈，就是求不出$\angle 1$ 的度数来. 他们能找出图中的“圆规四边形”，却没有想到应用“圆规四边形”的性质，因为学生缺乏应用基本图形性质去解决问题的经验，经过教师的点拨才如梦初醒，恍然大悟，利用 $\angle 1=\angle A+\angle B+\angle C$ 求出了$\angle 1=108^\circ$.

为了增强学生应用基本图形性质去解决问题的意识，于是设计了问题 3.

环节 4 模型开放

【问题 3】 已知如图 8 所示，在“圆规四边形”$ABDC$ 中，$\angle BDC=140^\circ$.

① 若$\angle ABD$，$\angle ACD$ 的角平分线相交于点 E，且$\angle BEC=77^\circ$，求$\angle A$ 的度数.

② 若$\angle ABD$，$\angle ACD$ 的三等分线分别相交于点 E_1，E_2（图 9），$\angle BE_1C=77°$，求$\angle A$ 的度数.

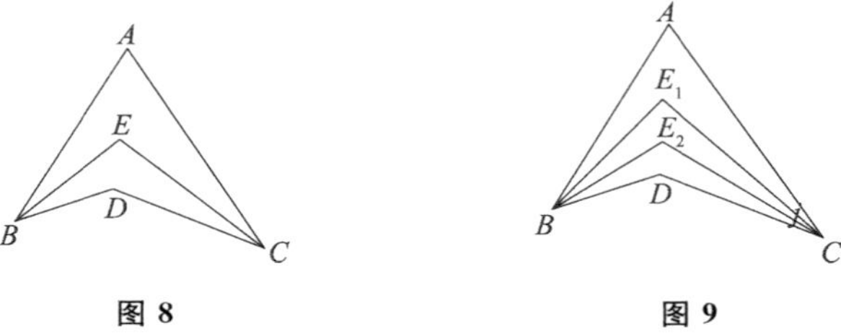

图 8　　图 9

③ 若$\angle ABD$，$\angle ACD$ 的 10 等分线分别相交于点 E_1，E_2，…，E_9（图 10），$\angle BE_1C=77°$，求$\angle A$ 的度数.

④ 若$\angle ABD$，$\angle ACD$ 的 n 等分线交于点 E_1，E_2，…，E_{n-1}（图 11），$\angle BE_1C=77°$，你能用 n 表示$\angle A$ 的度数吗？

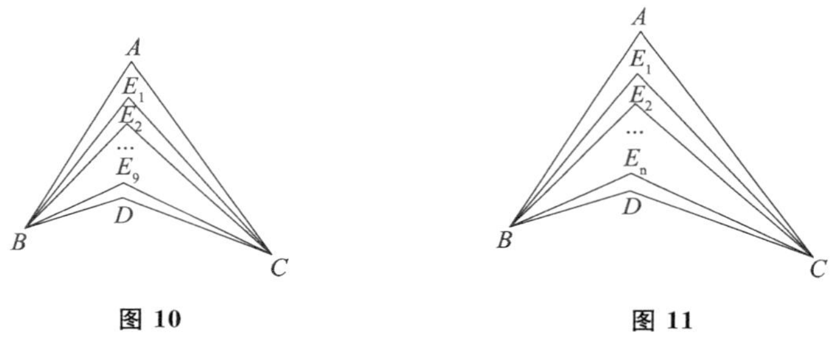

图 10　　图 11

此题的每一个图形，都由基本图形组合而成，学生有了前面的学习经验，能够很快从图形中分解出基本图形，通过运用“圆规四边形”的性质，顺利解决了①②两个问题. 教师对学生的表现给予充分的肯定，学生带着成就感，在教师的启发引导下，对③④两个问题进行深层次探索，通过小组合作的方式得出了正确的结论. 本题的 4 个小问题既相互关联，又层层深入；既强化了基本图形的应用，又渗透了归纳、类比的数学思想，同时培养了学生勇于探究的良好品质.

环节 5　总结提升

从方法和策略两个方面对专题内容进行小结（图 12），再让学生自主完成初中数学“一·二·四”思维课堂自我评价表.

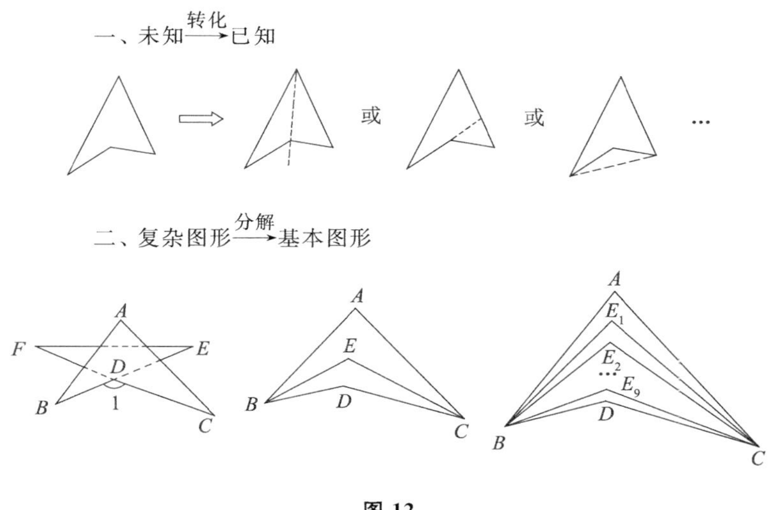

图 12

三、思考和感悟

1. 兴趣是最好的老师

兴趣是推动人们去探求知识、认识事物的积极力量．古今中外的学者之所以能走进科学的殿堂，正是由于他们对科学产生了浓厚的兴趣．罗素曾说过，他对科学的兴趣来自数学，而对数学的兴趣又来自欧几里得几何．而我国古代伟大的思想家、教育家孔子说：“知之者不如好之者，好之者不如乐之者．”刚进入初中的学生好奇心、求知欲很强，教师稍加引导，就可以使他们对数学学科产生浓厚的学习兴趣，从而产生无穷的学习动力，使数学学习步入良性循环的佳境．反之，如果学生刚进入一个新的学习阶段时，接触的是枯燥、乏味的教学，就会对数学学习产生厌烦感、畏惧感，进而影响他们今后的学习．因此，在几何入门阶段，培养学生浓厚的学习兴趣比教给知识更重要．

（1）选取贴近生活，学生感兴趣的题材

在教学“三角形内角和定理及其推论的应用”这一内容时，正是春暖花开、草长莺飞的季节，我选取了学生熟悉又喜爱的放风筝活动作为背景，果然受到了学生的欢迎，收到了很好的教学效果．

七年级学生的年龄特征决定了他们以感性认识为主，以形象思维为主，且对新奇的事物感兴趣，对喜欢的活动感兴趣．因此，教师在教学时要注意选取贴近学生生活、学生感兴趣的题材，使枯燥的内容生活化、情趣化，使抽象的问题直观化、形象化.

(2) 鼓励、激发求知欲

心理学认为，动机是一切学习的原动力，任何成功的学习都伴有强烈的动机，受内在动机的驱使. 学生都有强烈的好胜心理，如果在学习中屡遭挫败，就会对学习失去信心. 因此，教师要创造合适的机会让学生品尝到成功的喜悦.

我在平时的教学中就非常注重鼓励学生，只要学生合理表达自己的想法或发现，就给予肯定，让他们展开想象的翅膀，发挥他们各自的特长，在活动中充分展示自我，体会数学给他们带来的成功和快乐，从而激发他们强烈的求知欲望，培养浓厚的学习数学的兴趣.

2. 基本图形是学生研究几何的基本素材

本节课主要包括以下三大教学内容：认识“圆规四边形”(基本图形)—探究“圆规四边形”的性质—应用“圆规四边形”的性质. 整节课围绕基本图形展开，让学生感受到鲜明的主题，重点的突出、难点的突破都由基本图形来贯穿，有利于在学生的脑海中建构起清晰的解题思路，使他们通过会解一道题变成会解一类题，从而使学习知识提升为形成能力.

基本图形是几何概念的源泉，也是几何定理的表形. 数学的试题可以包装和改编，图形的形状可以千变万化，但是，万变不离其宗. 纵观整个初中阶段的几何学习，无论是三线八角，还是全等、相似变换，或者是圆中的计算和证明，其实都包含着基本图形，抓住基本图形去理解概念本质，建立基本图形与定理的直接联系，把问题转化为若干基本图形是突破几何问题的有效途径. 因此，从初一开始，让学生分析基本图形、积累基本图形，将会为他们今后的几何学习奠定坚实的基础.

3. 数学思想方法是学生打开几何之门的金钥匙

有些老师认为，数学思想方法只有高年级学生才有能力研究，刚上初中的学生根本不具备条件接受. 其实不然，数学思想方法是数学学习的灵魂，它渗透在每一个章节、每一部分内容中；数学思想和方法是数学知识的精髓，又是知识转化为能力的桥梁. 那种只重视讲授表层知识，不注重渗透数学思想方法的教学是不完善的教学，它不利于学生对所学知识的真正理解和掌握，使学生的知识水平永远停留在初级阶段，难以提高. 一位优秀的数学教师一定是非常注重思想方法教学的教师，他的教学从低处入手，从小处着眼，寓数学思想方法于每一节课堂教学中，“随风潜入夜，润物细无声”，让学生在不知不觉中领会到数学学习的奥妙.

就本节课的设计而言，主要体现了化归、建模、分类讨论等数学思想方法.

4. 良好的学习习惯和思维品质是学生徜徉几何世界的通行证

良好的学习习惯和思维品质不是与生俱来的，而是后天教育培养的结果. 七年级学生学习习惯尚未形成，思维品质没有定型，具有很强的可塑性，需要教师引导和培养.

在探究“圆规四边形”性质的过程中，我更注重一题多解，引导学生从多种角度、各个侧面、不同方向进行发散思维，对新颖独特、创造性的解法给予肯定，培养学生良好的思维品质和认知结构，提高他们综合运用知识的能力. 在应用“圆规四边形”性质时，引导学生由表及里去观察思考，抓住问题的本质，揭示事物的规律，使学生把知识学深学透，不但知其然，还知其所以然，培养了学生思维的全面性和深刻性.

课例7 折叠问题中的勾股定理 | 专题课

一、教学分析

1. 内容分析

折叠是初中几何中常见的一种图形变换方式，折叠问题是学习了勾股定理之后常见的几何问题。在完成北师大版八年级数学上册第一章“勾股定理”的教学之后，安排一节专题课“折叠问题中的勾股定理”，选取以矩形为背景的几个折叠问题进行研究，加深学生对折叠问题的本质理解，提高其应用知识解决问题的能力.

2. 学情分析

学生对折叠问题往往表现出比较畏惧的心理，究其原因，一是对折叠问题的本质理解不透彻，二是缺乏数学抽象和数学建模的意识和能力. 因此，非常有必要在教师的引导下进行专题研究，获得专项突破.

3. 教学目标

① 通过对折叠问题的研究，加深对折叠问题本质的理解，能解决常见的以平面图形为背景的折叠问题.

② 经历“折—画—探—悟”的过程，巩固勾股定理的应用，获得解决折叠问题的经验.

③ 在探究活动中培养合作意识，培养团队合作精神.

④ 在解决问题的过程中，发展数学思维能力，提升几何直观、数学抽象、数学建模等数学素养.

4. 教学重难点

① 教学重点：通过对折叠问题的研究，巩固勾股定理的应用，加深对折叠问题本质的理解，能解决常见的以平面图形为背景的折叠问题.

② 教学难点:解决常见的以平面图形为背景的折叠问题.

二、教学活动

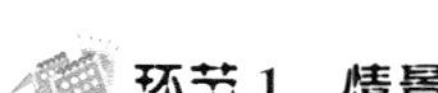

环节 1　情景导入

★**活动 1**　一张矩形的纸片(图 1),把它折叠一次,你会得到哪些不同的图形?你发现在折成的图形中,有哪些相等的线段和角?与同桌交流一下.

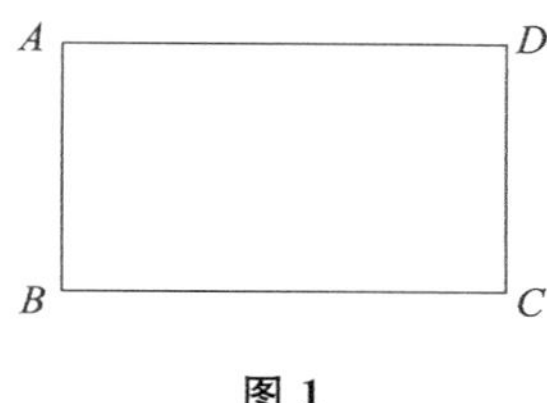

图 1

【**教学说明**】　通过一个开放性的活动,创设学生之间合作交流的情境,激发学生的学习兴趣,增强学生对折叠问题的感性认识.学生通过动手和观察,发现折叠问题最本质的特性:折叠具有全等性,对应线段相等,对应角相等,为后面的探究学习奠定基础.

环节 2　建立模型

★**活动 2**(分组活动)　请按要求折叠矩形纸片,并画出折叠后的几何图形,各组派一位代表把得到的图形画在黑板上.

第一组:使矩形的顶点 B 的对应点 B' 落在边 AD 上(图 2).

第二组:使矩形的顶点 B 的对应点 B' 落在对角线 AC 上(图 3).

第三组:将矩形 $ABCD$ 沿对角线 AC 折叠(图 4).

第四组:使矩形顶点 B 的对应点 B' 恰好与点 D 重合(图 5).

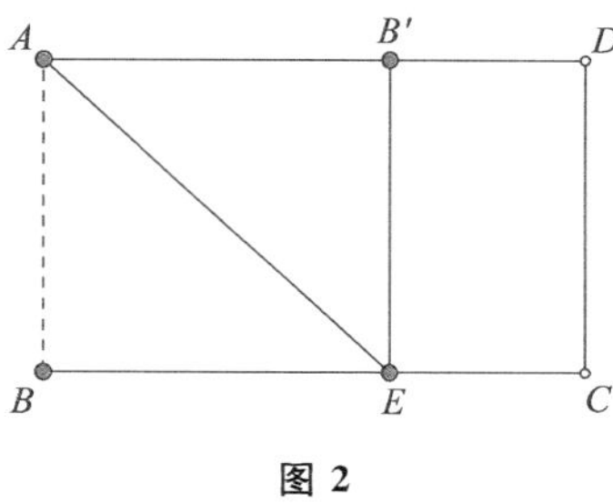

图 2

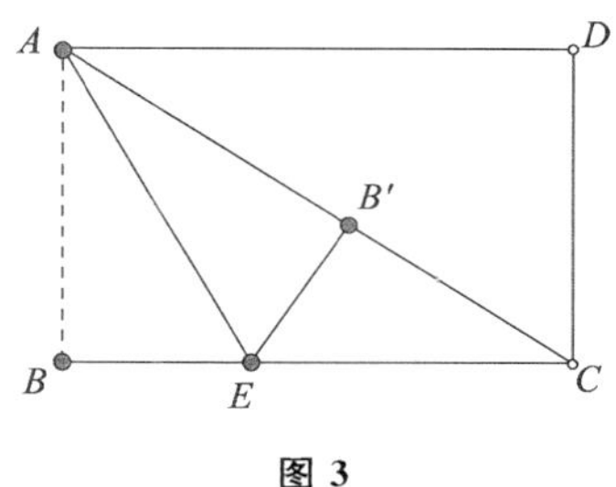

图 3

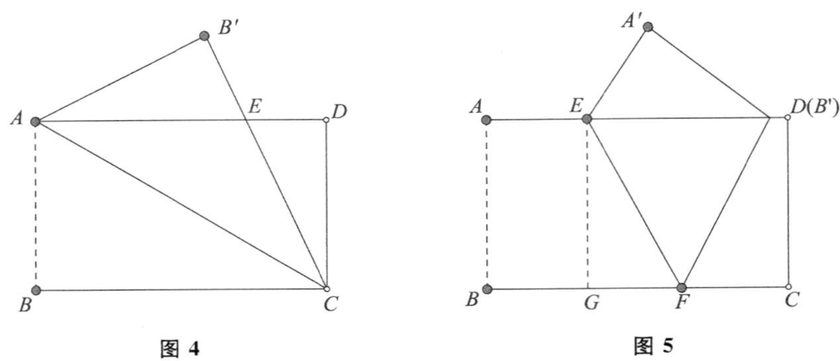

图 4　　图 5

【教学说明】 课前根据座位把学生分成4个大组、12个小组，让学生按大组领任务，然后小组合作，动手操作，先折叠出形状，再画出几何图形，经历一次由直观到抽象的过程．学生分组完成任务，既让每个小组成员有参与的机会，体验了动手的过程，同时也节约了时间，提高了效率．此次完成的几个图形，是几个特殊位置的折叠图形，也是本节课要重点研究的几个图形．

在这些图形中，可以提出哪些数学问题？进行怎样的求解呢？

★活动3　简单图形，直接应用

【问题1】 如图6所示，将矩形 $ABCD$ 沿 AE 折叠，使点 B 的对应点 B' 落在边 AD 上．若 $AB=6$，$AD=8$，你能求出图中哪些线段的长度？

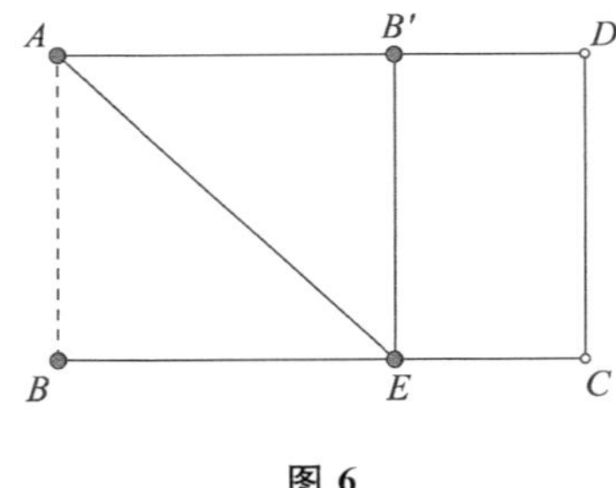

图 6

【教学说明】 图6是折叠问题中最简单的一种图形，从一个起点低、入口宽的图形入手，可帮助学生树立学习的信心．通过观察和思考，学生发现，利用折叠的性质以及勾股定理，这个图形中所有线段的长度都能求出来，结论如下：

① $CD=AB'=BE=B'E=6$，$BC=8$

② $B'D=EC=2$

③ 在 $\mathrm{Rt}\triangle ABE$ 中，$AE=\sqrt{AB^2+BE^2}=\sqrt{6^2+6^2}=6\sqrt{2}$

环节 3　模型变式

1. 图形变式，间接应用

【问题 2】 如图 7 所示，将矩形 $ABCD$ 沿 AE 折叠，使点 B 的对应点 B' 落在对角线 AC 上. 若 $AB=6$，$AD=8$，你是否能求出图中所有线段的长度？

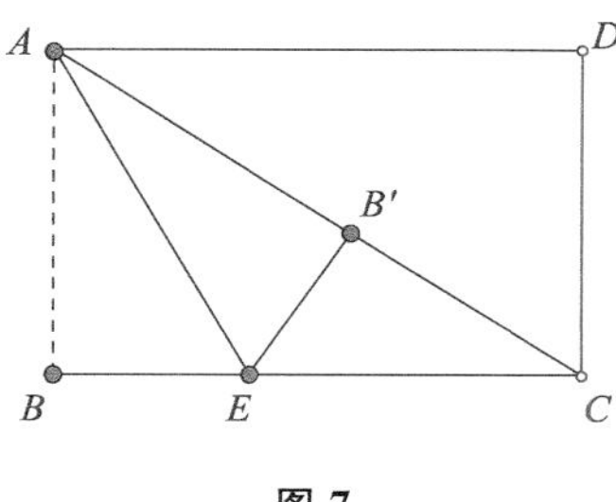

图 7

【教学说明】 在问题 1 的基础上进行图形变式，并提出问题“当点 B 的对应点 B' 落在对角线 AC 上时，是否还能求出图中所有线段的长度”，充分激发了学生的求知欲望. 根据前面的经验，学生容易得出 $CD=AB'=AB=6$，$BC=AD=8$，$AC=10$，$B'C=10-6=4$ 等结论. 而对于 BE，$B'E$，CE，AE 这几条线段的长度，需要把未知的线段转化到 $\text{Rt}\triangle B'EC$ 中，利用勾股定理建立方程. 虽然经老师引导和提示后，学生才找到问题的解决方案，但是，在探究这个问题的过程中，学生体会到了用数的方法解决形的问题的好处，对数形结合思想和方程思想有了理性的思考，思维能力和数学素养得到了提升.

解题过程如下：

设 $BE=B'E=x$，则 $CE=8-x$.

在 $\text{Rt}\triangle B'EC$ 中：

$4^2+x^2=(8-x)^2$，

解得　$x=3$，

$BE=B'E=3$，$CE=5$，

$AE=\sqrt{AB^2+BE^2}=\sqrt{6^2+3^2}=3\sqrt{5}$.

2. 模型变式，拓展应用

【问题 3】 如图 8 所示，将矩形 $ABCD$ 沿对角线 AC 折叠，点 B 的对应点为点 B'.

(1)请判断$\triangle ACE$的形状;

(2)若$AB=6$,$AD=8$,请求出$\triangle ACE$的面积.

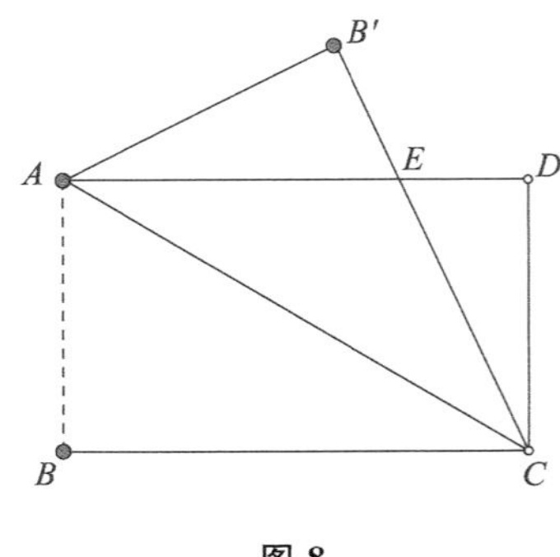

图 8

【教学说明】 在问题2的基础上继续进行图形的变式,提出的问题既是对前面所获得经验和方法的强化,也是对知识应用的补充. 因为要判断$\triangle ACE$的形状,注意力需从研究线段转移到研究角的相等关系上来. 判断完三角形的形状之后,利用问题2中的方程模型可以求出DE和AE的长度,进而求出三角形的面积.

解题主要步骤如下:

设$DE=x$,则$AE=CE=8-x$.

在Rt$\triangle ECD$中,$6^2+x^2=(8-x)^2$,

解得$x=\frac{7}{4}$,$8-x=\frac{25}{4}$,

所以$S_{\triangle ACE}=\frac{1}{2}AE\cdot CD=\frac{1}{2}\times\frac{25}{4}\times6=\frac{75}{4}$.

环节4 模型开放

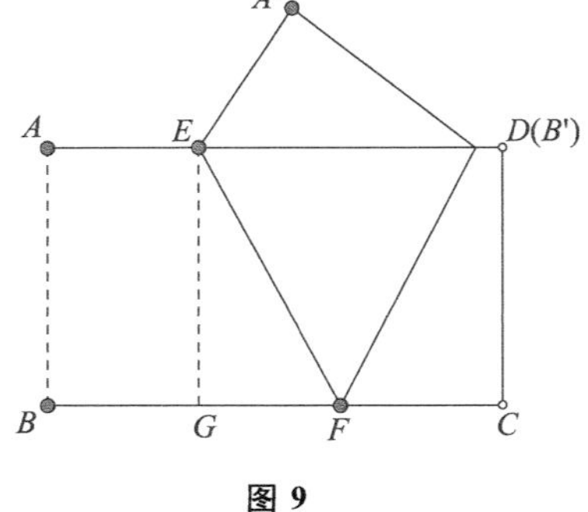

图 9

【问题4】 如图9所示,将矩形$ABCD$沿EF折叠,使点B的对应点B'恰好与点D重合.

① 若$AB=6$,$AD=8$,求折痕EF的长.

② 你还能提出哪些数学问题?

【教学说明】 问题4具有一定的挑战性,不仅可考查学生对前面建立的数学模型灵活应用的情况,而且能考验学生是否具有开拓进取的精神. 根据前面的解题经验,可以求出

图中除 EF 之外的所有线段的长度，想求出 EF 的长度，只需构造出 Rt$\triangle EGF$，便可应用勾股定理解决问题. 但学生未必想得到，前面建立的数学模型是解决此题的关键. 因为在图形变化的同时，求解问题的跳跃度大，没有给学生设置提示和铺垫性的问题，学生不容易发现此题与前面几个问题的关联. 因此，要留给学生充分讨论探究的时间.

解题主要步骤如下：

由前面的方法可得　$CF=\dfrac{7}{4}$，$BF=DF=DE=\dfrac{25}{4}$.

过点 E 作 $EG\perp BC$ 于点 G，则在 Rt$\triangle EGF$ 中：

$$GF=\frac{25}{4}-\frac{7}{4}=\frac{9}{2},$$

所以　$$EF=\sqrt{EG^2+GF^2}=\sqrt{6^2+\left(\frac{9}{2}\right)^2}=\frac{15}{2}.$$

环节 5　总结提升

师：通过对本节课的学习，你有哪些收获？请从核心知识、数学思想、方法策略几个方面进行归纳，也请对自己一节课的学习过程进行回顾小结，并写一句激励自己的话，把相应的内容填写到数学思维课堂自我评价表里.

在学生完成数学思维课堂自我评价表的填写之后，再引导学生进行总结提升，形成知识结构框图(图 10).

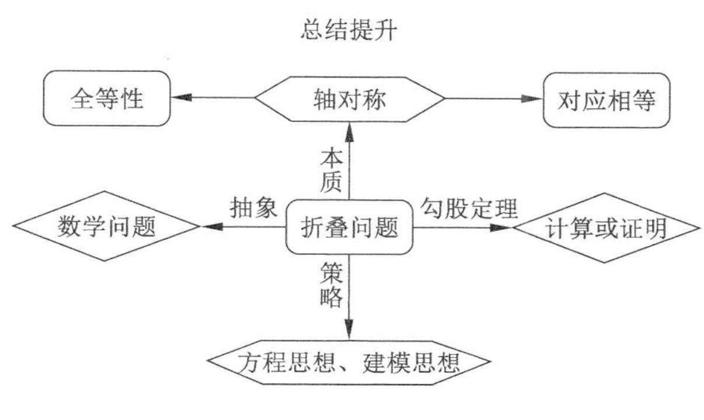

图 10

【教学说明】　在学生深度思考的基础上，由教师引导学生进行总结提升，总结评价要体现全面性、客观性，具有激励性. 为此，我编制了"数学思维课堂自我评价手册"，学生每节课对应完成一张自我评价表. 这样的归纳总结，真正体现了学生是学习的主人，使获得知识、培养能力、提升素养落到实处.

三、教学反思

本节课的设计以活动引领问题，将问题作为思维的载体. 学生学习经历了"折—画—探—悟"的过程，整节课按照由浅入深的 4 个层次逐渐展开：简单图形，直接应用→图形变式，间接应用→建立模型，拓展应用→复杂图形，构造应用.

首先提出"在折叠得到的图形中，可以提出哪些数学问题？进行怎样的求解？"这样一个承上启下的问题，引发学生的思考，使学生由活动状态过渡到思维状态. 接着，把整节课的学习内容通过 4 个问题呈现出来.

问题 1，从一个简单图形入手，"对于指定的图形和条件，你能求出图中哪些线段的长度？"问题解决的途径可以看作是折叠性质和勾股定理的直接应用.

问题 2，"图形变化后，你是否能求出图中所有线段的长度？"这个问题需要把未知的两条线段转化到同一个直角三角形中，利用勾股定理建立方程来求解，是定理的间接应用.

问题 3，"图形再发生变化，请判断$\triangle ACE$的形状并求其面积". 此问依然存在图 2 中的方程模型，欲求三角形的面积，可以先借助方程模型求出线段长度，然后求出面积，是定理的拓展应用.

问题 4，"在第 4 个图形中，求出折痕EF的长"，解决这个问题需要学生发现图中的方程模型，并自己构造直角三角形，对学生思维层次的要求更高，是定理的构造应用.

这 4 个问题看似彼此独立，实则相互关联，环环相扣，由浅入深，逐层递进，引领着学生的思维一步步向纵深处发展. 在解决问题的过程中，教师应注重数学思想方法的渗透和数学模型的建构，培养学生的数学抽象、数学建模、逻辑推理等核心素养.

希腊哲学家、教育家苏格拉底说过："教育不是灌输，而是点燃火焰."课堂教学应该是老师点燃学生追求真理思想的火焰的过程. 因此，本节课立足于构建既有温度又有深度的数学课堂，让学生的智慧之花在课堂绽放. 首先创设了轻松的学习氛围，为学生创造了合作交流的机会，在探究的过程中注重激发学生的求知欲，培养学生的开拓意识和创新精神，让学生在不断地解决问题的过程中体会到成功的喜悦. “提兴趣—促交流—树信心—激欲望—助挑战”这样的一条情感主线贯穿于课堂，对学生情感、态度、价值观的引导落到了实处. 本节课从思维和情感两个维度去构建数学课堂，情理交融，注重培养学生浓厚的数学学习兴趣和良好的数学思维品质，促进学生生动活泼、富于个性地学习成长.

四、结语

张奠宙教授说，数学的表现形式比较枯燥，给人一种冰冷的感觉，但是数学思考却是火热的、生动活泼的. 如何点燃和激起学生的火热思考，让他们能够欣赏数学冰冷的美丽，实在是数学教育的一项根本任务. 进入初中阶段的学习后，数学冰冷的美丽让不少孩子望而却步，过早被分化出来. 让数学的理性散发出温暖的光芒，让数学课堂充满生机和灵动，让每一个孩子在数学课堂上都找到一个属于自己的支点，这就是培养学生思维的课堂，也是落实核心素养的课堂. 为此，我进行了多年的探索和实践，并取得了一些成绩，所教班级学生学习兴趣浓厚，思维活跃，在期末统考和中考中，各项优秀指标均遥遥领先. 今后，“重思维，育素养”仍将是数学教育者课堂教学的重点和方向.

课例 8 "构造最短路径"问题 专题课

一、教学分析

1. 内容分析

本专题设计的"构造最短路径"问题的本质是"两点之间,线段最短"这一公理的应用,从平面和空间两个维度,在不同图形背景中探究最短路径问题,其实质就是通过适当的变换,变成平面内"两点之间,线段最短"问题来解决.

2. 学情分析

"构造最短路径"是学生在初中阶段的数学学习中常常会遇到的问题,由于这些问题产生于不同的知识背景,会在不同的学习阶段、不同的学习情景中随机出现,因而带给学生的印象是模糊的、零散的、片面的. 为了帮助学生整体认识"最短路径"问题,形成系统解决此类问题的策略和方法,本专题选取的内容多,图形丰富,可分为两个课时来完成.

3. 教学目标

① 通过对"最短路径"问题的研究,进一步体会"两点之间,线段最短"这一公理的广泛应用,形成对此类问题的整体认识.

② 经历从平面和空间两个维度探究"最短路径"问题的过程,获得研究几何问题的活动经验.

③ 在学习过程中培养自主探究的意识和团队合作的精神.

④ 在解决问题的过程中,发展数学思维能力,培养几何直观、数学抽象、数学建模等数学素养.

4. 教学重难点

① 教学重点:通过对"最短路径"问题的研究,进一步体会"两点之间,线段最

短”这一公理的广泛应用，形成对此类问题的整体认识.

② 教学难点：经历从平面和空间两个维度探究“最短路径”问题的过程，获得研究几何问题的活动经验.

二、教学过程

第1课时　在平面图形中探究“最短路径”问题

环节1　情景导入

探究1

据说亚历山大城有一位精通数学和物理的学者，名叫海伦. 一天，一位罗马将军专程去拜访他，想请教一个自己百思不得其解的问题：如图1所示，将军每天从观望台 A 出发，先到河边 C 处饮马，然后再到河岸同侧的 B 点宿营地办事，应该怎样走才能使路线最短？这个问题就是广泛流传的“将军饮马”问题.

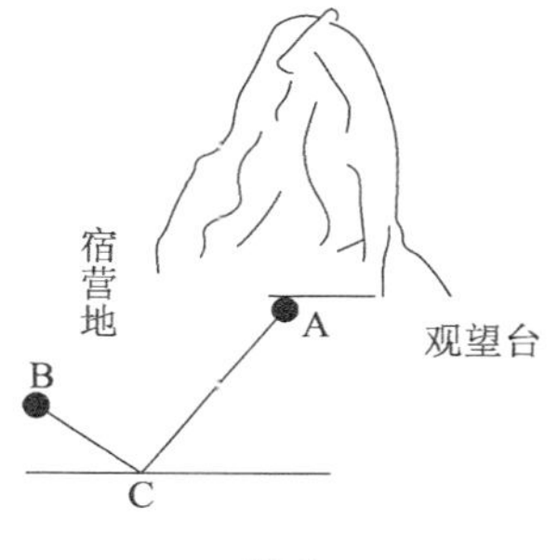

图 1

环节2　建立模型

为了解答观望台 A 与宿营地 B 在同侧问题，可以先考虑观望台 A 与宿营地 B 在异侧的情况.

如图2所示，把观望台与宿营地分别看作点 A、点 B，把河看作直线 l，连接点 A 与点 B，线段 AB 即为点 A 与点 B 之间的最短路径，线段 AB 与直线 l 的交点 C，就是到点 A、点 B 距离之和最短的点（基本图形一）.

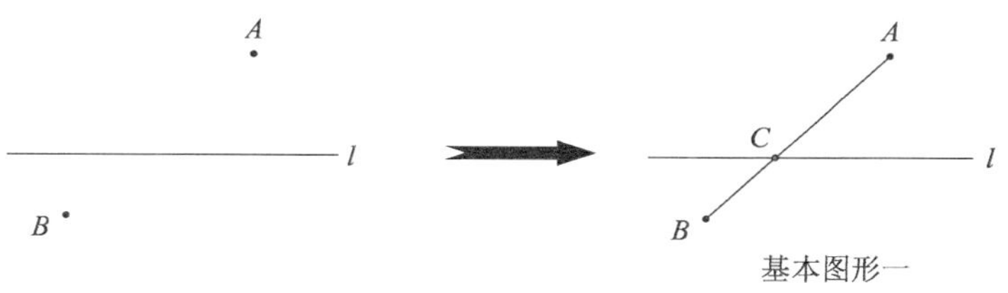

图 2

然后思考观望台 A 与宿营地 B 在同侧的情况，可以抽象成图 3 的几何模型.先作点 B(或点 A)关于直线 l 的对称点 B'，连接点 A、点 B'，线段 AB' 即为最短路径，线段 AB' 与直线 l 的交点 C，就是到点 A 与点 B 距离之和最小的点(基本图形二).

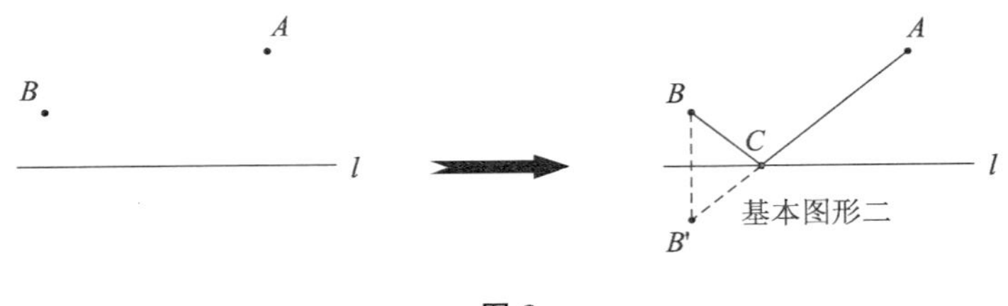

图 3

上述两个基本图形都是利用“两点之间，线段最短”这一公理来构造的.

环节 3　模型变式

【问题 1】　如图 4 所示，在公路 l 的同侧有两个果园，现需在公路旁建一个水果收购点，使它到两个果园的距离之和最短，水果收购点应建在哪儿？

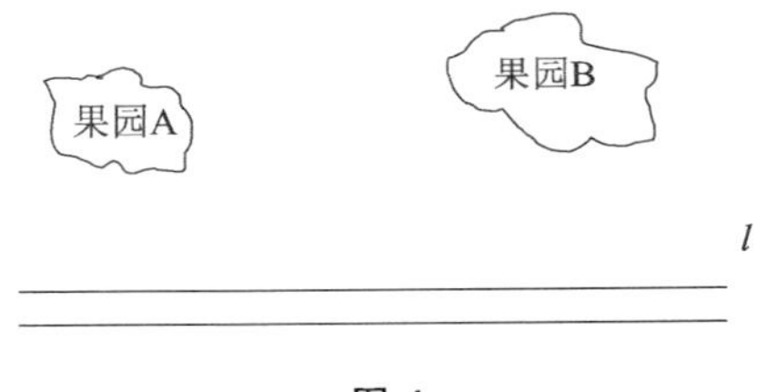

图 4

简要解析：把果园 A 看作宿营地，果园 B 看作观望台，公路 l 看作河流(图 5)，运用“将军饮马”问题的解题思路，可构造出基本图形二进行解答(图 6).

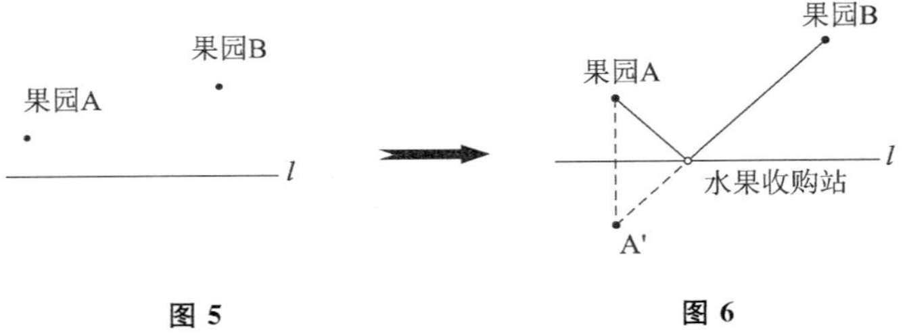

图 5　　　　**图 6**

▶变式 1:“两点”变“三点”

如图 7 所示,在一个风景美丽的景区内有一处古迹,位于“人”字形大河之间,为方便游客游览,现计划在南北两河上分别建一座桥,同时修三条路,使古迹与小桥两两相连. 为了节省费用,请你找出两个建桥地点,使三条路长度之和最短,从而使修路费用最少.

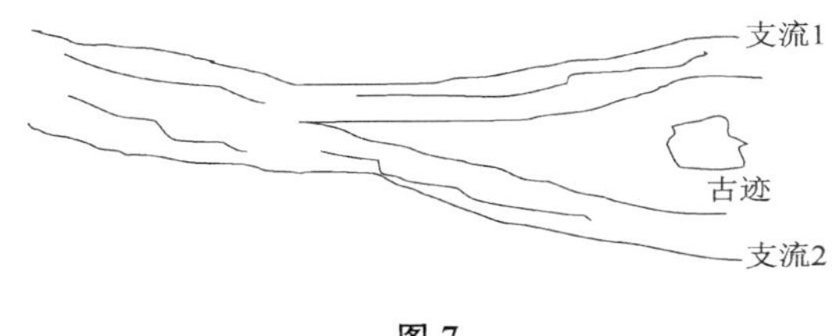

图 7

简要解析:把支流 1 看作射线 l_1,支流 2 看作射线 l_2,古迹看作点 A(图 8),分别作点 A 关于 l_1,l_2 的对称点 A_1,A_2,连结点 A_1 与 A_2,交 l_1,l_2 于点 M,N,则点 M,N 即为建桥地点,线段 AM,AN,MN 即为距离之和最短的三条路(图 9). 此题为基本图形二的拓展应用.

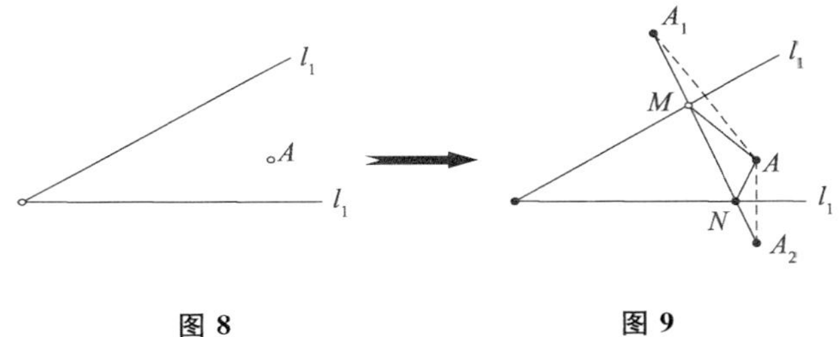

图 8　　图 9

▶变式 2:“两点”变“四点”

如图 10 所示,沙漠中有四口油井,为方便油的储存,现要建一个储油池,使它到四口井的距离和最小.

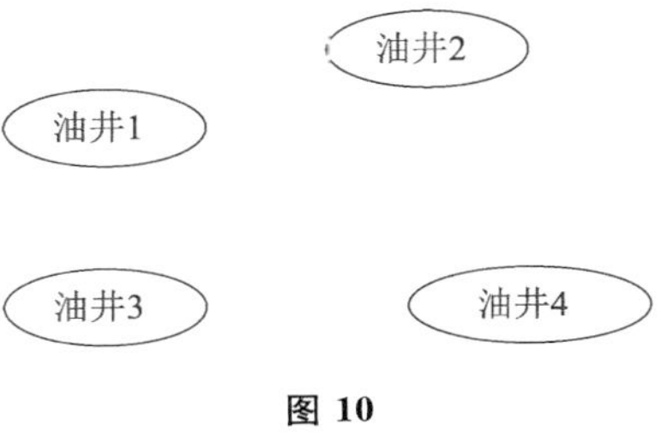

图 10

简要解析:把油井 1、油井 2、油井 3、油井 4 分别看作点 A,点 B,点 C,点 D(图 11),连结 AD,BC,则线段 AD 与 BC 的交点 E 就是建储油池的地点(图 12). 此题实为基本图形一的应用.

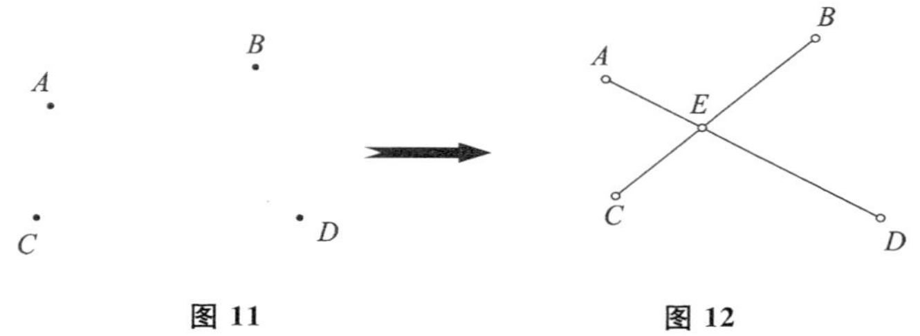

图 11　　　　图 12

▶变式 3:“两点”变“多点”

一条直线形流水线上有 5 个机器人,它们站立的位置在数轴上依次用点 A_1,A_2,A_3,A_4,A_5表示(图 13). 问:将零件的供应点设在何处,才能使 5 个机器人分别到达供应点取货的总路程最短?

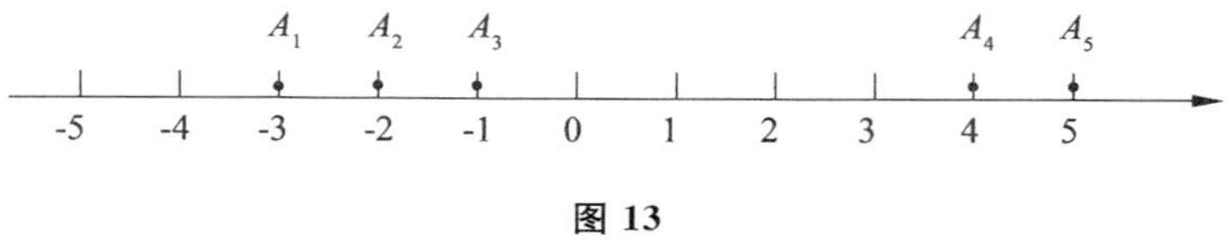

图 13

简要解析:在数轴上找一点 A 使得它到点 A_1,A_2,A_3,A_4,A_5的距离和最小,当点 A 与点 A_3重合时,$A_1A_3+A_2A_3+A_3A_3+A_4A_3+A_5A_3$最小.

以上数轴上 5 个点可推广到 n 个点,当 n 为奇数时,第$\frac{n+1}{2}$个点即为所求的点. 此题实为基本图形一的拓展应用.

环节 4　模型开放

【问题 2】　在三角形中进行探究.

如图 14 所示,在 Rt$\triangle ABC$ 中,$AC=6$,$BC=8$,$AM=3$,N 为 AB 中点,AD 平分$\angle CAB$,在 AD 上找一点 P,使 $MP+NP$ 的值最小,并求 $MP+NP$ 的值.

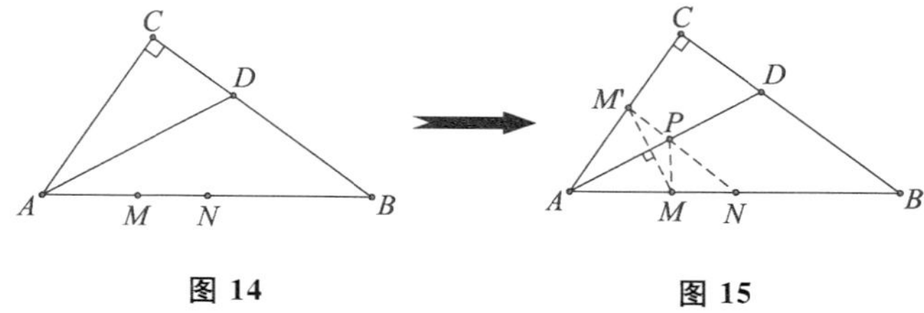

图 14　　　　图 15

简要解析:利用基本图形二,作点 M 关于 AD 的对称点 M',连结 NM'交 AD

于点 P，点 P 即为所要找的点(图 15).

因为 $AM'=AM=3$，$AC=6$，所以 M' 是 AC 的中点.

因为 N 是 AB 的中点，所以 $M'N=\frac{1}{2}BC=4$，$MP+NP=M'N=4$.

【开放式 1】　在正方形中进行探究.

如图 16 所示，已知正方形 $ABCD$ 的边长为 8，M 在 DC 上，且 $DM=2$，N 是 AC 上一动点，求 $DN+MN$ 的最小值.

简要解析：由基本图形二可得，点 D 关于 AC 的对称点为点 B，连结 BM 交 AC 于点 N，点 N 就是使 $DN+MN$ 最小的点(图 17).

因为 $BC=8$，$CM=CD-DM=6$，

所以 $BM=10$，$DN+MN=10$.

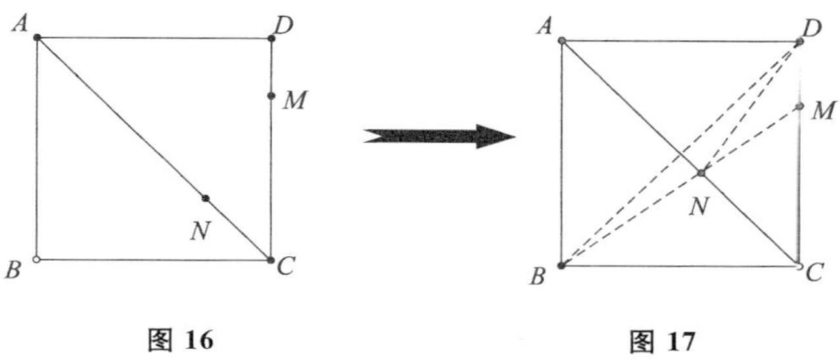

图 16　　　　图 17

【开放式 2】　在梯形中进行探究.

如图 18 所示，在梯形 $ABCD$ 中，$AD\parallel BC$，$AB=AD=6$，$BC=8$，$DC=5$，M，N 分别为 AB，AD 上的点，且 $AM=1$，$AN=3$，在 BD 上作一点 P，使 $MP+NP$ 的值最小.

简要解析：利用基本图形二，作点 M 关于 BD 的对称点 M'，连结 NM' 交 BD 于点 P，点 P 即为所要求的点(图 19). 因为 $AD\parallel BC$，$AB=AD=6$，所以 $\angle ABD=\angle CBD$，点 M 关于 BD 的对称点 M' 一定在 BC 上.因为 $AM=1$，$AN=3$，所以 $BM=5$，$DN=3$，$CM'=BC-BM'=8-5=3=DN$，$CD=M'N=5$，$MP+NP=5$.

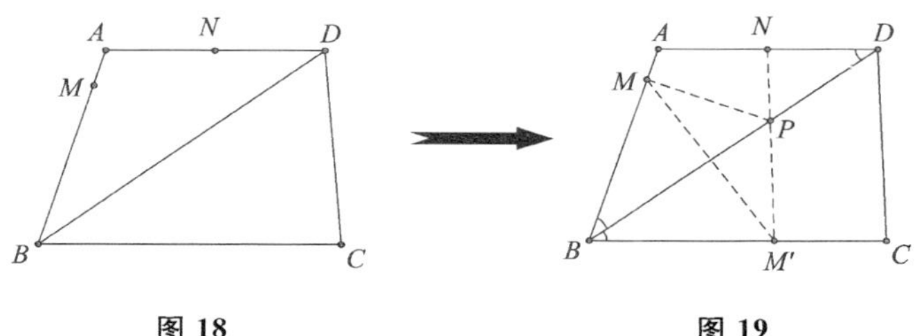

图 18　　　　图 19

【开放式 3】　在圆中进行探究.

如图 20 所示,已知点 A 是半圆上一个四等分点,点 B 是劣弧 AN 的三等分点,点 P 是直径 MN 上的一个动点,若⊙O 的半径为 2,则 $AP+BP$ 的最小值是多少?

简要解析:利用基本图形二,作点 A 关于 MN 的对称点 A',连结 $A'B$ 交 MN 于点 P,点 P 就是使 $AP+BP$ 的值最小的点.(图 21)

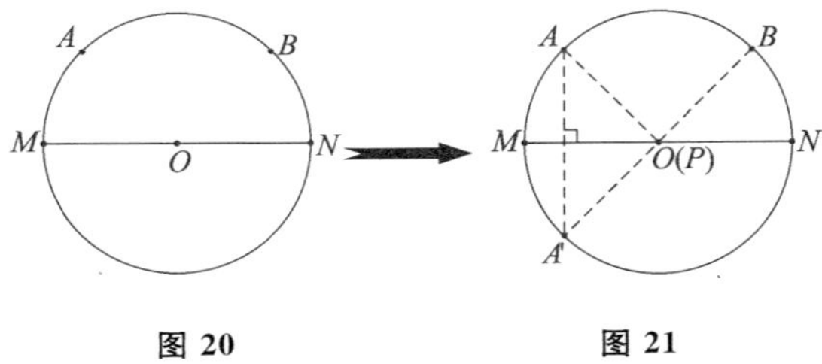

图 20　　　　图 21

因为点 A 是半圆上一个四等分点,点 B 是劣弧 AN 的三等分点,所以 $A'B$ 一定是⊙O 的直径,$A'B=4$,则 $AP+BP=4$.

环节 5　总结提升

在平面图形中探究“构造最短路径”问题从三个方面入手:

(1) 点变式,由两点拓展到三点、四点、五点及更多的点;

(2) 线段和变式,由两条线段和发展到三条线段和、四条线段和、五条线段和及更多线段的和;

(3) 平面图形变式,由三角形变成正方形、梯形、圆等平面几何图形.

经过一系列的点、线、平面基本图形的变换,使学生对“最短路径”问题有清晰而深刻的认识.

第 2 课时　在立体图形中探究“最短路径”问题

探究2　在正方体中探究

【问题 3】　如图 22 所示,正方体的棱长为 1,若有一只小虫从 A 点开始绕着表面爬到点 C_1,请问小虫爬行的最短距离是多少?

简要解析:将正方体上底面和正面展成平面图(图 23),根据“两点之间,线段最短”，得小虫爬行的最短距离为线段 AC_1 的长. 在 $Rt\triangle ABC_1$ 中，$AB=1$，$BC_1=2$，$AC_1=\sqrt{1^2+2^2}=\sqrt{5}$，所以小虫爬行的最短距离为$\sqrt{5}$.

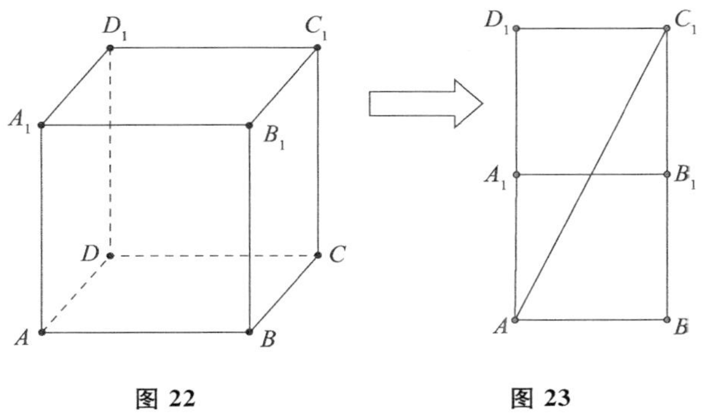

图 22　　　　图 23

▶变式 1：正方体变长方体

将问题 3 中的正方体变成长方体(图 24)，它的长、宽、高分别为 4，3，5，若有一只小虫从 A 点开始绕着表面爬到点 C_1，请问小虫爬行的最短距离是多少？

简要解析：如同上例那样展成平面图，得小虫爬行的路线共有 6 条，但结果只有 3 种，因此只要比较三种情况即可.

(1) 图 25($AC_1=\sqrt{AB^2+BC_1{}^2}=\sqrt{4^2+(5+3)^2}=4\sqrt{5}$).

(2) 图 26($AC_1=\sqrt{AC^2+CC_1{}^2}=\sqrt{(4+3)^2+5^2}=\sqrt{74}$).

(3) 图 27($AC_1=\sqrt{AD^2+DC_1{}^2}=\sqrt{3^2+(5+4)^2}=3\sqrt{10}$).

因为小虫爬行的最短距离为$\sqrt{74}$.

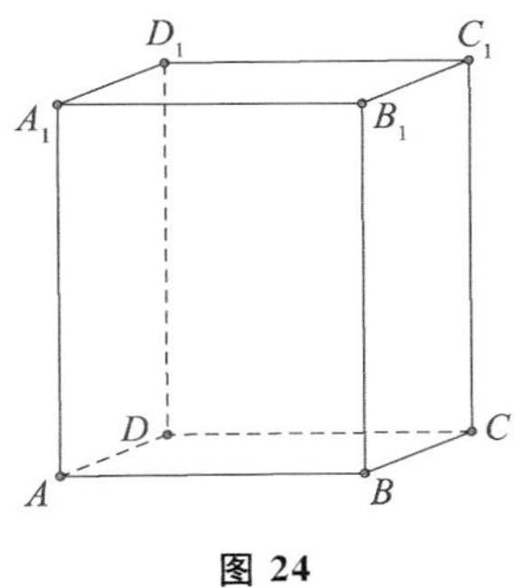

图 24

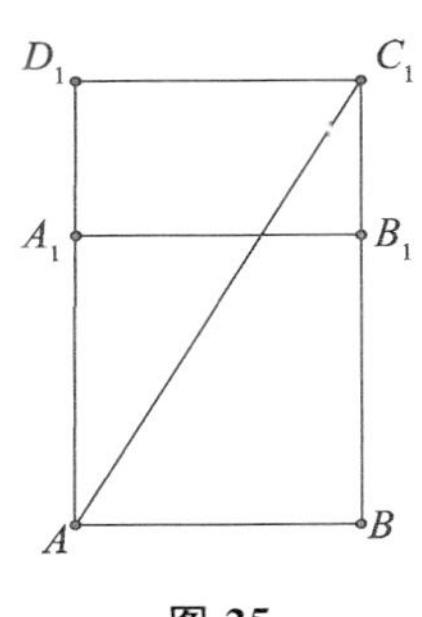

图 25

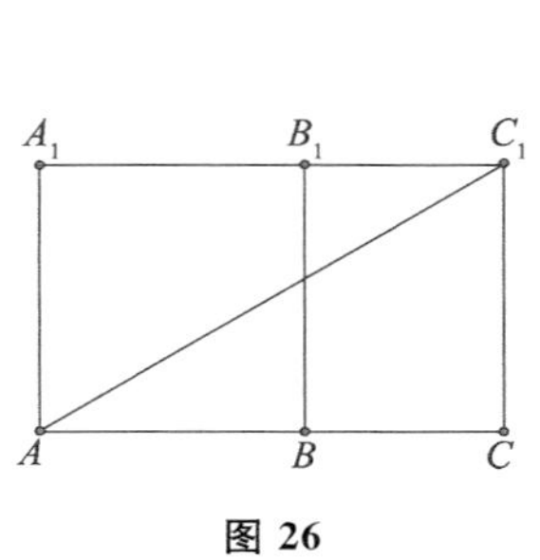

图 26

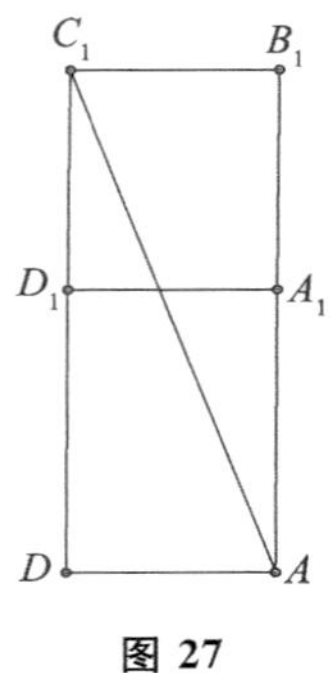

图 27

可将问题一般化：若长方体的长、宽、高分别为 a，b，c，且 $a>b>c$，则最短距离为$\sqrt{(b+c)^2+a^2}$.

▶变式 2：正方体变圆柱体

将问题 3 中的正方体变成圆柱体(图 28)，高为 15 cm，底面周长为 24 cm，在圆柱体内壁距上边缘 4 cm 的 A 处，停着一只小飞虫，一只蜘蛛从底部外壁向上爬了 3 cm 到达 B 处(B 处与 A 处恰好相对)，发现了小飞虫，问蜘蛛怎样爬去吃小虫距离最近？它至少要爬多少厘米？

简要解析：将圆柱由相对的 A，B 处垂直切开，并将半圆柱侧面展开成一个矩形(图 29). 这样，将 A 看成观望台，B 看成宿营地，C 所在的矩形的边看成河边，就转化成“将军饮马”同侧问题.

作 $BD\perp AD$，垂足为 D，且 AD，BD 分别平行于矩形的两边，作 A 点关于矩形上边的对称点 A_1，连接 A_1B，则$\triangle A_1BD$ 为直角三角形(图 29)，且 $BD=12$，$A_1D=(15-3)+4=16$.由勾股定理，得 $A_1B^2=A_1D^2+BD^2=16^2+12^2=400$，所以 $A_1B=20$，故蜘蛛 B 沿外壁到圆柱上底点 C，再沿内壁到达点 A 的路线爬行最短，且它至少要走 20 cm.

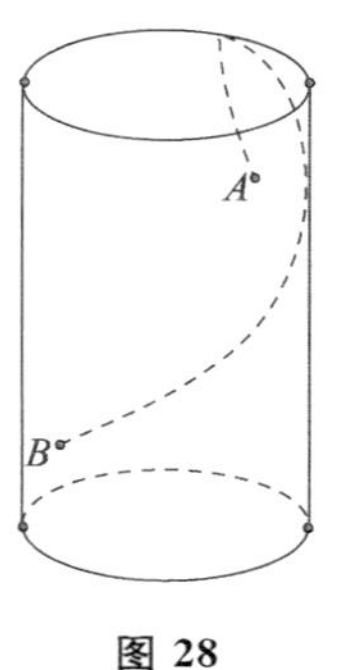

图 28

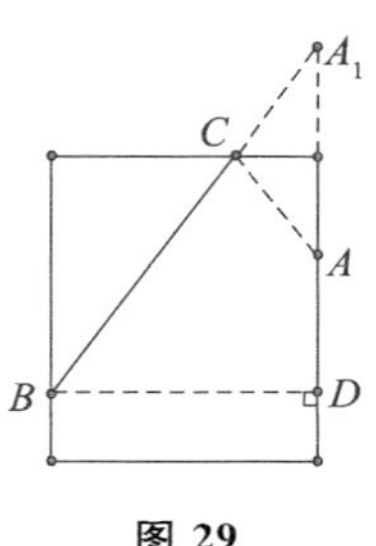

图 29

▶变式 3：正方体变圆锥体

将问题 3 中的正方体变成底面半径为 1、母线长为 4 的圆锥(图 30)，有一只小虫从 A 点开始绕着圆锥表面爬到母线 SB 的中点 C，请问小虫爬行的最短距离是多少？

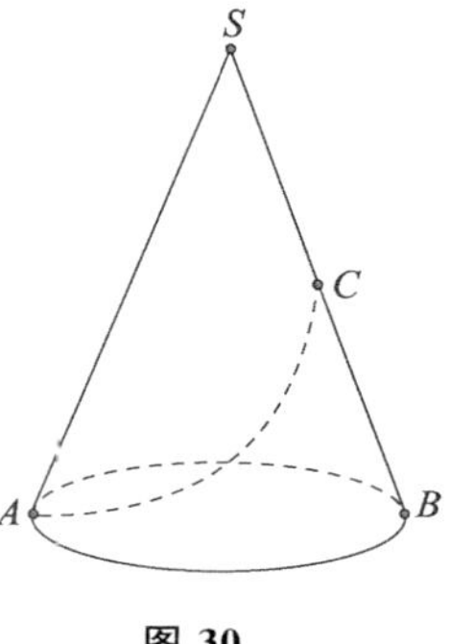

图 30

简要解析：将圆锥沿母线 SA 展开(图 31)，根据“两点之间，线段最短”，得 AC 的长也就是小虫爬行的最短距离.由于展开前后图形的弧长是一样的，所以

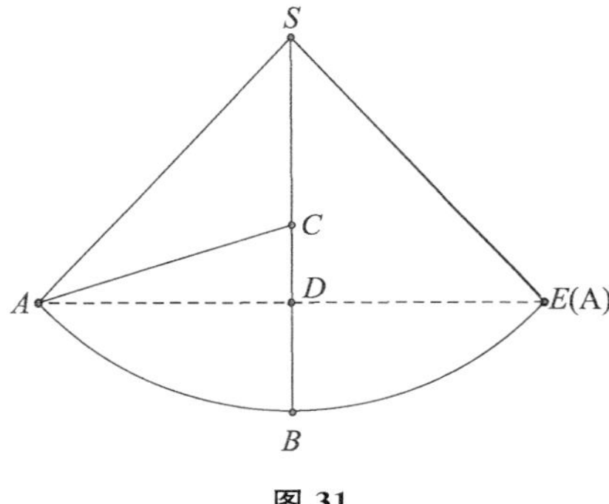

图 31

由 $2\pi\times1=\dfrac{n\pi\times4}{180}$，得 $n=90^\circ$，即扇形的圆心角为 90°.

$AE=\sqrt{4^2+4^2}=4\sqrt{2}$，

又因为点 B 是弧 AE 的中点，根据垂径定理得：$SB\perp AE$，$\angle ASB=\angle ESB=45^\circ$.

$AD=SD=\dfrac{AE}{2}=\dfrac{4\sqrt{2}}{2}=2\sqrt{2}$，

又因为 C 是 SB 的中点，所以 $SC=2$，$CD=2\sqrt{2}-2$.

在直角三角形 ACD 中，有 $AC^2=CD^2+AD^2=(2\sqrt{2}-2)^2+(2\sqrt{2})^2=20-8\sqrt{2}$.

$AC=\sqrt{20-8\sqrt{2}}$.

因此，小虫爬行的最短距离为 $\sqrt{20-8\sqrt{2}}$.

《义务教育数学新课程标准》(2011 年版)指出：发展学生的数学素养，形成数学智慧，不能单纯地通过让学生接受数学事实来实现，它更多地需要学生通过对数学思想方法的领悟，对数学活动经验的条理化以及对数学知识的自我组织等活动来实现.因此,我们应该在课程中提供一个用以支撑它的更为科学的结构框架. 在立体图形中探究“构造最短路径”问题,首先由正方体入手,再发展到更一般的长方体及圆柱体、圆锥体等立体几何图形. 通过对这一类图形的变式探究,使学生领悟到解这一类题的关键是将立体图形转化为平面图形,分析是“同侧问题”还是“异侧问题”,再利用“两点之间,线段最短”构造出最短路径,把问题顺利地解决. 学生在探究的过程中不仅学到了知识,也获得了解决这一类问题的经验,进而形成了能力和方法.

四、教学反思

1. 本专题的思维主线

以“两点之间,线段最短”这一公理为核心,以图形的变式和开放为路径,从“平面图形”和“立体图形”两个维度探究“最短路径”问题,引导学生对“构造最短路径”问题有全面、系统、深刻的认识,形成解决这一类问题的能力. 在运用变式开放策略解决最短路径问题的教学过程中,注重数学思想方法的渗透,立足于让学生学会举一反三、触类旁通,通过解一道题进而会解一类题,达到活学活用的目的.

2. 本专题的情感主线

以“将军饮马”的故事作为情景导入,激发学生的学习兴趣;通过不断变换图形背景,激发学生的探究热情;在重难点处安排小组活动,增强学习信心,培养合作精神;在整个专题的学习中提升学生的数学素养.

课例 9　中点四边形 | 复习课

一、教学分析

1. 内容分析

本节课是在学习了三角形中位线定理，平行四边形、矩形、菱形、正方形等特殊四边形性质和判定之后安排的一节复习探究课. 把特殊四边形的性质和判定、三角形中位线定理等相关知识的复习融合贯穿到中点四边形性质的探究活动中.

2. 学情分析

学生对平行四边形、矩形、菱形、正方形等特殊四边形的性质和判定比较了解，但他们对这些图形的认识往往是重记忆，轻应用，注重对单个图形的研究，却忽略了图形之间内在的联系与区别. 因此，以中点四边形为载体展开复习活动，使学生从整体和联系的高度对图形本质有更深刻的认识.

3. 教学目标

① 通过经历观察、探究中点四边形形状与原四边形的关系等过程，进一步体会三角形中位线、特殊四边形相关知识在实际中的应用.

② 探索和证明中点四边形的特殊性质，进一步体会证明的必要性，丰富对图形的认识和理解.

③ 体会解决方法的多样性，发展数形结合、分类讨论、从特殊到一般等数学思想.

④ 在解决问题的过程中，发展学生的数学思维，提升几何直观、数学抽象、数学建模等数学素养.

4. 教学重难点

① 教学重点：通过经历观察、探究中点四边形形状与原四边形的关系等过程，从整体和联系的高度理解三角形中位线、特殊四边形的性质和判定等知识.

② 教学难点：建立特殊图形本质之间的关联.

二、教学过程

 环节1 问题呈现

本课从学生熟悉的方案设计问题入手，以学生熟悉的平行四边形作为学习的起点，开启对中点四边形形状及性质的探究之旅，既体现了数学来源于生活，又为后续的研究做好了铺垫.

【问题1】 学校有一块平行四边形的空地，打算用空地面积的一半建造一个花坛，其余部分进行绿化. 为了使设计更加美观合理，学校决定在全校征集设计方案. 敏敏同学的设计方案如下：先定出平行四边形四条边的中点，顺次连接这四个中点得到一个新的四边形作为花坛，其余的部分作为绿化区域. 请问：敏敏同学的设计是否符合要求？你能判断方案中得到的新四边形的形状吗？

【教学片段】

师：为了解决这一问题，我们需要把生活问题数学化，按照敏敏的设计方案作图(图1)，E,F,G,H 分别为平行四边形 $ABCD$ 四条边的中点，然后思考第一个问题：四边形 $EFGH$ 的面积等于平行四边形 $ABCD$ 面积的一半吗？

生1：四边形 $EFGH$ 的面积等于平行四边形 $ABCD$ 面积的一半.

生2：连接 HF(图2)，因为 $S_{\triangle EHF}=\frac{1}{2}S_{ABFH}$，$S_{\triangle GHF}=\frac{1}{2}S_{DCFH}$，所以 $S_{EFGH}=\frac{1}{2}S_{ABCD}$.

生3：这是利用同底等高的原理得出了图形面积之间的关系.

师：现在我们思考第2个问题：如果把顺次连接四边形四条边的中点所得到的四边形称为“中点四边形”，那么，中点四边形 $EFGH$ 会是什么形状呢？

生4：从图形上看，它像平行四边形.

生5：在图2的基础上，再连接 EG，可以证明 HF 与 EG 相互平分，因此中点

四边形 $EFGH$ 是平行四边形.

生 6：连接 BD（图 3），EH 为 $\triangle ABD$ 的中位线，所以 $EH \parallel BD$ 且 $EH=\frac{1}{2}BD$.

同理，$FG \parallel BD$ 且 $FG=\frac{1}{2}BD$，可得 $EH \parallel FG$ 且 $EH=FG$. 因此，四边形 $EFGH$ 为平行四边形.

师：同学们通过积极思考和热烈讨论，很好地解决了方案设计中的问题，还用了两种不同的方法来说明中点四边形 $EFGH$ 是平行四边形. 两种方法都添加了辅助线，都关注了图形的对角线，都把新出现的图形转化为已经学习过的图形来研究. 像这种把新问题转化为利用已经学习过的知识来解决的方法，是数学学习中一种很重要的方法.

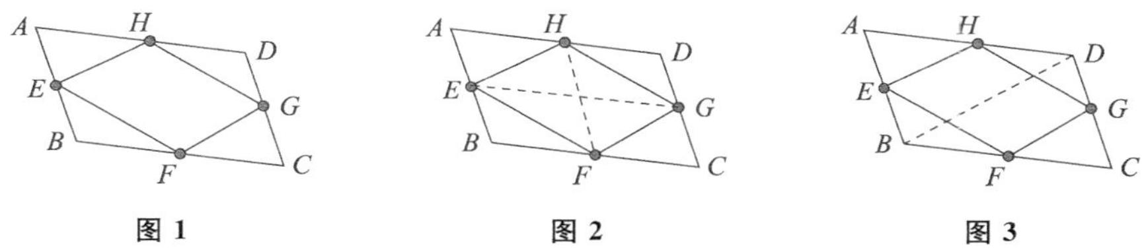

图 1　　图 2　　图 3

【教学说明】　从学生身边的实际问题入手，可以自然地激发学生的学习兴趣和探究热情，进而引发学生的数学思考；从学生熟知的平行四边形知识出发，让学生探究中点四边形与原图形面积之间的关系，并完成表 1. 在这个过程中学生很自然的用到了已经学过的平行四边形的性质和判定定理，并由此过渡到对中点四边形形状的探究.

表 1

原四边形形状	平行四边形	矩形	菱形	正方形
中点四边形形状	平行四边形	菱形	矩形	正方形

环节 2　问题变式

按照图形变式的思路，以“平行四边形→矩形→菱形→正方形”为主线设计一组变式题，这样从一般到特殊，问题逐层深入，可以让学生逐渐认清“改变原四边形的形状，其对应的中点四边形形状也会相应改变”这个事实.

变式 1：如图 4 所示，若 E，F，G，H 分别为矩形 $ABCD$ 四条边的中点，请判断中点四边形 $EFGH$ 的形状，并说明理由.

变式 2：如图 5 所示，若 E，F，G，H 分别为菱形 $ABCD$ 四条边的中点，请说明中点四边形 $EFGH$ 两条对角线的关系.

变式 3：如图 6 所示，若 E，F，G，H 分别为正方形 $ABCD$ 四条边的中点，且 $AB=4$，请判断中点四边形 $EFGH$ 的形状，并求出四边形 $EFGH$ 的周长和面积.

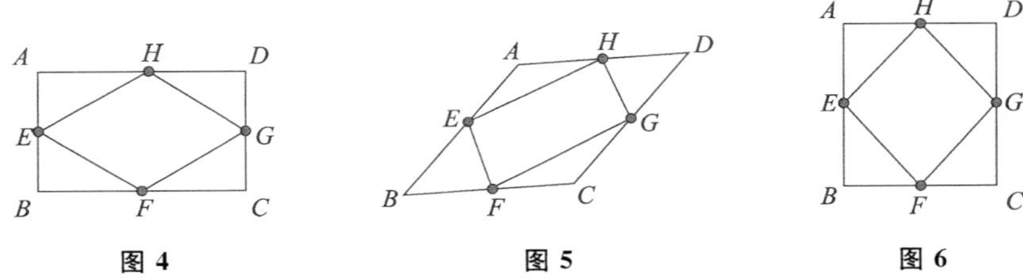

图 4　　图 5　　图 6

【教学说明】 在这个教学环节，每个学生都自觉地投入学习活动，积极参与讨论，大胆发表自己的见解，得出了很多有价值的结论. 按照“平行四边形→矩形→菱形→正方形”的主线设计 3 个变式题，引导学生从中点四边形的形状、中点四边形两条对角线的关系、中点四边形的周长与面积等几个维度进行探究，有利于学生形成研究问题的思路，顺势复习相关的特殊四边形的知识，提高课堂教学效率.

环节 3　问题开放

在变式探究的基础上，问题 2 需要从特殊回到一般：一般四边形的中点四边形会是什么形状呢？决定中点四边形形状的关键要素到底是什么呢？为了揭示这个本质问题，把问题 2 设计成一组开放性问题，让学生多角度思考、探究，自主得出更能揭示问题本质的结论，即“中点四边形的形状取决于原四边形两条对角线的数量关系及位置关系”.

【问题 2】 已知 E，F，G，H 分别为四边形 $ABCD$ 四条边的中点.

(1) 如图 7 所示，请判断中点四边形 $EFGH$ 的形状，并说明理由.

(2) 如图 8 所示，请添加一个条件________________，使中点四边形 $EFGH$ 为菱形.

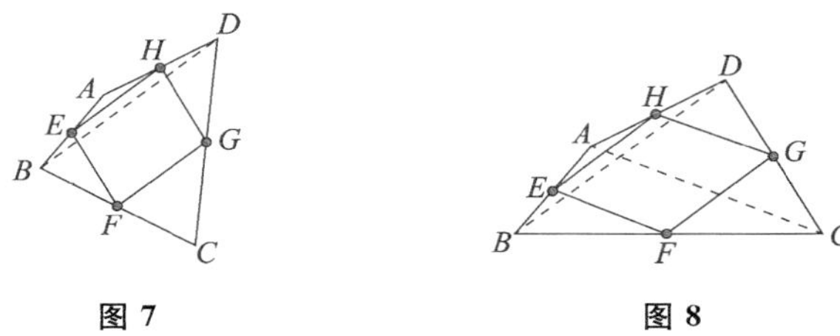

图 7　　　　　　　　图 8

(3) 如图 9 所示,若中点四边形 $EFGH$ 的形状为矩形,则原四边形 $ABCD$ 的对角线应该满足的条件是________________.

(4) 如图 10 所示,若中点四边形 $EFGH$ 的形状为正方形,则原四边形 $ABCD$ 的对角线应该满足的条件是________________.

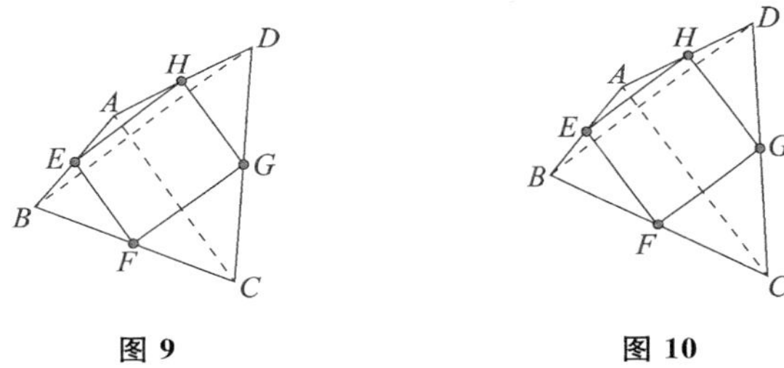

图 9　　　　　　　　图 10

【片段实录】

生 7:可以用生 6 的方法,连接对角线 BD,用三角形的中位线定理证明四边形 $EFGH$ 是平行四边形.

生 8:当四边形 $ABCD$ 为矩形时,中点四边形 $EFGH$ 为菱形.

生 9:当四边形 $ABCD$ 为等腰梯形时,中点四边形 $EFGH$ 也为菱形.

生 10:我发现,只要四边形 $ABCD$ 对角线 $AC=BD$,它的中点四边形就一定是菱形.

师:看来,决定中点四边形形状的关键要素不是原四边形的形状,而是原四边形两条对角线的关系. 抓住了这个本质,问题就迎刃而解了. 那么,我们来总结一下,中点四边形的形状与原四边形两条对角线的数量关系及位置关系,究竟有什么样的对应关系,请合作完成表 2.

表 2

原四边形两条对角线的关系	中点四边形的形状
相交	平行四边形
垂直	矩形
相等	菱形
垂直且相等	正方形

【教学说明】 问题 2 呈现的是一组开放性问题，从对特殊四边形的探究转为对一般四边形的探究，引发学生深度思考，使学生的思考逐渐触及问题的本质，进而得出本节课的核心知识——“中点四边形的形状取决于原四边形两条对角线的数量关系及位置关系”.

环节 4　问题拓展

在问题 2 的基础上，把问题 3 设计成组合图形问题，对学生提出了更高的要求.要求学生综合调用相关知识，并具备一定的分解、综合与推理能力.

【问题 3】 如图 11 所示，四边形 $ABCD$ 中，$AC=a$，$BD=b$，且 $AC\perp BD$，顺次连接四边形 $ABCD$ 各边中点，得到四边形 $A_1B_1C_1D_1$，再顺次连接四边形 $A_1B_1C_1D_1$ 各边中点，得到四边形 $A_2B_2C_2D_2$……，如此进行下去，得到四边形 $A_nB_nC_nD_n$.请回答下列问题：

(1) 四边形 $A_2B_2C_2D_2$ 的形状是________________；

(2) 四边形 $A_3B_3C_3D_3$ 的形状是________________；

(3) 四边形 $A_5B_5C_5D_5$ 的周长为________________；

(4) 请求出四边形 $A_nB_nC_nD_n$ 的面积.

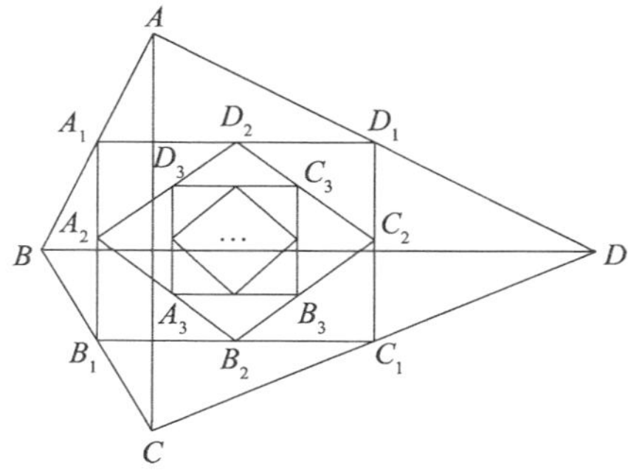

图 11

【教学说明】 问题3的探究，涉及中点四边形的形状、周长和面积三个方面，学生只有对中点四边形有了全面深刻的认识，才能在这个环节驾轻就熟. 因此，问题3是本节课的升华，可以让学生的综合能力得到很大的提升.

从设计的角度讲，问题3既是与问题1的呼应，又是对问题1的深化；既能让学生应用已有的知识和经验去解决问题，又能让问题更具有挑战性. 对问题3的层层追问、步步探究，可以让学生深入感受数学变化的规律与奇妙（教学过程略）.

环节5　问题归纳

在充分思考的基础上，先让学生谈自己一节课的收获和体会. 教师根据学生的发言进行整理，引导学生从数学知识和数学思想方法两个视角得出知识结构图（图12），再让学生自主完成初中数学“一·二·四”思维课堂自我评价表.

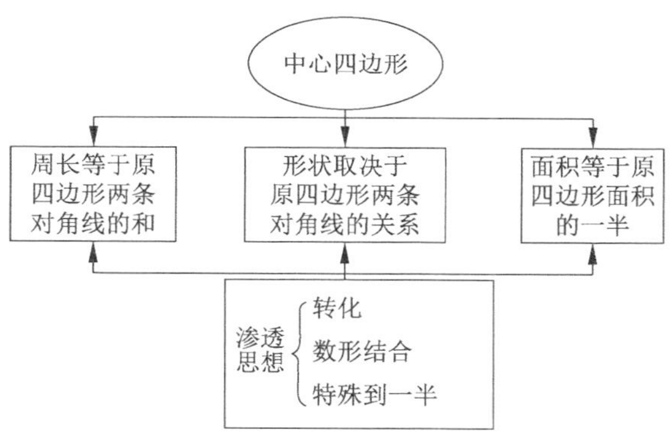

图12

【教学说明】 本节课的问题归纳分两步走，一是探究过程中的即时归纳，二是探究结束的课堂总结. 即时归纳有利于探究结果的及时生成，同时对于后续学习、探究起到桥梁作用. 课堂总结采用网络图的形式，对本节课的数学知识和思想方法进行提炼概括，可以起到画龙点睛的作用.

三、教学反思

1. 本节课的思维主线

本节课紧紧围绕教学目标，设置了三个问题让学生探究，每个问题中都设置了相应的题组，各题之间相互衔接，层层深入，突出了教学重点，突破了教学难点，做到“问题呈现有效度→问题变式有梯度→问题开放有广度→问题拓展有深度→问题归纳有高度”.

2. 本节课的情感主线

教师注重学生的探索过程，让学生动手操作、观察、猜想、验证，对学生在探究过程中的表现给予充分关注，及时引导学生自主归纳、概括出自己的发现. 在整节课的学习中，学生在老师的引导下自始至终处于积极思维、主动探究的学习状态，在合作探究、自主发现知识和规律的过程中真切体会到了参与数学活动的乐趣.

课例10 平行四边形 |“线上”中考复习课

庚子鼠年，一场突然袭来的新冠肺炎疫情改变了常规教学的轨迹，学生居家学习，教师线上授课，这对于毕业班的师生真是一场考验. 中考第一轮复习至少承载着三项使命，即知识重温、基础夯实、能力提升. 常规的复习通常是从知识回顾入手，再做几道练习巩固，或者用一道难题收尾，这样的课堂往往让学生感到枯燥乏味，尤其是线上教学，难以调动学生的积极性，导致高耗低效的结果. 为此，在初中数学“一·二·四”数学思维课堂模式下，立足打破传统，激发热情，科学建构，提高效益，我设计并在腾讯课堂平台开了“平行四边形”这节复习课，取得了较为理想的教学效果.

一、教学分析

1. 内容分析

“平行四边形”是北师大版初中数学教材八年级下册第六章的内容，在平行线、三角形等内容之后，在特殊的平行四边形之前. 从图形特征看，平行四边形是特殊的四边形，既具有四边形的一般特征，又具有自身的特殊性质. 因此，“平行四边形”在教材中起着承上启下的作用，是后续学习矩形、菱形、正方形等知识的基础.

在中考第一轮的复习中，“平行四边形”这一内容也安排在三角形的相关复习之后，学生在三角形相关学习中获得的经验可以迁移到平行四边形的复习中，而平行四边形的复习思想，也将决定着特殊平行四边形的复习方向.

2. 学情分析

平行四边形是生活中常见的几何图形，是基本的几何图形之一，学生较为熟悉.但是，对于平行四边形的性质和判定等知识，他们的记忆是零散的、片面的，应用这些知识解决问题时，凭的是感觉和经验，没有经过深入思考和系统训练，学习能力和思想方法有待提升.

线上教学已经开展了一个多月，学生居家学习了这么长时间，渐渐滋生了疲惫和焦躁的情绪，因此，课堂教学的组织、教学方法的呈现、训练层次的设计都要考虑学生的现实状况，采用学生易于接受的方式展开.

3. 教学目标

① 理解平行四边形的定义，掌握平行四边形的性质及判定方法.

② 熟练应用平行四边形相关知识解决问题，提高数学建模能力，形成解决问题的思路和方法.

③ 经历核心概念的剖析及探究应用的过程，增强学好数学的自信心，培养良好的思维品质.

④ 体会数形结合、分类讨论等数学思想，提升数学素养.

4. 教学重难点

教学重点：熟练应用平行四边形的相关知识解决问题，提高数学建模能力，形成解决问题的思路和方法.

教学难点：分类讨论问题的解决.

二、教学过程

环节1　题组呈现，夯实基础

【问题1】 如图1所示，在$\square ABCD$中，$AB /\!/ CD$，$BC /\!/ AD$，请回答下列问题：

(1) 若$\angle A+\angle C=200°$，则$\angle A=$________，$\angle D=$________.

(2) $\angle A:\angle B:\angle C:\angle D$的结果可能是(　　).

A. 2∶1∶1∶2　　B. 1∶2∶2∶1

C. 1∶2∶1∶2　　D. 2∶3∶5∶4

(3) 若$AB=6$ cm，$AD=10$ cm，则$\square ABCD$的周长为________________.

(4) 如图2所示，AC，BD相交于点O，若$AC=10$，$BD=12$，则AB长x的取值范围是________________.

(5) 如图3所示，EF经过点O交AD于E，交BC于点F，若$S_{\square ABCD}=16$，则

$S_{四边形ABFE}=$____________.

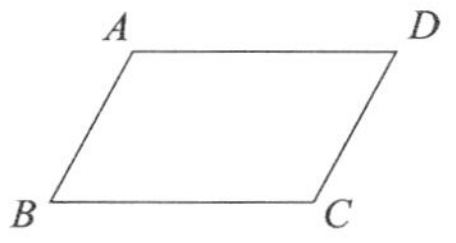

图 1 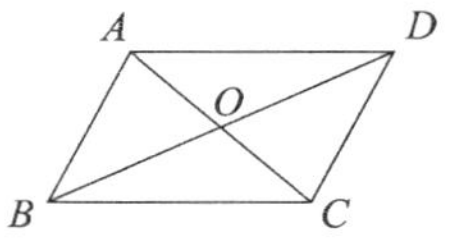　　图 2 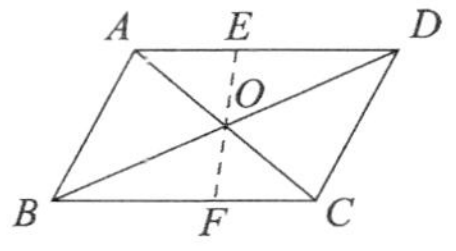　　图 3

知识回顾一　平行四边形的性质(表 1)

表 1

平行四边形	性质
边	两组对边分别平行
	两组对边分别相等
角	两组对角分别相等
	相邻的两个角互补
对角线	对角线互相平分
对称性	① 平行四边形是中心对称图形,对称中心是两条对角线的交点; ② 过对称中心的直线平分平行四边形的面积.

【问题 2】　已知四边形 $ABCD$,请在“________”处添加满足题意的一个条件.

(1) 如图 4 所示,若 $AD\parallel BC$,当________时,四边形 $ABCD$ 是平行四边形.

(2) ① 如图 4 所示,若 $\angle A=\angle C$,当________时,四边形 $ABCD$ 是平行四边形.

② 如图 5 所示,连接 AC,在(1)或(2)的条件下,还有哪些添加条件的方法可以证明四边形 $ABCD$ 是平行四边形?

(3) 如图 6 所示,若 $AO=CO$,当________时,四边形 $ABCD$ 是平行四边形.

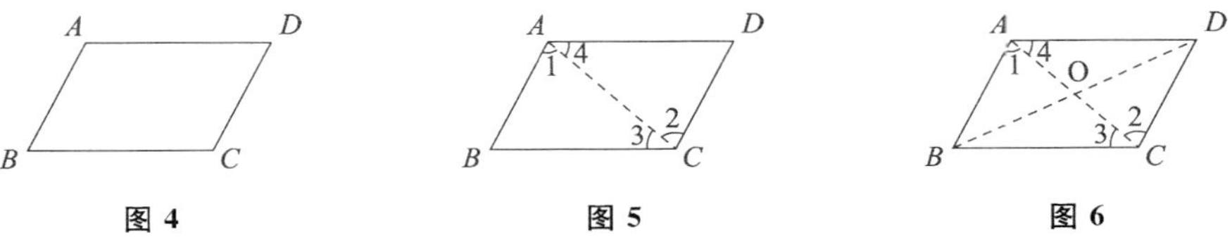

图 4　　图 5　　图 6

知识回顾二　平行四边形的判定方法

① 两组对边分别平行的四边形是平行四边形.

② 两组对边分别相等的四边形是平行四边形.

③ 有一组对边平行且相等的四边形是平行四边形.

④ 两组对角分别相等的四边形是平行四边形.

⑤ 对角线互相平分的四边形是平行四边形.

【教学说明】 以问题为载体,唤醒学生对知识的记忆,以题组的形式呈现,帮助学生建立知识之间的关联. 在线上课堂里,设置起点低、入口宽的问题,有利于吸引学生的注意力,在逐级解决问题的过程中,把学生的学习积极性充分调动起来.

环节2 问题解决,模型建构

【问题3】 如图7所示,在四边形 $ABCD$ 中,$AD \parallel BC$,$AD=9$ cm,$BC=6$ cm,点 P,Q 分别从点 A,C 同时出发,点 P 以 2 cm/s 的速度由点 A 向点 D 运动,点 Q 以1 cm/s 的速度由点 C 向点 B 运动. P,Q 运动多少秒时,四边形 $APQB$ 是平行四边形?

简要解析: 如图8所示,因为 $AP \parallel BQ$,所以当 $AP=BQ$ 时,四边形 $APQB$ 是平行四边形.

设运动时间为 x 秒,则有

$2x=6-x$,

$x=2$.

即 P,Q 运动时间为 2 s时,四边形 $APQB$ 是平行四边形.

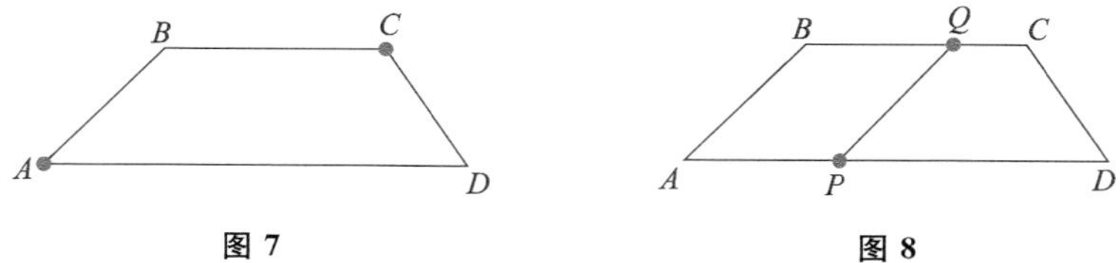

图7 图8

【教学说明】 在复习了平行四边形的性质和判定等知识之后,把问题的解决聚焦到核心概念上,通过问题3引导学生建立几何模型,强化学生对核心概念“对边平行且相等”的理解.

环节3 能力提升,深度思维

【问题4】 如图9所示,在平面直角坐标系中,已知 $A(0,0)$,$B(6,0)$,$D(1,3)$

为平行四边形的 3 个顶点，请写出第 4 个顶点的坐标.

方法一：从“形”的角度探究解法

① 如图 10 所示，当 $AB /\!/ CD$，且 $AB=CD$ 时，$C(7,3)$；

② 如图 11 所示，当 $AB /\!/ ED$，且 $AB=ED$ 时，$E(-5,3)$；

③ 如图 12 所示，当 $AD /\!/ BF$，且 $AD=BF$ 时，$F(5,-3)$.

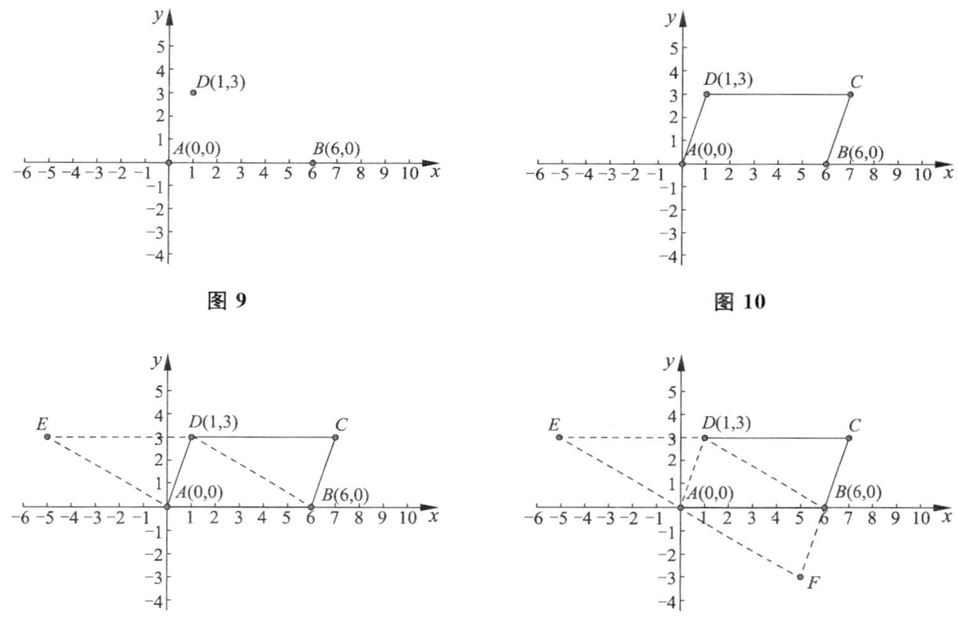

图 9　　图 10

图 11　　图 12

方法二：从“数”的角度探究，运用坐标平移法求解(图 13)

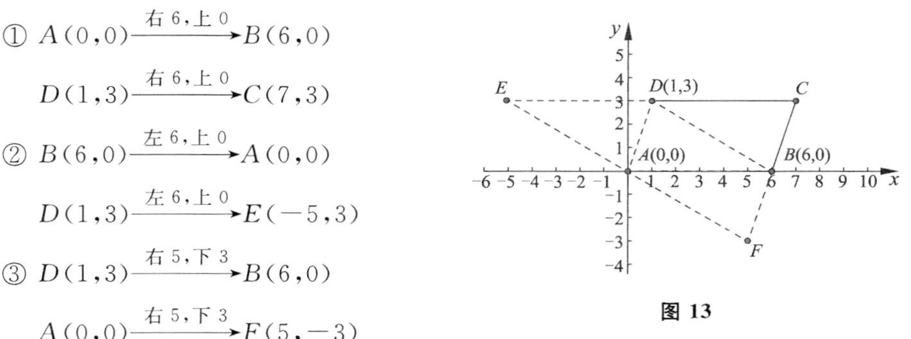

① $A(0,0)\xrightarrow{\text{右 }6,\text{上 }0}B(6,0)$

$D(1,3)\xrightarrow{\text{右 }6,\text{上 }0}C(7,3)$

② $B(6,0)\xrightarrow{\text{左 }6,\text{上 }0}A(0,0)$

$D(1,3)\xrightarrow{\text{左 }6,\text{上 }0}E(-5,3)$

③ $D(1,3)\xrightarrow{\text{右 }5,\text{下 }3}B(6,0)$

$A(0,0)\xrightarrow{\text{右 }5,\text{下 }3}F(5,-3)$

图 13

【教学说明】　问题 4 是一个开放性的问题，不仅结果具有开放性，解题方法也具有开放性，渗透了分类讨论的数学思想，旨在培养学生深度思维能力. 问题 4 是对核心概念学习的进一步深化，对建模能力培养的进一步落实.

环节 4 归纳总结，内化思想

引导学生对本节课内容进行总结归纳，教师示范整理(图 14).

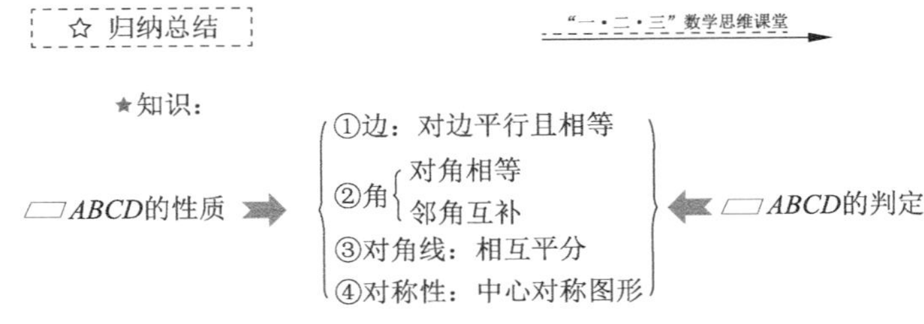

图 14

【教学说明】 此环节的重点不仅是对知识进行系统回顾，更重要的是提炼方法，形成思想，使学生在获取知识的同时，能力得到发展，素养得到提升.

环节 5 决胜中考，拓展升华

【问题 5】 如图 15 所示，抛物线 $y=ax^2+bx+c$ 与 x 轴的交点为 $A(-1,0)$ 和 $B(3,0)$，与直线 $y=-x+k$ 相交于点 A 和点 $C(2,-3)$.

(1) 请直接写出直线与抛物线的解析式；

(2) 若点 P 在抛物线上，且以点 P 和 A,C 以及另一点 Q 为顶点的平行四边形 $ACQP$ 的面积为 12，求点 P,Q 的坐标.

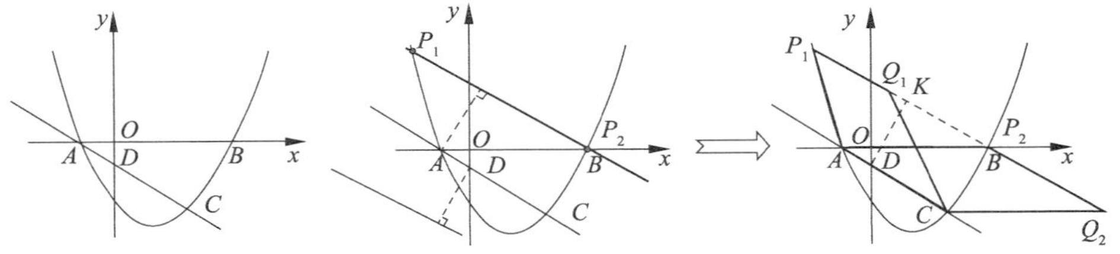

图 15

【教学说明】 第一轮复习需要经历一个焦灼漫长的过程，为了帮助学生缓解疲惫乏味的情绪，在完成本节课学习任务的基础上，抛出一道中考题，激发学生的好奇心和挑战欲．此题既是对平行四边形知识的拓展，也是对学生综合能力的考查，不要求在课上完成，而是作为课后作业，留给学生足够的时间和空间去思考与作答．

三、教学反思

1．问题引领，思维建构

问题是数学的心脏，是思维的载体．本节课以问题引领复习，共设置了 5 个问题，沿着“基础回归→问题解决→能力提升→归纳总结→决胜中考”这样一条思维主线展开复习，由浅入深，环环相扣，层层递进，推动学生思维一步步往纵深处发展．

2．题组设计，螺旋上升

平行四边形是学生比较熟悉的几何图形，但其性质和判定涉及的知识点多，学生的记忆是零散的、片段式的．如何找到一条途径，把这么多知识串联起来，形成系统的知识网络，让学生在理解的基础上加深记忆，形成能力，是本节课面临的一个挑战．本课采用“题组呈现，以题串型”的方式解决这个问题，通过问题唤醒学生对知识的记忆，再进行即时的归纳整理，建构起几何模型．其中，问题 1 的题组对应平行四边形的性质，问题 2 的题组对应平行四边形的判定，设置的问题起点低、入口宽，知识和能力要求螺旋上升，学生在解决问题的过程中不仅巩固了知识，而且能够内化形成知识体系．

3．凸显核心，深度思考

本节课注重核心概念的挖掘与剖析，将数学核心概念恰当融入范例教学中，促进深度思考，加深本质化的数学理解，以培养学生的深度思维能力．在平行四边形的性质和判定中，“对边平行且相等”是核心概念，因而，在全面复习的基础上，通过问题 3 和问题 4 来强化对核心概念的理解和应用．问题 3 是几何图形中的动点问题，也是学生比较畏惧的一类题，教师引导学生通过“一组对边平行且相等”建立平行四边形的模型，再用方程思想进行求解，学生克服了畏惧心理，轻松地解决了问题．问题 4 给出平行四边形的 3 个顶点坐标，要求确定第 4 个顶点的位置，这是对核心概念学习的深化，渗透了分类讨论的数学思想．教师从“形”“数”两个视角进行分析,给出了两种不同的解决路径,在突出教学重点的同时,也有效突破了教学的难点.

4. 多法并举,发散思维

在整节课的教学中,教师多法并举,注重问题的变式和开放,注重一题多解,培养学生的发散思维能力. 问题 1 采用变式思路设计题组,通过问题变式来串联知识,促进思考. 问题 2 的题组以条件开放的形式来呈现,培养学生在积极主动的探索中灵活应用知识去解决问题的能力. 问题 4 具有结论和过程的双重开放性,可有效促进学生深度思考. 变换的方法,多维的视角,给学生耳目一新的感觉,让学生在亢奋的状态下迸发出思维的火花.

5. 以生为本,激发潜能

在线上课堂教学中,教师充分运用平台的各种功能,设置了课前小测,通过答题卡、举手发言、讨论区回复等多种形式,为学生提供参与课堂的机会,激发学生的学习兴趣,调动学生的学习潜能. 本节课全体学生都积极参与到课堂学习中,学习热情高,学习效果显著,充分彰显了“以学生为中心”的教学理念.

四、结束语

特殊时期,特别的教学方式,同样的中考,不变的竞争. 正值中考第一轮复习进行中,如何建构复习课堂,提高复习效率,让家长放心,让学生安心,是每一位初三数学教师共同面临的课题. 教有教法,教无定法,期待本节课能抛砖引玉,引发大家的思考和讨论.

课例11　反比例函数与图形面积｜中考复习课

一、教学分析

1. 内容分析

在反比例函数图象背景下探究几何图形的面积，是反比例函数当中的一类典型问题，是系数 k 的几何意义的应用，是渗透数形结合思想的典范. 作为一节中考备考专题复习课，应该遵循聚焦问题、精准突破、形成能力、提升素养等原则. 因此，在教学过程中，“怎样教”比“教什么”更重要.

2. 学情分析

通过新课的学习，学生对反比例函数中 k 的几何意义有了初步的认识，已经了解 k 值与基本矩形(图 1)面积、k 值与基本三角形(图 3)面积之间的数量关系，但往往是知其然不知其所以然，因而在解决图形变式或综合性的问题时，存在较大障碍.

3. 教学目标

① 探索反比例函数与图形面积的内在联系，进一步理解反比例函数中 k 的几何意义.

② 掌握双向解决反比例函数与图形面积等数学问题的策略和方法，培养观察、分析、归纳的能力.

③ 经历在反比例函数图象背景下探究几何图形面积的过程，体会函数思想、建模思想、类比思想、数形结合思想在数学问题中的应用.

④ 在问题变式中感受函数图象的简洁美，激发学生学习数学的兴趣，欣赏、感悟、体验数学的价值.

4. 教学重难点

① 教学重点：进一步理解反比例函数中 k 的几何意义，掌握双向解决反比例

函数与图形面积等数学问题的策略和方法.

② 教学难点：k 的几何意义双向灵活应用.

二、教学过程

环节1 问题呈现，模型溯源

【问题1】 如图1所示，若点 A 在反比例函数 $y=\frac{k}{x}$ 的图象上，$AC\perp x$ 轴于点 C，$AB\perp y$ 轴于点 B，则 $S_{\text{矩形}ABOC}=$__________.

思考：① 矩形 $ABOC$ 的面积与 k 有怎样的数量关系？

② 为什么 $S_{\text{矩形}ABOC}=k$？如图2所示，你能用 A 点坐标进行解释吗？

③ 如图3所示，$\triangle AOB$ 的面积与 k 又有怎样的数量关系？

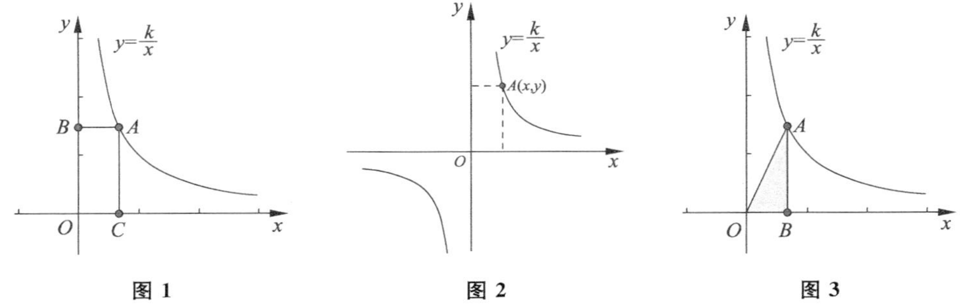

图1　　图2　　图3

【教学说明】 从一个简单的问题入手，唤醒学生对知识的记忆，加深对 k 的几何意义的深度认识，分别得出两个基本图形面积与 k 的数量关系，完成“数→形→数”的第一轮建构（图4）.

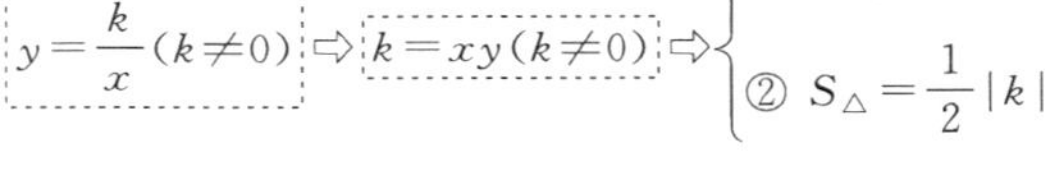

$$y=\frac{k}{x}(k\neq0)\Rightarrow k=xy(k\neq0)\Rightarrow\begin{cases}① S_{\text{矩形}}=|k|\\ ② S_{\triangle}=\frac{1}{2}|k|\end{cases}$$

图4

环节2 问题变式，模型建构

变式1：如图5所示，若点 A 在反比例函数 $y=\frac{k}{x}$ 的图象上，$AB\parallel y$ 轴，点 P

在 y 轴上运动，则 $S_{\triangle ABP}=$________________.

变式 2：如图 6 所示，若点 A 在反比例函数 $y=\frac{k}{x}$ 的图象上，$AB\,/\!/\,y$ 轴，点 A，C 关于原点对称，则 $S_{\triangle ABC}=$________________.

变式 3：如图 7 所示，若点 A 在反比例函数 $y=\frac{k}{x}$ 的图象上，$AB\,/\!/\,y$ 轴，$BC\,/\!/\,x$ 轴，点 A，C 关于原点对称，则 $S_{\triangle ABC}=$________________.

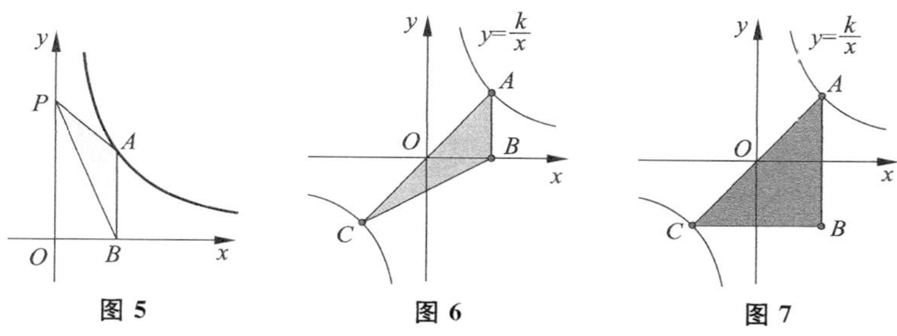

图 5　　图 6　　图 7

【教学说明】　设计一组变式题，在保持三角形一边 AB 与 y 轴的位置关系不变，另一顶点的位置改变的条件下，探究三角形面积与 k 的数量关系，让学生体会“变”与“不变”的思想.

环节 3　问题开放，方法内化

【问题 2】　(1) 若点 A，B 分别在反比例函数 $y=\frac{k_1}{x}$ 和 $y=\frac{k_2}{x}$ 的图象上，$AB\,/\!/\,x$ 轴，点 P 在 x 轴上，求 $S_{\triangle ABP}$，你能想到哪些情形？

(2) 如图 8 所示，请应用你获得的经验直接写出各图形的面积.

(3) 在反比例函数的背景下，你还能求出哪些图形的面积？

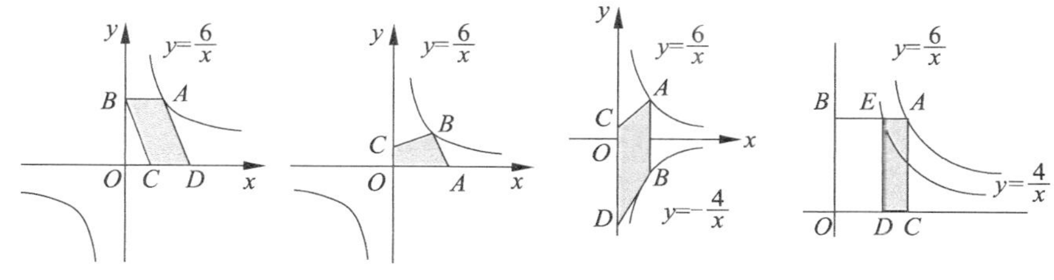

图 8

【教学说明】　问题 2 设计了一组开放性问题.(1) 图形背景由一个反比例函数

变为两个反比例函数，没有给出图形，让学生自主探究，既体现了复习课高于新知课的要求，也体现了对学生的发散性思维及几何直观素养的培养. 此问题可以以小组分层合作的方式来完成. 在学生充分思考和探究的基础上，教师对学生的意见进行梳理，得出结论：① 若 k_1，k_2 异号，两个反比例函数图象位于 y 轴的两侧，此时 $S_{\triangle ABP}$ 等于两个基本三角形面积之和(图 9)；② 若 k_1，k_2 同号，两个反比例函数图象位于 y 轴的同侧，此时 $S_{\triangle ABP}$ 等于两个基本三角形面积之差(图 10).

(2) 由求三角形面积改为求四边形面积，实现知识和能力的迁移，培养学生分析和解决问题的能力.

(3) 设计一个发散性的问题，激发学生的挑战欲望，让学生时刻保持探究的热情. 同时，也是学习能力的又一次提升.

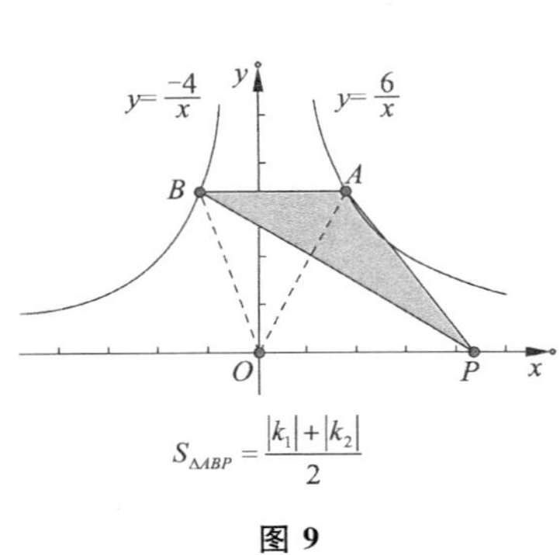

图 9

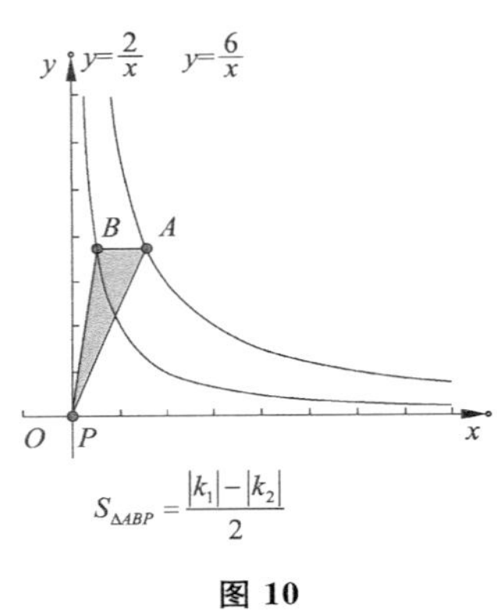

图 10

 环节 4　问题解决，模型应用

应用 1(2014 深圳中考第 15 题)　如图 11 所示，双曲线 $y=\frac{k}{x}$ 经过 Rt△BOC 斜边上的点 A，且满足 $\frac{AO}{AB}=\frac{2}{3}$，与 BC 交于点 D，$S_{\triangle BOD}=21$，则 $k=$________.

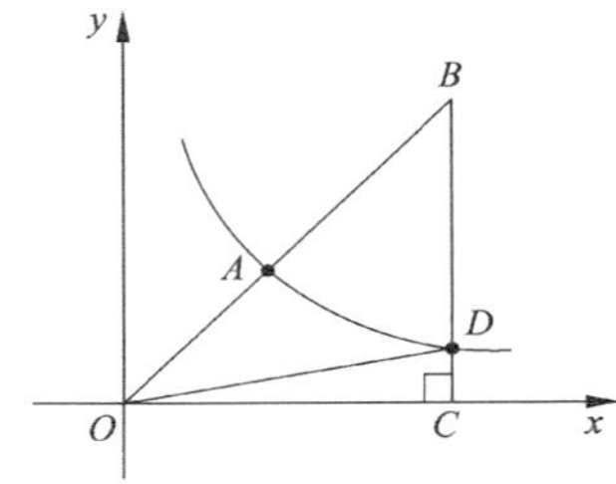

图 11

［解析］　如图 12 所示：

因为 $S_{\triangle OAH}=S_{\triangle ODC}$，

所以 $S_{\triangle OAE}=S_{四边形EHCD}$，

$S_{\triangle BOD}=S_{四边形AHCD}=21$，

$\frac{S_{\triangle OAH}}{S_{\triangle OAH}+21}=\left(\frac{OA}{OB}\right)^2=\left(\frac{2}{5}\right)^2$，

$S_{\triangle OAH}=4$，

$k=8$.

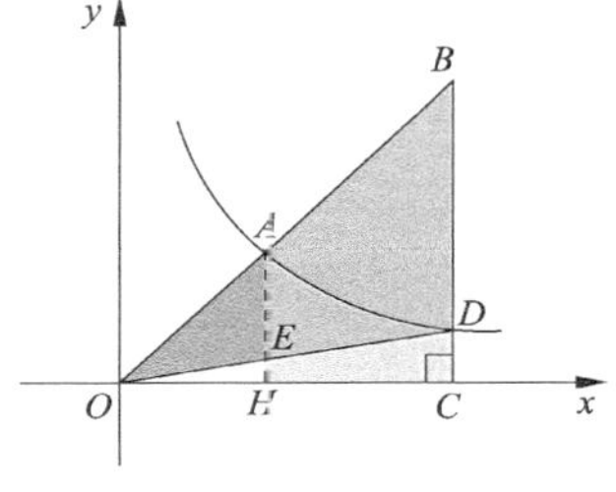

图 12

应用 2(2015 深圳中考第 16 题)　如图 13 所示，已知点 A 在反比例函数 $y=\frac{k}{x}(x<0)$ 上，作 Rt$\triangle ABC$，点 D 为斜边 AC 的中点，连 DB 并延长交 y 轴于点 E，若$\triangle BCE$ 的面积为 8，则 $k=$____________.

［解析］　如图 14 所示：

因为 D 为 AC 中点，所以

$S_{\triangle CDE}=S_{\triangle ADE}$，$S_{\triangle CDB}=S_{\triangle ADB}$，

则有 $S_{\triangle CBE}=S_{\triangle ABE}$，

因为 $AB\parallel OE$，所以

$S_{\triangle ABO}=S_{\triangle ABE}=S_{\triangle CBE}=8$，

$k=16$.

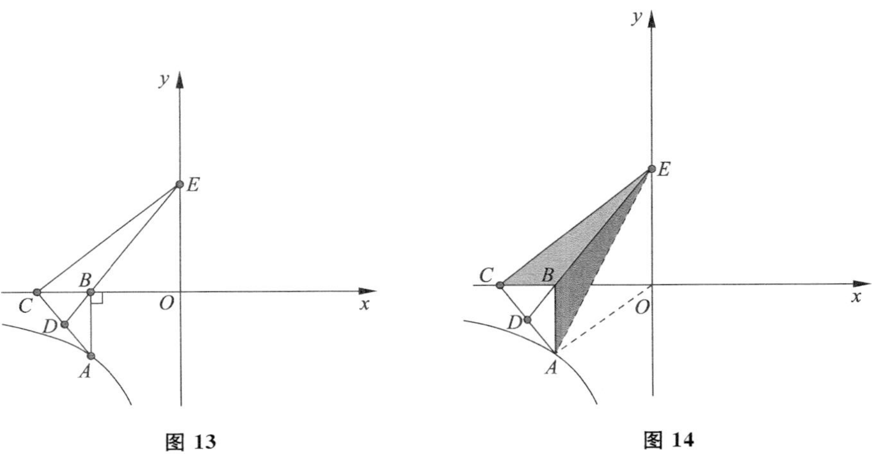

图 13　　图 14

应用 3(2020 广东中考第 24 题)　如图 15 所示，点 B 是反比例函数 $y=\frac{8}{x}$

($x>0$) 图象上的一点，过点 B 分别向坐标轴作垂线，垂足为 A，C. 反比例函数 $y=\dfrac{k}{x}$($x>0$) 的图象经过 OB 的中点 M，与 AB，BC 分别相交于点 D，E. 连接 DE 并延长交 x 轴于点 F，点 G 与点 O 关于点 C 对称，连接 BF，BG.

(1) 填空：$k=$________.

(2) 求$\triangle BDF$ 的面积.

(3) 求证：四边形 $BDFG$ 为平行四边形.

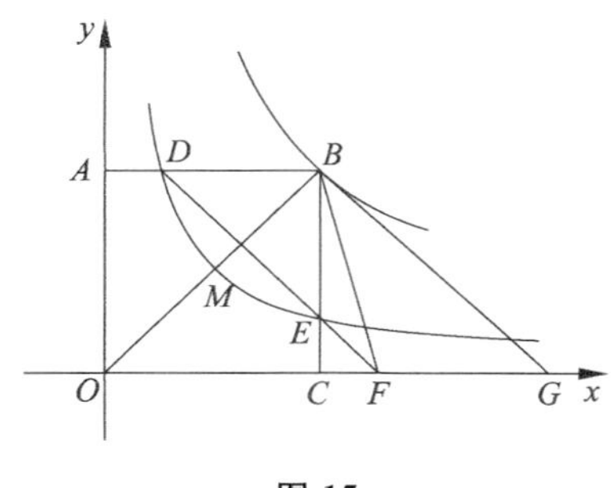

图 15

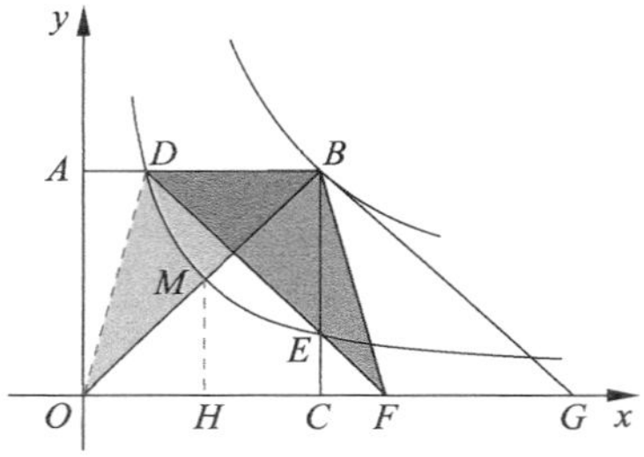

图 16

[解析] (如图 16)

(1) $k=2S_{\triangle OMH}=2\times\dfrac{1}{4}S_{\triangle BCO}=2$

(2) $S_{\triangle BDF}=S_{\triangle BDO}=S_{\triangle BAO}-S_{\triangle DAO}=3$

(3) 略

【教学说明】 此环节选取 3 道典型中考真题，满足学生对中考的好奇与期待，同时，也考查学生从复杂的图形中识别出基本图形，并应用基本图形解决问题的能力，是对反比例函数与图形面积关系的巩固和深化.

环节 5　问题归纳，能力提升

(1) 思考并回答以下三个问题：

① 通过本节课的学习，在反比例函数背景下，你会求哪些图形的面积？请归类整理.

② 通过本节课的学习，你积累了哪些数学模型？这些模型之间有什么联系与区别？

③ 通过本节课的学习，你掌握了哪些解题的策略和方法？

(2) 完成初中数学“一·二·四”思维课堂自我评价表.

【教学说明】 在归纳总结的环节，首先通过三个问题引导学生深度思考，明确本节课“学了什么？怎么学？为什么这样学？”在基于深度思考的基础上，教师再与学生一起梳理，形成本节课的核心内容框架图(如图 17)，完成“数→形→数”的深度建构.

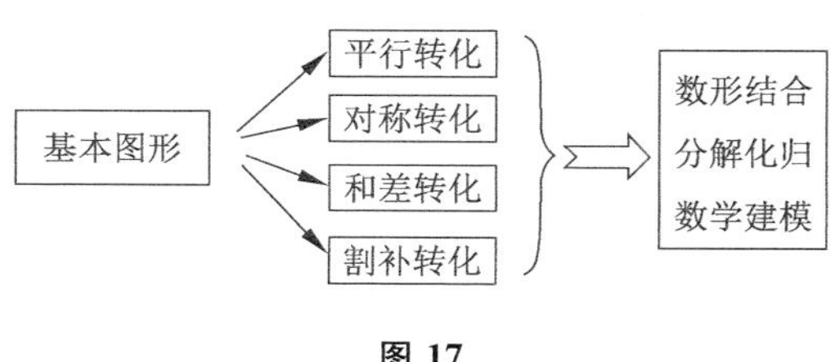

图 17

环节 6　问题拓展，课后延伸

如图 18，已知直线 $y=\frac{1}{2}x$ 与双曲线 $y=\frac{8}{x}$ 交于 A，B 两点，过原点 O 的另一条直线 l 交双曲线 $y=\frac{8}{x}$ 于 P，Q 两点(P 点在第一象限)，若由点 A，B，P，Q 为顶点组成的四边形面积为 24，求 P 点的坐标.

【教学说明】 设计一个拓展性的问题，实现课上与课后的有机衔接. 此题分为点 P 在点 A 的上方(图 19)、点 P 在点 A 的下方(图 20)两种情况，得到 P 点坐标分别为(2，4)或 P(8，1)，强化分类讨论的数学思想，推动学生思维向纵深处发展.

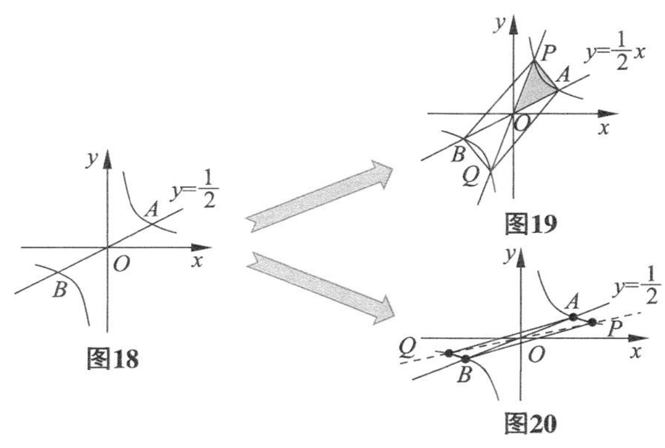

三、教学反思

1. 本节课的思维主线

“反比例函数与图形面积”共设计了六个环节:“问题呈现,模型溯源”→“问题变式,模型建构”→“问题开放,方法内化”→“问题解决,模型应用”→“问题归纳,形成能力”→“问题拓展,课后延伸”. 整节课主线明晰,逻辑连贯,每个环节既相对独立,又互为补充,层层递进,为学生的思维发展建构起一条清晰的路径.

2. 本节课的情感主线

本节课以由浅入深的系列问题为载体,激发学生的好奇心和求知欲;以小组分层合作的形式开展探究活动,培养学生的合作意识和探究精神;在问题解决的过程中,培养学生良好的学习习惯和思维品质.

课例点评1　活动探究悟本质，学思结合促发展

——点评苏科版七年级数学上册“5.2　图形的运动”教学课

2020年8月3日下午，王国强老师展示了一节数学课，授课内容为苏科版七年级数学上册“5.2　图形的运动”. 虽然学生在小学阶段已经初步接触到图形运动的内容，但获得的印象是孤立的、零散的、片面的. 进入初中后，第一次从整体的视角，用运动的观点看图形，是学生对图形认识的一次升华. 图形在平面内的运动变换，将建构起整个初中阶段全部的几何内容. 本节内容的学习，是几何直观向几何抽象发展的起始阶段，决定了这节课既不能过于表象，又不能过于深奥，而激发学生对几何图形强烈的探究欲望，培养学生浓厚的学习兴趣，是这节课更为重要的价值取向. 王老师对这节课的定位准确，设计合理，对学生数学素养的培养落实到位，值得大家借鉴学习.

一、课堂回顾

(一) 趣味引入——猜谜

展示图片，出示谜面：“千条线万条线，落到水中看不见”，学生观察并回答谜底.

(二) 交流与发现

1. 展示“点动成线，线动成面，面动成体”的实例，学生继续观察图片，感受图形的运动.

2. 提出问题：你还能举出生活中“点动成线，线动成面”的例子吗？(学生交流)

(三) 探索新知

探究1　旋转能否形成新的图形？

① 长方形纸板绕它的一条边旋转1周；

② 直角三角尺绕它的一条直角边旋转1周；

③ 一枚硬币在桌面上竖直快速旋转.

提问：旋转过程中分别形成怎样的几何体？

学生活动：小组活动，选派代表发言，谈观察体会.

学生练习：① 如图 1 所示，虚线左边的图形绕虚线旋转一周，能形成的几何体是（　　）.

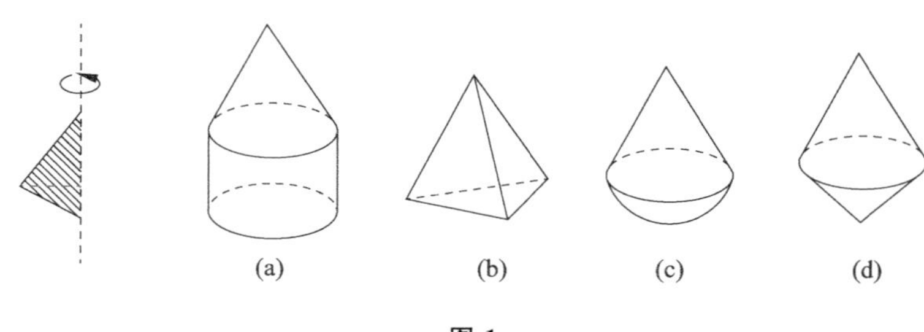

图 1

② 在图 2 所示两行图形中，分别找出旋转对应的图形，并用线连接.

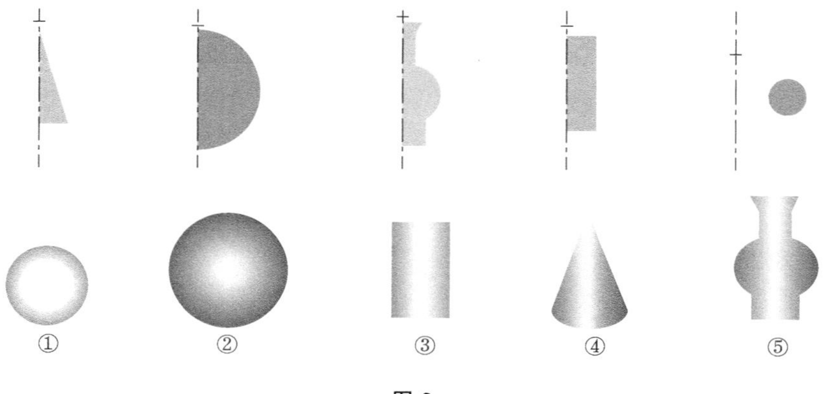

图 2

探究2　翻折能否形成新的图形？

学生活动：在图 3 所示点划线一旁空白的方格中画图，使点划线两旁的图形完全相同.

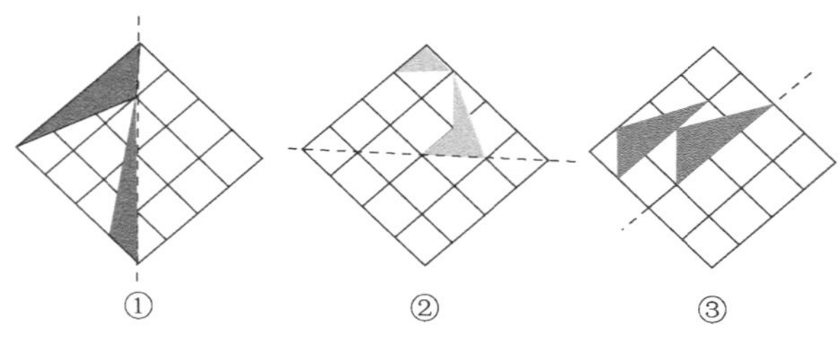

图 3

学生练习：图 4 中，不是由翻折而形成的是(　　).

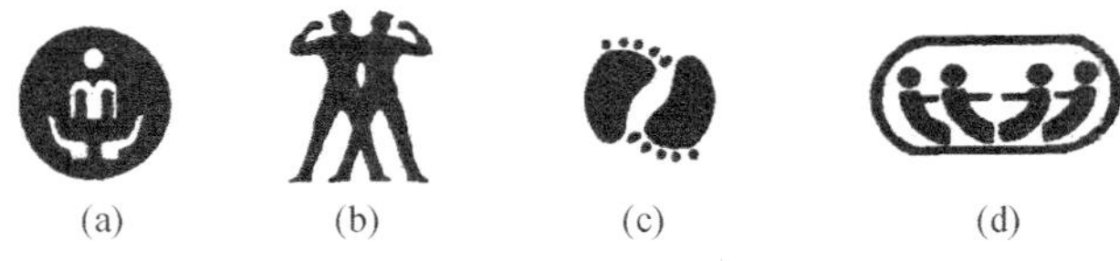

(a)　(b)　(c)　(d)

图 4

探究3　平移能否形成新的图形？

学生活动：如图 5 所示，将准备好的纸片沿虚线剪开：

① 怎样改变这两部分图形的位置就能得到图 6？你还能得到什么样的图案？

② 如果虚线下半部向右平移 4 格后得到什么图形？

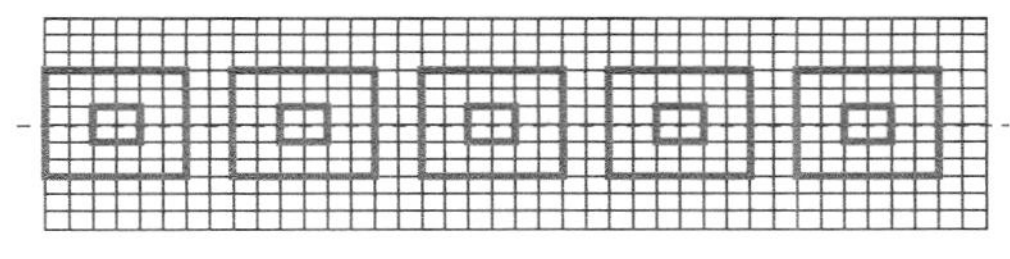

图 5

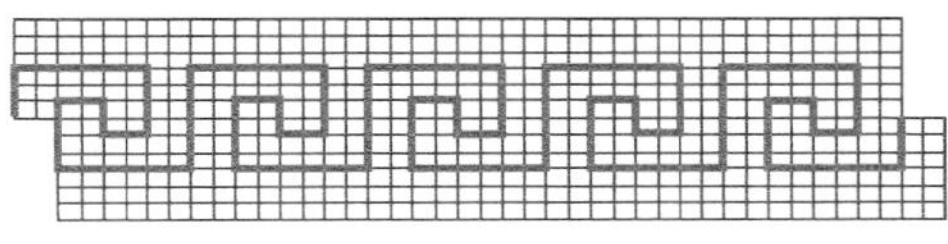

图 6

(四) 归纳小结

① 平移，翻折，旋转是图形变换的三种基本方式；

② 平移，翻折，旋转变换只改变原图形的位置，不改变原图形的形状和大小.

(五) 拼合体悟——展示

动动手，比比谁更有想象力：请你构造一些图案，使每一个图案中含有 2 个三角形、2 个圆形和两条线段，并给图案加上适当的解说词.

二、课例点评

(一) 整体感知图形的运动

1.“让学引思”显格局

“图形的运动”这节课诠释了一个理念——“让学引思”. 课的开始，王老师通过一个谜语和一幅生动形象的画面导入新课，充分激发了学生的学习兴趣. 接着，以小组活动的形式展开各个环节的教学，把课堂交给学生，让学生积极参与、动手实践，每一个结论的得出，都基于学生充分的思考和热烈的讨论. 把学习、思考的主动权还给学生，让学生在宽松自由的情境中乐学善思、收获成长，是王老师这节课最大的亮点. 整节课学生的参与面广，积极性高，课堂氛围融洽，既有独立学习，也有合作探究、交流展示，充分发挥了数学学科的育人功能.

《国家中长期教育改革和发展规划纲要》提出："注重学思结合，倡导启发式、探究式、讨论式、参与式教学，帮助学生学会学习.""让学引思"正是这一要求的具体化，是课堂教学改革的自然需求，是课堂教学的本质回归. 在"让学引思"理念的指引下，教师在课堂教学过程中要关注个体差异，满足不同学生的学习需求，与学生积极互动、共同发展，引导学生质疑、实验、探究，促进学生主动地、富有个性地学习，发展学生的学力. 本节课的教学充分证实："让学引思"，为每位学生的自主发展、可能发展提供了广阔的空间和无限的可能.

2. "活动生成"促思考

蒙特梭利说过："我听到了，我忘记了；我看到了，我记住了；我做过了，我理解了."本节课共设计了 8 个活动，沿着"演示，观察"→"操作，探究"→"展示，表达"这条主线展开教学. 活动 1，让学生举出生活中"点动成线，线动成面"的例子，使学生对图形运动的认识由表象向理性发展. 为了探究图形旋转、翻折、平移这三种变换是否能形成新的图形，王老师接着安排了 4 个活动，突出了本节课的重点. 在知识应用的环节，王老师安排了 3 个活动，锻炼了学生动手操作的能力，促进学生交流与思考. 在活动的过程中，学生学会了用数学的眼光观察图形运动，用数学的语言来表达发现结果，培养了学生的空间观念、几何直观等数学素养，而图形创作的环节则培养了学生的应用和创新意识.

学生经历了以上活动的探究，从整体上感知了点、线、面三种运动及翻折、平移、旋转三种图形变换方式.

（二）重点建构图形的变换

本节课的重点是理解图形在平面内的三种变换方式：翻折、平移和旋转. 这三种图形变换方式将建构起初中阶段全部的几何内容（图 7）. 学生若能从共性和个性两个视角认识图形的三种变换方式，将为今后的几何学习奠定坚实的基础.

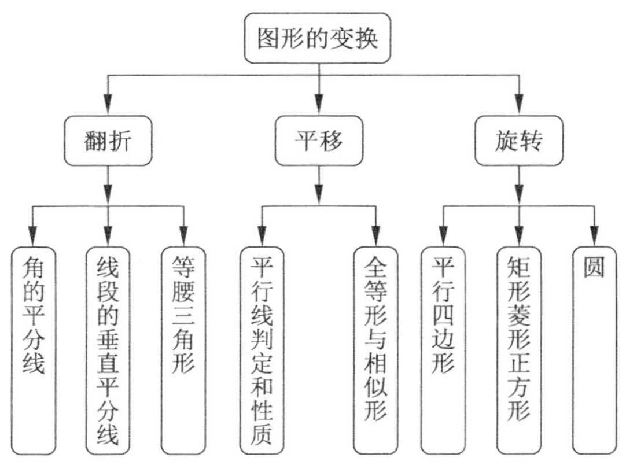

图 7

1. 掌握图形三种变换方式的共性

在教学的过程中，王老师注意引导学生观察、探究、思考、归纳，得出了三种变换方式的共性：只改变图形的位置，不改变图形的形状、大小，图形翻折、平移、旋转三种变换方式本质上都属于全等变换.

2. 了解图形三种变换方式的个性

对于图形三种变换方式的个性，王老师的归纳概括稍有欠缺. 在三种变换方式中，翻折属于轴对称变换，关键要素是对称轴；平移有两个要素，即平移的方向和平移的距离；旋转有三个要素，即旋转中心、旋转方向、旋转角度. 如果学生能说出每一种变换方式的关键要素，就能够从本质上掌握它们，将来，利用这些变换方式去研究几何问题时，就会有清晰的路径和方向.

(三) 促进数学思维逐级生长

本节内容虽然是初中几何的起始部分，但它却呈现出明显的逻辑层次，可分为两级. 第一级是总体感知图形运动，其中“点动成线、线动成面”是图形在平面内的运动，是初中阶段几何学习的主要内容；而“面动成体”是图形在空间内的运动，将是高中阶段重点研究的内容. 第二级是重点建构图形的三种变换方式，是在平面内研究图形的翻折、平移、旋转三种运动. 由于王老师对内容逻辑层次的把握不够到位，在探究旋转的问题时，导致学生对“旋转能形成新的图形”与“旋转不改变图形的形状和大小”这两个结论的认识模糊，而这也正是本节课需要突破的难点.

教师要理清当堂内容在教材中的地位、与之关联的前后内容、知识发展的逻辑顺序等. 在此基础上，确定知识的“生长点”与“延伸点”，体会对于某些数学知识可以从不同的角度加以分析，从不同的层次进行理解.

1. 激活数学思维的生长点

本节课可把“点、线、面的运动”作为激活学生数学思维的生长点，让学生体会“点、线、面、体”的内在联系与区别，辨别平面与空间，从空间运动的视角发展至平面运动的视角，顺利过渡到对翻折、平移、旋转三种变换方式的研究上来. 这样，学生就能辨别清楚哪些内容是图形在空间里旋转，哪些内容是图形在平面内旋转，也就能弄明白“旋转能形成新的图形”与“旋转不改变图形的形状和大小”是两个不同领域旋转变换的结果.

2. 拓展数学思维的延伸点

数学活动的设计应当紧扣当堂课的主题. 本节课的内容是图形运动，可把“图形创作”作为拓展数学思维的延伸点. 王老师把活动设计为：请你构造一些图案，使每一个图案中含有 2 个三角形、2 个圆形和两条线段，并给图案加上适当的解说词. 这样设计虽然可以发挥学生的想象空间，激发学生的创作热情，但是没有体现与“图形运动”内容的关联，因此，建议图形创作环节可以改进为：① 用一个三角形进行一次变换，你有哪些变换方法？能得到什么图形？② 能否把一个三角形进行多次变换呢？试一试看会得到哪些图案.③ 你能画出一个基本图形，再通过适当的变换使它形成美丽的图案吗？

紧扣当堂课的主题设计问题，可以使“从哪里来，到哪里去”有更好的着陆点，促进学生思维向纵深处发展，从而使课堂意义得到进一步升华.

课例点评2　大道至简，润物无声

——点评北师大版七年级数学下册“单项式除以单项式”教学课

2020年3月18日，正高级教师、特级教师薛森强校长给深圳市光明区七年级师生上数学示范课“单项式除以单项式”，广东省内外兄弟学校有近500名师生在线观摩. 大家一致表示，听了薛校长的课受益匪浅.

一、课堂回顾

(一) 导入新课

1. 播放小视频，展示图片(图1)

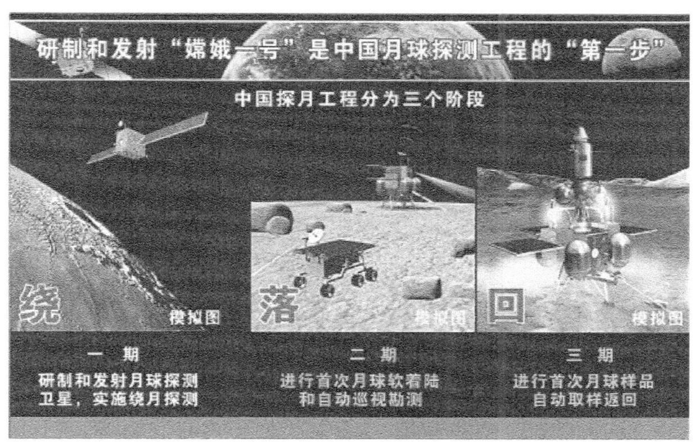

图1

2. 生成数学问题

提出问题：月球是距离地球最近的天体，它与地球的平均距离约为3.8×10^8米. 如果宇宙飞船以1.12×10^4米/秒的速度飞行，到达月球大约需要多少时间?

(二) 复习回顾

同底数幂除法法则：同底数幂相除，底数不变，指数相减.即

$$a^m\div a^n=a^{m-n}(a\neq0,m,n\text{ 都是正整数，且 }m>n)$$

（三）新知探究

1. 计算

（1）$3a^8 \div 2a^4$

（2）$6a^3b^4 \div 2a^2b$

（3）$14a^3b^2x \div 4ab^2$

2. 方法归纳

① 系数相除；② 同底数幂相除；③ 只在被除式里含有的字母幂不变.

3. 得出法则

单项式相除，把系数、同底数幂相除作为商的因式，对于只在被除式里含有的字母，则连同它的指数作为商的一个因式.

（四）问题解决

1. 计算：

（1）$-\frac{3}{5}x^2y^3 \div 3x^2y$

（2）$10a^4b^3c^2 \div 5a^3bc$

（3）$(2x^3y)^3(-7xy^2) \div (14x^4y^3)$

（4）$(2a+b)^4 \div (2a+b)^2$

2. 归纳步骤

步骤	单项式相乘	单项式相除
第一步	系数相乘	系数相除
第二步	同底数幂相乘	同底数幂相除
第三步	其余字母不变连同其指数作为积的因式	只在被除式里含有的字母连同其指数一起作为商的因式

（五）课堂练习

1. 基础练习：计算

（1）$2a^6b^3 \div a^3b^2$；

（2）$\frac{1}{48}x^3y^2 \div \frac{1}{16}x^2y$；

（3）$3m^2n^3 \div (mn)^2$；

（4）$(2x^2y)^3 \div 6x^3y^2$.

2. 提升练习：填空

(1) $(60x^3y^5)\div(-12xy^3)=$________

(2) $(8x^6y^4z)\div($________$)=-4x^2y^2$

(3) (________)$\div(2x^3y^3)=\frac{3}{4}x^2y^3z$

(4) 若 $(ax^{3m}y^{12})\div(3x^3y^{2n})=4x^6y^8$，则 $a=$________，$m=$________，$n=$________.

(5) 若 $8m^3n^a\div28m^bn^2=\frac{2}{7}n^2$，则 $a=$________，$b=$________.

3. 拓展练习

在一次水灾中，大约有 2.5×10^5 个人无家可归.假若一顶帐篷占地 100m^2，可以安置 40 个床位，为了安置所有无家可归的人，需要多少顶帐篷？这些帐篷大约占多大地方？估计我们学校的操场可以安置多少人？

(六) 课堂总结

对本节课的内容进行总结并升华.

二、课例点评

1. 课的导入独具匠心，一举三得

薛校长以一段震撼人心的“我国探月工程”小视频导入新课，观看者为伟大祖国先进科技感到自豪的情感油然而生，既激发了学生的好奇心和求知欲，又彰显了数学课的德育功能. 接着，薛校长巧妙地通过视频生成数学问题：“月球与地球的平均距离约为 3.8×10^8 米，宇宙飞船以 1.12×10^4 米/秒的速度飞行，到达月球大约需要多少时间？”观看视频与新课引入无缝衔接，学生很快即从松散的休闲状态调整到专注的学习状态.

2. 常规课程尽显教学特色

“单项式除以单项式”是七年级数学教材中的一节常规内容.对于常规内容如何上出新意，怎样建构学生的知识体系，怎样促进学生的思维发展，薛校长给我们做了很好的引领和示范. 薛校长注重知识的类比和方法的迁移，从复习“同底数幂除法法则”入手，带领学生探究出“单项式除以单项式法则”，把“单项式除以单项式法则”与“单项式乘以单项式法则”做对比，内化形成知识体系. 在运用法则解决问题的过程中，精选例题，层层递进，既注重基础，又注重拓展延伸，引领学生思维一步步向纵深处发展,教学效果显著.

3. 关注学生,关注生活

虽然是线上教学,但薛校长非常关注学生的学习状态,给予学生适时的鼓励和引导,学生参与度高,整节课在轻松愉悦的氛围中度过. 在课的最后环节,薛校长以“救灾安置群众”为背景设置数学问题,以数学的学术形态引领学生的价值观念,大大丰富了课的内涵,对数学与生活紧密联系做出了很好的诠释.

大道至简,感谢薛校长给予我们“随风潜入夜,润物细无声”般的教学熏陶.

课例点评3　品味经典

——点评北师大版七年级数学上册“同类项与合并同类项”教学课

好课是需要品的，就像薛校长上的“同类项与合并同类项”一课，就犹如一坛陈年老酒，历久弥香，值得细细品味.

一、课堂回顾

（一）情境导入

2018年8月底，云南自然灾害导致15.09万人次受灾. 为此，学校组织“献爱心”活动，活动结束后需要清点捐赠总数.假如让你来清点，面对不同的物品，你会如何清点呢？

提示：生活中，我们常常把具有相同特征的事物归为一类.

（二）新知探究

1. 提出问题

请观察以下单项式，并进行分类，说说你的分类理由.

$5x$　　27　　$-6ab^2$　　$-8x$

$23n^3$　　-16　　$7ab^2$　　$7n^3$

2. 分组讨论

针对上面的问题，分小组展开讨论，每组派代表发言.

3. 概念生成

（1）定义：所含字母相同，并且相同字母的指数也相同的项，称为同类项.

（2）注意：① 两相同：字母相同；相同字母的指数相同.

② 两无关：与系数无关；与字母顺序无关.

③ 规定：所有的常数项都是同类项.

4. 概念辨析

（1）判断下列各组两项是否为同类项：

x 和 y　　a^2b 和 ba^2　　$-3pq$ 和 $3pq$　　abc 和 ac　　-27 和 13

(2) 在横线上填上适当的内容,使它们成为同类项.

$-5x^3y^2$ 和 $2x^3$ ____;$-3p^3$ ____和 $9q^5$ ____;$13a^2c$ ____和 $20b^3$ ____.

(3) 当 $m=$________,$n=$________时,$-2x^4y^{6n}$ 和 $5x^{2m}y^3$ 是同类项.

5. 问题思考

(1) 运用有理数的运算律计算下列题目.

$100\times2+252\times2=$____________________;

$100\times2-252\times2=$____________________.

(2) 类比数的运算完成下面计算,并说明其中的道理.

$100t+252t=$____________________;

$7ab-2ab=$____________________.

(3) 合并多项式 $4x^2+2x+7+3x-8x^2-2$ 中的同类项.

6. 法则归纳

(1) 定义:把同类项合并成一项称为合并同类项.

(2) 法则:同类项的系数相加,所得结果作为系数,字母和字母的指数不变.

(3) 强调注意事项:

① 一变两不变:系数变,字母和字母的指数不变.

② 只有同类项才能合并,不是同类项的不能合并.

7. 随堂练习

(1) 基础题:合并下列同类项

$2x^2+3x+7+6x-4x^2+9$;

$30a^2b+2b^2c-15a^2b-4b^2c$.

(2) 提高题:

求代数式 $-3x^2y+5x-0.5x^2y+3.5x^2y-2$ 的值,其中 $x=\frac{1}{5}$,$y=7$,说说你是怎么做的.

(3) 挑战题:

关于 x,y 的多项式 $6mx^2+4nxy+2x+2xy-x^2+y+4$ 不含二次项,求 $6m-2n+2$ 的值.

二、课例点评

“同类项与合并同类项”这一节课的两大教学目标是理解同类项的概念和会合

并同类项. 说起来简单，事实上要让学生掌握好这两项内容，课的容量会很大，教学起来并不容易. 但我们发现，薛校长很轻松地完成了教学任务，并且取得很好的教学效果，其中的教学智慧和策略值得大家好好学习.

(一) 概念、定义、法则如何建构?

1. 概念教学的主线：阅读教材→分组讨论→展示汇报→概念生成→概念辨析

对于“同类项”这个概念的教学，薛校长在提出问题之后，给了学生3分钟时间阅读教材，让学生带着问题阅读，重要的地方要求标注. 学生通过阅读，对“同类项”的概念有了初步的感知，在此基础上出示一组单项式，让学生进行分组讨论，在学生充分发表自己的见解后，再归纳得出同类项的定义. 整个教学过程自然流畅，概念的生成水到渠成.

很多老师在日常教学中，热衷于所谓的探究性教学，却忽略了课本的作用，忽视了对学生阅读能力的培养，让学生盲目探究，结果简单的内容越探越糊涂，高耗低效的课堂也就不奇怪了.

2. 法则教学的主线：应用经验→类比迁移→归纳法则→例题学习→练习巩固

在教学合并同类项的法则时，薛校长从学生熟悉的分配律入手，由数到式，通过数的简便运算类比迁移，得出式的计算方法，进而归纳得出合并同类项的法则，再通过一个例题和一组层次分明的练习题巩固法则. 至此，本节课的两大教学任务圆满完成，教师教得轻松，学生学得轻松.

(二) 核心思想方法如何落实?

每一节数学课，都应该围绕核心知识、核心思想方法来展开教学. 对于本节课来说，在“同类项”“合并同类项”两大核心知识的教学中，应该渗透哪些核心思想方法呢? 分类讨论思想、类比思想自然必不可少，而“数感”和“符号意识”往往易被教师忽视，我们来看看薛校长是如何落实的.

在讲解合并同类项的例题时，有“找—移—并”三个步骤，在“找同类项”的环节，薛校长强调，要用符号标记同类项，并且可以用不同颜色的笔区别不同的同类项，这就是学习方法的培养. 因为合并同类项最容易出错的地方就是“找”的环节，不会做符号标记的学生常常会丢三落四，或者漏项，或者重项，或者写错数字符号等. 我曾经进行过对比，会用符号标记的学生做题准确率会高出很多.

对于数感的培养，薛校长也落实得特别到位，如在“概念辨析”的环节，设置了一组题，变换不同的位置和形式让学生填空，在合并完同类项之后强调要降幂排列等. 实践证实，数感好的学生，学起数学来会更轻松自如，当然成绩也会更优异. 而学生的数感不是与生俱来的，需要通过教师有意识的引导来培养.

(三) 民主和谐的课堂氛围如何创设?

薛校长的课堂张弛有度，对学生的关注细致入微，师生友好互动交流，整节课学生在轻松愉悦中度过. 创设如此民主和谐的课堂氛围，是我们努力的方向. 那么怎样才能做到呢? 面向全体学生，关注每一位学生，一节课学会适当留白，每节课至少要经过每一个学生身边两次，每节课和每一个学生至少有一次眼神的交流，能做到这些，不仅能增进师生情谊，而且能显著提高教学质量.

在仰望大师的同时，作为一位一线数学教师，关于数学课堂教学，要做到三个“理解”：首先是理解数学，数学老师与数学家的区别在于，数学老师在自己理解数学的前提下，对数学知识做出符合学生认知水平的解释，使静态的、结果性的知识转化为生动的、学生易于接受的形式；其次是理解学生，倡导自主、合作、探究的学习形式；第三是理解教学，善于采用启发、讨论、参与的教学方式. 数学教学应该着眼于学生的可持续发展，发挥数学的内在力量，挖掘数学内容所蕴含的价值观资源，提高学生的数学素养，发展其思维能力，使学生在掌握数学知识的过程中学会思考，成为善于认识问题、解决问题的人才.

当今的数学课堂，求新求异、求繁求难比比皆是，重形式轻内涵，重结果轻过程，“高大上”的设计使老师们迷失了方向，不少学生过早被分化出来. 其实，学生更需要像薛校长这样朴实而不乏深度的教学.

课例点评4　同课异构，殊途同归

——点评“最短路径问题”教学课

刘老师和王老师以同课异构的形式，给区培项目初中数学班学员展示了两节课，授课内容为“最短路径问题”.

一、课堂回顾

（一）刘老师的课堂

1. 问题导入：平面图形中最短路径问题该怎么解决？

2. 问题探究

如图1所示，已知正方形 $ABCD$ 的边长为8，M 在 DC 上，且 $DM=2$，N 是 AC 上一动点，求 $DN+MN$ 的最小值.

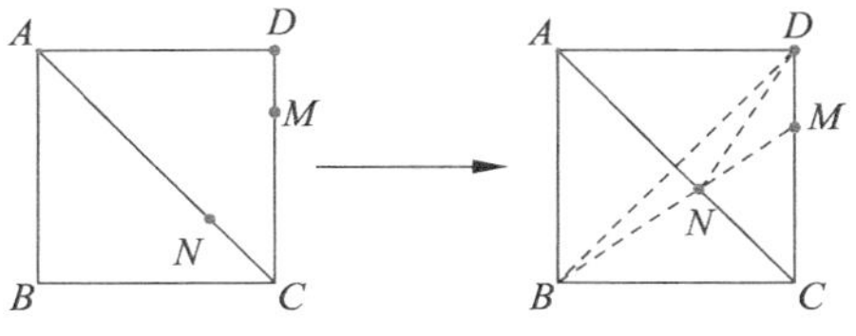

图1

（1）思路点拨

本质：构造对称；

原理：两点之间，线段最短.

（2）解题步骤

① 点 D 关于 AC 的对称点为点 B.

② 连结 BM 交 AC 于点 N.

③ 点 N 就是使 $DN+MN$ 最小的点.

因为 $BC=8$，$CM=CD-DM=6$，所以 $BM=10$，即 $DN+MN=10$.

3. 问题变式

如图 2 所示，等腰$\triangle ABC$中，$AB=AC=13$，$BC=10$，AD是底边BC边上的高，点E，F分别为AD，AC边上的动点，求$CE+EF$的最小值.

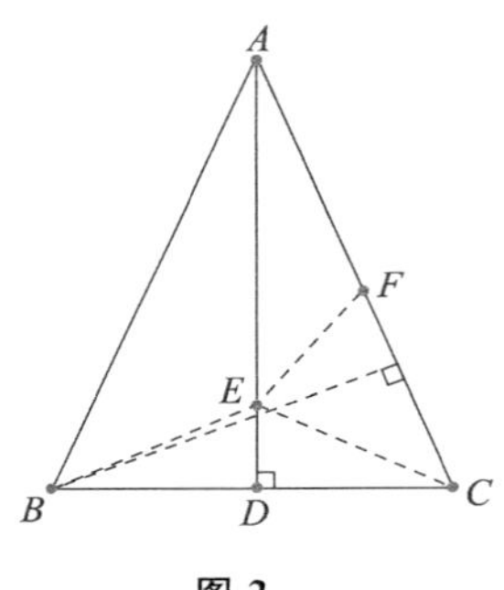

图 2

(1) 思路点拨

本质：构造对称；

原理：① 两点之间，线段最短；

② 垂线段最短.

(2)解题步骤

因为$CE+EF=BE+EF=BF$，所以BF的最小值为垂线段BM的长度，

$$BM=\frac{BC\cdot AD}{AC}=\frac{120}{13}$$

4. 问题拓展

如图 3 所示，$\angle AOB=30^{\circ}$，$OP=10$，$OQ=13$，在边OA，OB上分别有 2 个动点M，N，求$PN+MN+MQ$的最小值.

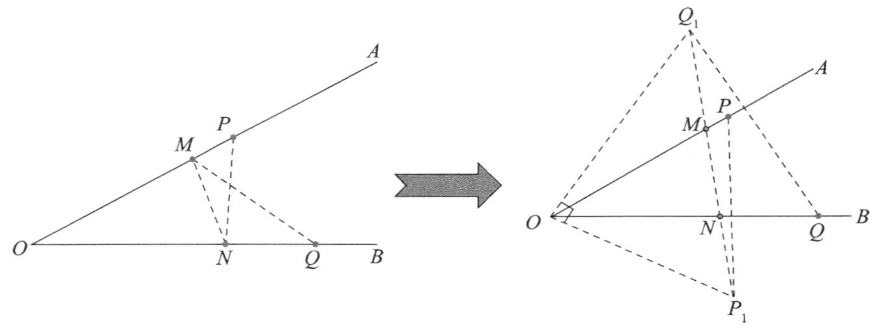

图 3

5. 归纳总结

对整节课进行归纳总结，并帮助学生进行知识建构.

(二) 王老师的课堂

1. 情境导入

如图 4 所示，牧马人从图中的A地出发，到一条笔直的河边l饮马，然后回到B地. 请问：到河边什么地方饮马可使他所走的路线全程最短？

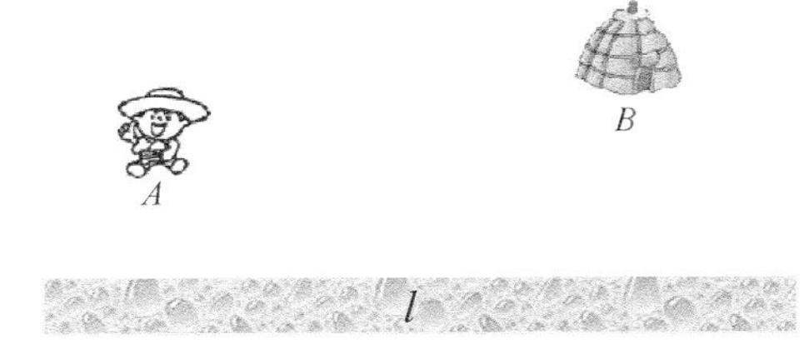

图 4

2. 问题探究

探究1　**如果两点在直线的异侧，如何求解？**

学生思考：现在假设点 A，B 分别是直线 l 异侧的两个点，如何在 l 上找到一个点，使得这个点到点 A，点 B 的距离和最短？

得出方法：连接 AB，与直线 l 相交于一点 P（图 5），根据“两点之间，线段最短”，可知这个交点即为所求的点.

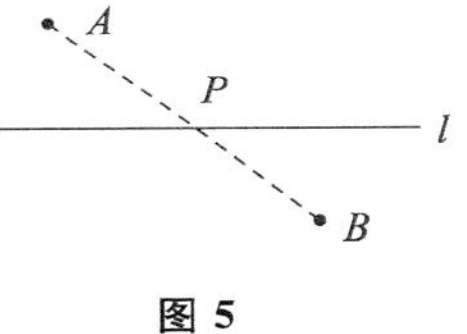

图 5

探究2　**如果两点在直线同侧，如何求解？**

学生思考：如图 6 所示，如果点 A，B 分别是直线 l 同侧的两点，点 C 是直线上的一个动点，当点 C 在 l 的什么位置时，AC 与 CB 的和最小？

追问 1：如何将点 B“移”到 l 的另一侧 B' 处，满足直线 l 上的任意一点 C，都保持 CB 与 CB' 的长度相等？

追问 2：你能利用轴对称的有关知识，找到上一问中符合条件的点 B' 吗？

方法归纳：① 作点 B 关于直线 l 的对称点 B'；② 连接 AB'，与直线 l 相交于点 C，则点 C 即为所求的点.

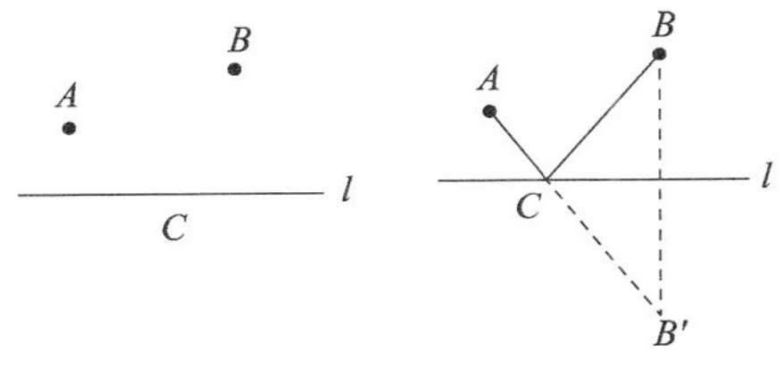

图 6

3. 模型建构

模型 1：“两定点＋一定直线”型，如图 7 所示.

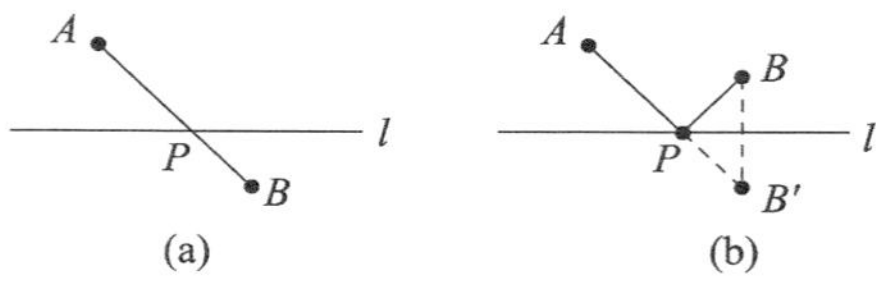

图 7

模型 2：“一定点＋两定直线”型，如图 8 所示.

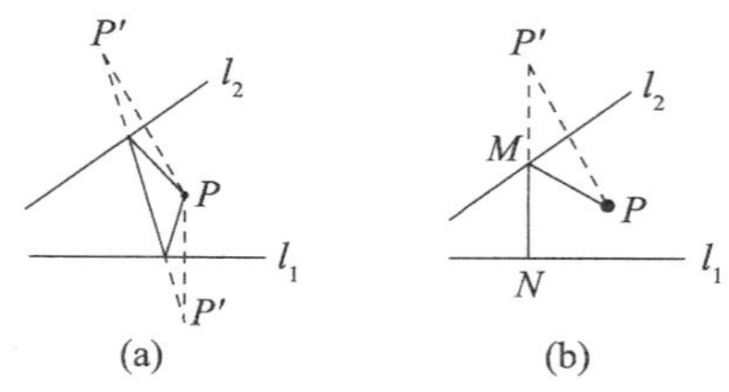

图 8

模型 3：“两定点＋两定直线”型，如图 9 所示.

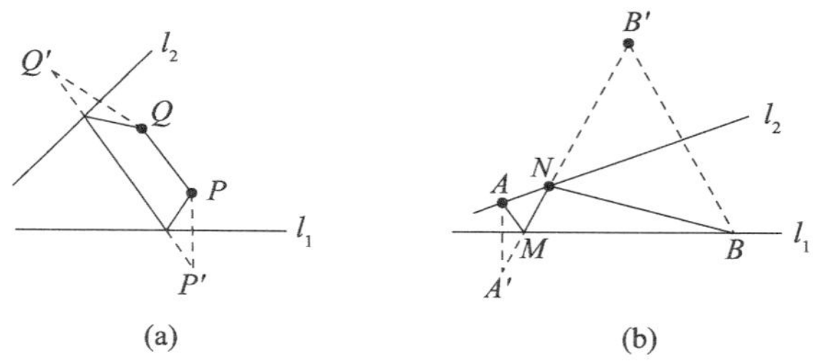

图 9

4. 总结归纳

在解决最短路径问题时，我们通常利用轴对称、平移等变换把已知问题转化为容易解决的问题，从而做出最短路径的选择.

二、课例点评

1. 关于选题的意义和价值

古代“将军饮马问题”作为一个经典的数学问题流传至今，成为探究的一个热点——“最短路径问题”，其内容本质是平面内“两点之间，线段最短”“垂线段最短”

两个基本事实在生活中的应用. 通过解决实际问题提炼出几何模型,再应用于生活是学习的主要目的. 古老问题能经久不衰、代代相传,是因为其中蕴含丰富的育人思想,将军乐于思考、勇于探究的科学精神,追求极致的数学精神,值得传承和发扬. 此外,问题中蕴含的数学的简洁美也符合当代的低碳号召. 因此,两位老师选择这一内容作为公开课的题材,是值得肯定和褒扬的.

2. 两节课的建构

刘老师从单动点问题出发,从异侧、同侧两个维度探究,上升到双动点问题,归纳出"一定两动"和"两定两动"两种情况,注重提炼、归纳、模型的构建;王老师从一个生活现象入手,引出经典问题,接着用文字语言、图形语言和符号语言描述问题,然后分同侧、异侧两种情况探究,探究流程为"操作—猜想—验证",教学过程注重生活实际,注重知识的生成,关注学生的反馈,注重价值观的引导.

3. 对两位老师的建议

两位老师在关注学生、课堂表达、预设与生成的对应上还需再下一番功夫,设计好教学内容的思维发展主线和数学课堂的情感渗透主线. 应以学生的知识和能力基础为起点,遵循学生的思维发展规律,先进行"两点之间,线段最短""垂线段最短"两个定理的直接应用,再到间接应用,最后发展到构造应用,设计问题不宜门槛太高、跳跃度太大. 教师在教学的过程中要多关注学生的情感体验,走下讲台,深入学生,适时解决学生遇到的困难,鼓励学生动脑思考,积极参与探究活动,当学生有好的想法或思路时,要及时肯定和表扬.

我们的数学教学应该着眼于学生的长期利益,发挥数学的内在力量,挖掘数学内容所蕴含的价值观资源,提高学生的数学素养,发展其思维能力,以培育理性精神为核心,使学生在掌握数学知识的过程中学会思考,成为善于发现和提出问题、分析和解决问题的人才.

课例点评5 合理定位，精彩演绎

——点评湘教版七年级数学上册“4.1 几何图形”教学课

北京某区教研员到我校听课交流，涂老师给来宾展示了一节精彩的数学课，授课内容为湘教版七年级数学上册“4.1 几何图形”.

一、课堂回顾

(一) 情景导入

(1) 提出问题：生活中可以见到各种各样的图形，怎样从数学的角度来认识图形呢？

(2) 展示图片(图1)，学生观察并说说看到的图形.

图1

(二) 探究新知

1. 认识几何图形

从实物中抽象出来的图形统称为几何图形(图2).

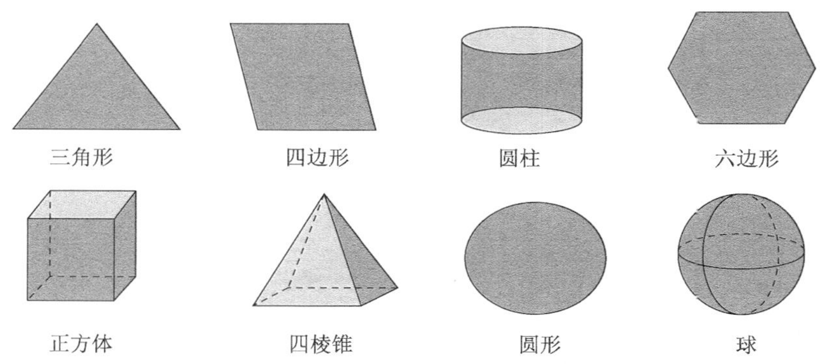

图 2

2. 定义平面图形

把各部分都在同一平面内的图形称为平面图形(图 3).

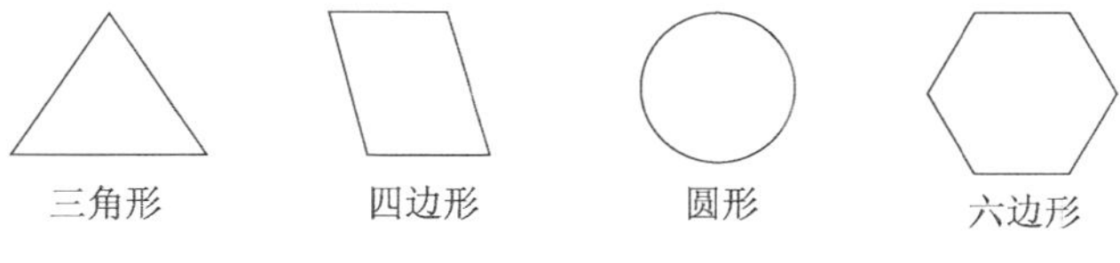

图 3

3. 定义立体图形

把各部分不都在同一平面内的图形称为立体图形(图 4).

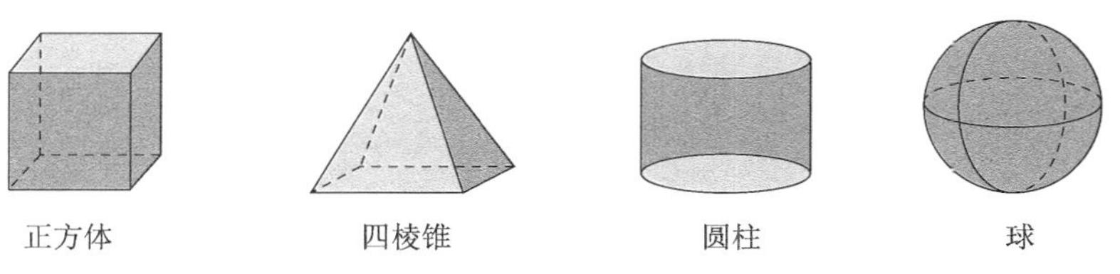

图 4

4. 探究实物与几何图形的关系(图5)

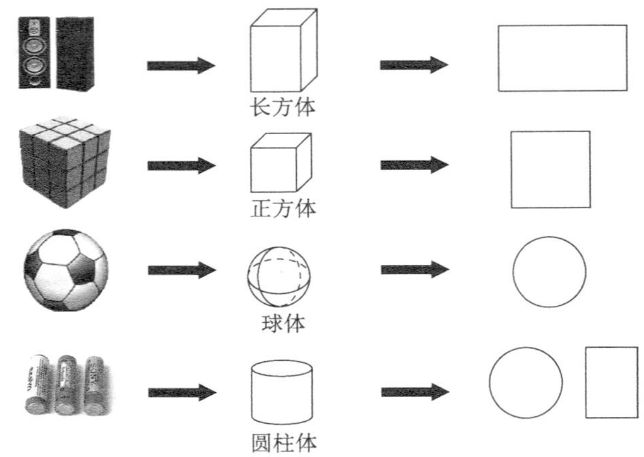

图 5

(三) 变式应用

1. 找到几何体的名称并连线(图6)

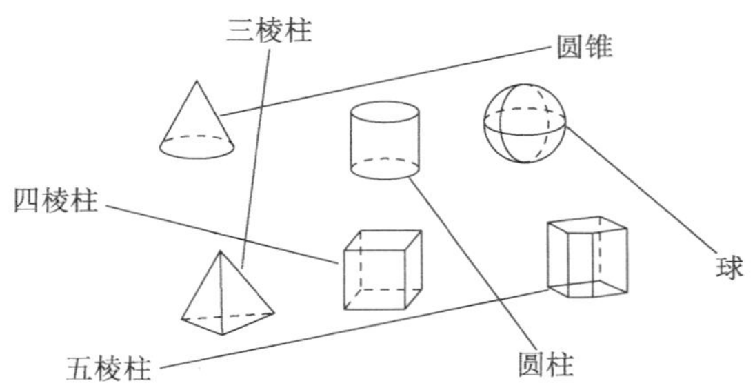

图 6

2. 给立体图形命名并说明理由(图7)

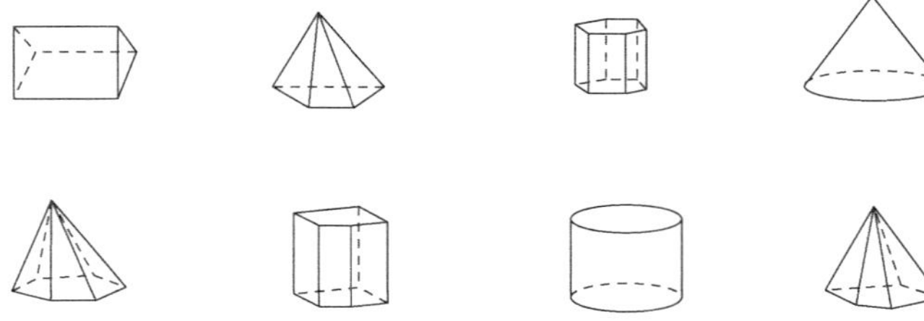

图 7

(四) 变式拓展

1. 几何图形分类

几何图形可以分为平面图形和立体图形两类.

2. 立体图形分类(图 8)

① 立体图形可分为柱体、椎体、台体、球体.

② 柱体可分为棱柱和圆柱.

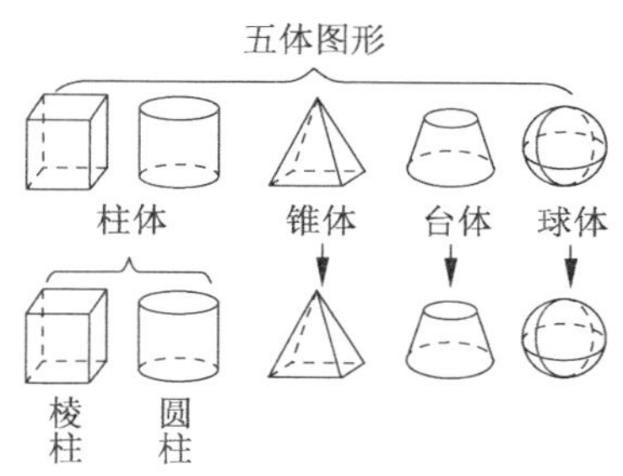

图 8

(五) 思维拓展

用"两个圆、两个三角形、两条线"设计图案,给所设计的图案取个名字,并用一句简短的话介绍你的创意.

二、课例点评

(一) 教材定位

在湘教版教材中,"几何图形"这一内容,既是对学生小学阶段获得图形零散的、片段的初步认识的整理,又是中学阶段几何知识的启蒙学习,是几何直观向几何抽象发展的起始阶段. 因此,在教学时,教师要引导学生从感性认识逐渐上升到理性认识,了解几何图形研究的方向,掌握几何图形分类的方法,更重要的是激发学生对几何图形强烈的探究欲望,培养学生学习几何图形的浓厚兴趣,同时,也要让学生获得探究的思路和方法,为下一步学习奠定坚实的基础.

(二) 对本节课的评价

(1) 本课从一个开放性的问题入手,引发学生的思考,接着出示一组丰富多彩的图片,激发了学生浓厚的学习兴趣,使本节课情感态度价值观目标有了很好的着陆点.

（2）本节课设置了“探究新知——变式应用——变式拓展——思维拓展”四个环节，条理清晰，层次分明，重难点突出，知识目标和能力目标在层层递进中很好地落到了实处.

（3）本节课学生的参与面广，积极性高，突出了“学生为中心，思维为核心，活动为主线”的特点，是思维课堂的一个典范.

（三）两点建议

（1）本节课学生对几何图形的认识可上升到“点、线、面、体”的内在联系上，学生有两处提到“点动成线，线动成面，面动成体”，老师若能及时呼应一下，则会有画龙点睛之妙.

（2）在立体图形分类的环节，教师若能引导学生思考归纳出“柱、锥、台”的联系与区别，如：柱体有两个相同的底面，台体有两个大小不同的底面，椎体只有一个底面；侧面为平面时称为“棱”柱（锥，台），侧面为曲面时称为“圆”柱（锥，台）. 这样，对图形的分类既有形的描述，又有数的刻画，课的内涵就会得到进一步升华.

第五章

促进思维发展的问题设计

问题是数学的心脏，是思维的载体．数学思维是以数学问题为载体，通过发现问题、解决问题的形式，达到对现实世界的空间形式和数量关系本质的一般性认识的思维过程，也就是人脑利用数学符号或语言，运用抽象、概括等方法，由数学概念出发，通过数学判断和数学推理的形式揭示对象的结构和内在联系的认识过程．

在初中数学“一·二·四”思维课堂中，利用变式、开放等方法进行问题设计，能有效培养学生独立思考和灵活转换的能力，提高学生发现和提出问题、分析和解决问题的能力，提升学生的思维品质．以下从代数、几何、函数三个方面，展示促进思维发展的问题设计案例．

第一节　代数类问题设计

案例一　解二元一次方程组

通过 1 个基本题和 4 个变式题，不断变换问题的视角，逐层深入，强化学生对二元一次方程组本质的理解；再设计 1 个开放性的问题，使学生灵活应用获得的经验解决问题，提高学生求解二元一次方程组的能力．

［基本问题］　已知二元一次方程组$\begin{cases}ax-by=4\\ax+by=2\end{cases}$的解为$\begin{cases}x=2\\y=1\end{cases}$，则 $a=$________，$b=$________．

变式 1：若二元一次方程组$\begin{cases}4x-3y=1\\ax+(a-1)y=3\end{cases}$的解 x 与 y 相等，则 a 的值等于________．

变式 2：若二元一次方程组$\begin{cases}2x+3y=k\\3x+2y=k+2\end{cases}$的解 x，y 的和为 12，则 k 的值为________．

变式 3：若二元一次方程组$\begin{cases}x+y=1\\x-y=3\end{cases}$与$\begin{cases}ax+by=1\\ax-by=2\end{cases}$的解相同，则 $a=$

________，$b=$________.

变式 4：若二元一次方程组$\begin{cases}2x-3y=3\\ax+by=-1\end{cases}$和$\begin{cases}3x+2y=11\\2ax+3by=3\end{cases}$的解相同，则 $a=$________，$b=$________.

［开放问题］　若二元一次方程组$\begin{cases}a_1x+b_1y=c_1\\a_2x+b_2y=c_2\end{cases}$有解，请说说应该满足什么条件.

案例二　一次方程组的应用

以学生熟悉的生活情境为背景，设计一组求年龄的问题，锻炼学生的思维能力，提高学生应用一次方程(组)解决问题的能力.

［基本问题］　姐姐今年比小静大 3 岁，n 年后，姐姐比小静大________岁.

变式 1：小静今年 10 岁，5 年前妈妈的年龄是小静的 6 倍，妈妈今年多少岁？

变式 2：爸爸 15 年前的年龄是小静 12 年后的年龄，当爸爸年龄是小静年龄的 4 倍时，爸爸多少岁？

变式 3：堂哥 6 年前的年龄等于小静 8 年后的年龄，堂哥 5 年后的年龄与小静 3 年前的年龄的和是 38 岁，请求出堂哥今年多少岁.

变式 4：小静问叔叔今年多少岁，叔叔说："我像你这么大时，你才 4 岁，你到我这么大时，我就 40 岁了."请你分别求出小静和叔叔的年龄.

［开放问题］　请编一道求解年龄的应用题，并请你的同桌进行解答.

案例三　一次方程组的应用

此题通过实际问题的解决，从常规求解和整体求解的视角考查学生解方程组的能力，由一般解法过渡到特殊解法，对学生思维能力有很好的锻炼.

［基本问题］　有甲、乙两种商品，若购买甲商品 3 件，乙商品 2 件，共需 30 元；若购买甲商品 2 件，乙商品 3 件，共需 25 元. 单独购买一件甲商品需要________元，单独购买一件乙商品需要________元.

变式 1：有甲、乙、丙三种商品，若购甲商品 3 件，乙商品 5 件，丙商品 2 件，共需 60 元，且甲商品的单价是乙商品的 3 倍，乙商品的单价是丙商品的 2 倍，则单独购一件甲商品需要________元，单独购一件乙商品需要________元，单独购一件丙商品需要________元.

变式 2：有甲、乙、丙三种商品，若购甲商品 3 件，乙商品 5 件，丙商品 2 件，共需 60 元；若购甲商品 4 件，乙商品 2 件，丙商品 5 件，共需 80 元．那么，购甲、乙、丙商品各一件，共需多少元？

变式 3：有甲、乙、丙三种商品，若购甲商品 3 件，乙商品 7 件，丙商品 1 件，共需 58 元；若购甲商品 4 件，乙商品 10 件，丙商品 1 件，共需 63 元．那么，购甲、乙、丙商品各一件，共需多少元？

［**开放问题**］ 在变式 1 的条件下，小睿带了 50 元，若三种商品都要买，且甲商品不少于 3 件，钱正好用完，他可以有哪几种购买方案？

案例四 坐标的变换

对称变换是图形变换的一种方式，在初中数学中占据着重要位置，而对称问题的解决往往需要从点的对称入手．在学习平面直角坐标系这一章内容时，设计一组变式题，在不断改变对称条件的过程中求解对称点坐标，深化学生对对称点本质的理解．

［**基本问题**］ 在平面直角坐标系中，点 A 与点 B 关于 x 轴对称，点 C 与点 B 关于 y 轴对称，

(1) 若点 A 的坐标为$(-2,3)$，则点 B 的坐标为________，点 C 的坐标为________；

(2) 若点 B 的坐标为$(-5,-6)$，则点 C 的坐标为________，点 A 的坐标为________.

变式 1：在平面直角坐标系中，点 A 与点 B 关于 x 轴对称，点 C 与点 B 关于 y 轴对称.

(1) 若点 A 的坐标为$(-2,3)$，则点 C 的坐标为________；

(2) 若点 C 的坐标为$(6,8)$，则点 A 的坐标为________.

变式 2：在平面直角坐标系中，点 A 与点 B 关于 x 轴对称，点 C 与点 B 关于 y 轴对称.

(1) 若点 A 的坐标为$(5,a)$，点 B 的坐标为$(b,10)$，则 $a=$________，$b=$________.

(2) 在(1)的条件下，点 C 的坐标为________.

变式3：在平面直角坐标系中，点A与点B关于x轴对称，点C与点B关于y轴对称.

(1) 若点A的坐标为$(5,a)$，点C的坐标为$(c,8)$，则$a=$________，$c=$________.

(2) 在(1)的条件下，点B的坐标为________.

变式4：在平面直角坐标系中，点A与点B关于x轴对称，点C与点B关于y轴对称.

(1) 若点A的坐标为$(a+2,2a)$，点B的坐标为$(b-4,b+3)$，则$a=$________，$b=$________.

(2) 若点A的坐标为$(-4,|a+1|)$，点C的坐标为$(c^2,-8)$，则$a=$________，$c=$________.

变式5：在平面直角坐标系中，点A与点B关于直线$x=1$对称，点C与点B关于直线$y=-2$对称.

(1) 若点A的坐标为$(a-2,a)$，点B的坐标为$(b,b+3)$，则$a=$________，$b=$________.

(2) 若点A的坐标为$(-2,|a+1|)$，点C的坐标为$(c^2,-5)$，则$a=$________，$c=$________.

[开放问题]　在平面直角坐标系中，点A与点B关于________对称，点C与点B关于________对称.

(1) 若点A的坐标为(a,b)，则点B的坐标为________，点C的坐标为________；

(2) 若点B的坐标为(m,n)，则点C的坐标为________，点A的坐标为________.

第二节 几何类问题设计

案例一 线段中点的意义

[基本问题] 点 C 是线段 AB 上的一点，且线段 $AC=6$，$BC=4$，则线段 AB 的长为________.

变式 1：点 C 是直线 AB 上的一点，且线段 $AC=6$，$BC=4$，则线段 AB 的长为________.

变式 2：点 C 是直线 AB 上的一点，且线段 $AC=6$，$BC=4$，点 M，N 分别为线段 AC 与 BC 的中点，求线段 MN 的长.

变式 3：点 C 是直线 AB 上的一点，点 M，N 分别为线段 AC 与 BC 的中点，若线段 $AB=a$，求线段 MN 的长.

变式 4：点 C 是直线 AB 上的一点，点 P，N 分别为线段 AB 与 BC 的中点，若线段 $AB=a$，$BC=b$，求线段 PN 的长.

[开放问题] 点 C 是直线 AB 上的一点，点 M，N 分别在线段 AC 与 BC 上，若 $MN=\frac{1}{2}AB$，请写出点 M，N 应该满足的条件________________________.

案例二 角平分线的意义

[基本问题] 已知射线 OB 在 $\angle AOC$ 内部，若 $\angle AOB=30°$，$\angle BOC=50°$，则 $\angle AOC=$________.

变式 1：已知 $\angle AOB=30°$，$\angle BOC=50°$，则 $\angle AOC=$____________.

变式 2：已知 $\angle AOB=30°$，$\angle BOC=50°$，若 OM 平分 $\angle AOB$，ON 平分 $\angle BOC$，则 $\angle MON=$____________.

变式 3：已知 $\angle AOB=30°$，$\angle BOC=50°$，若 OP 平分 $\angle AOC$，ON 平分 $\angle BOC$，则 $\angle PON=$____________.

变式 4：若$\angle AOB=\alpha$，OP 平分$\angle AOC$，ON 平分$\angle BOC$，则$\angle PON=$________.

[开放问题]　射线 OP，ON 在$\angle AOC$ 内部，当$\angle AOP=$________$\angle AOC$，$\angle CON=$________$\angle BOC$ 时，$\angle PON=$________$\angle AOB$.

案例三　余角和补角的意义

[基本问题]　已知$\angle A$ 与$\angle B$ 互余，若$\angle A=39°12'$，则$\angle B=$________.

变式 1：$\angle A$ 与$\angle B$ 互余，$\angle C$ 与$\angle B$ 互补，若$\angle A=39°12'$，则$\angle C=$________.

变式 2：若$\angle A$ 的补角是$\angle A$ 的余角的 3 倍，则$\angle A=$________.

变式 3：若$\angle A$ 的余角比$\angle A$ 的补角的$\frac{1}{3}$还小 $10°$，则$\angle A=$________.

变式 4：已知$\angle A$ 是$\angle B$ 的 3 倍，且$\angle B$ 的余角与$\angle A$ 的补角之差为 $20°$，则$\angle A=$________，$\angle B=$________.

[开放问题]　若$\angle A$ 比$\angle B$ 大 $20°$，当满足条件________时，$\angle A$ 与$\angle B$ 互补.

案例四　折叠问题

[基本问题]　如图 5.1 所示，$\triangle ABC$ 的周长为 30 cm，把 AC 边对折，使顶点 C 和 A 重合，折痕交 BC 边于点 D，交 AC 边于点 E，连接 AD，若 $AE=4$ cm，求$\triangle ABD$ 的周长.

变式 1：如图 5.2 所示，$\triangle ABC$ 的周长为 30 cm，把 AB 边对折，使顶点 B 和 A 重合，折痕交 BC 边于点 G，交 AB 边于点 F，连接 AG，若$\triangle ACG$ 的周长为20 cm，求线段 BF 的长.

变式 2：如图 5.3 所示，在$\triangle ABC$ 中，把 AC 边对折，使顶点 C 和 A 重合，折痕交 BC 边于点 D，交 AC 边于点 E，连接 AD；把 AB 边对折，使顶点 B 和 A 重合，折痕交 BC 边于点 G，交 AB 边于点 F，连接 AG. 若 $BC=15$ cm，求$\triangle AGD$ 的周长.

变式 3：如图 5.4 所示，若把$\triangle ABC$ 沿 DF 折叠，点 B 恰好与点 A 重合，沿 DE 折叠，点 C 恰好也与点 A 重合，则线段 BD 与线段 CD 的数量关系为________，$\angle BAC$ 的度数为________.

[开放问题]　如图 5.4 所示，在$\triangle ABC$ 中，点 D，E，F 分别在 BC，AC，AB 边

上,把$\triangle ABC$分别沿DF,DE折叠,当四边形$DEAF$满足________时,点B,C恰好都与点A重合.

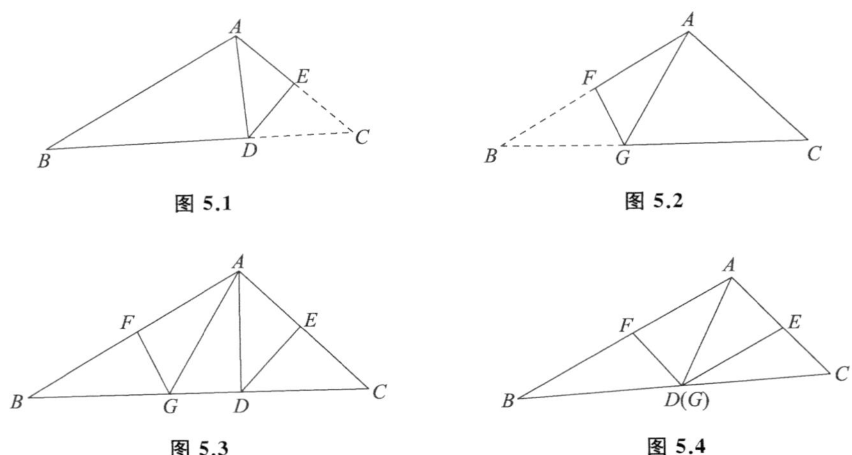

图 5.1　　图 5.2

图 5.3　　图 5.4

案例五　等腰三角形的性质

[基本问题]　如图 5.5 所示,$AB=AC$,BD与CD分别平分$\angle ABC$,$\angle ACB$,则图中有____个等腰三角形.

变式 1:如图 5.6 所示,$AB=AC$,BD与CD分别平分$\angle ABC$,$\angle ACB$,过D点作$EF\parallel BC$,交AB于点E,交AC于点F,图中有____个等腰三角形.

变式 2:如图 5.7 所示,若将变式 1 中的$\triangle ABC$改为不等边三角形,其他条件不变,图中有____个等腰三角形,线段EF与BE,CF之间的数量关系为__________.

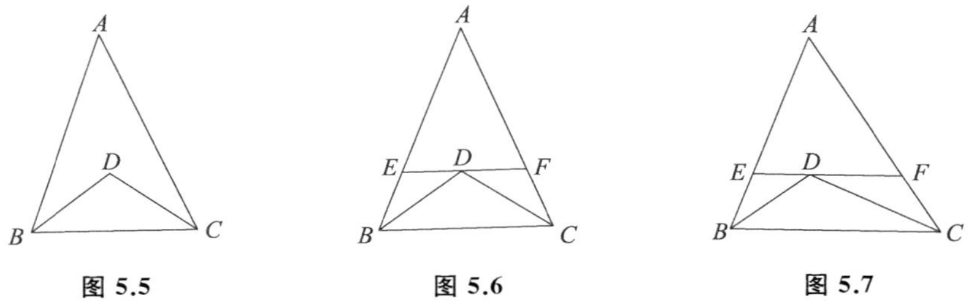

图 5.5　　图 5.6　　图 5.7

变式 3:如图 5.8 所示,BD平分$\angle ABC$,CD平分外角$\angle ACG$,$DE\parallel BC$交AB于点E,交AC于点F.线段EF与BE,CF有什么数量关系?并说明理由.

[开放问题]　如图 5.9 所示,BD与CD分别为$\triangle ABC$的外角$\angle CBM$,

$\angle BCN$ 的平分线，请添加一个条件________________，使 $EF=BE+CF$ 成立.

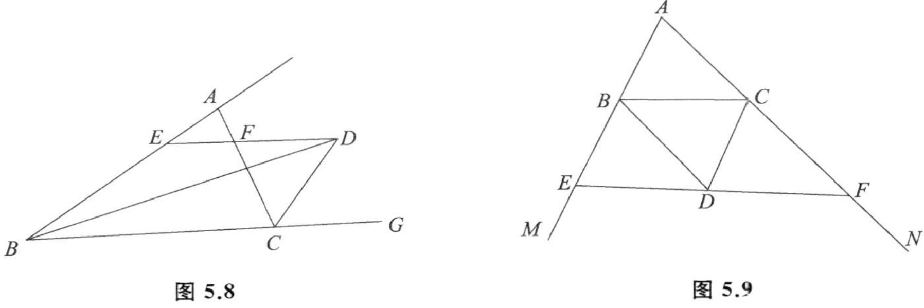

图 5.8　　图 5.9

案例六　等边三角形的性质

［基本问题］　如图 5.10 所示，点 O 是线段 AD 的中点，分别以 AO 和 DO 为边在线段 AD 的同侧作等边$\triangle OAB$ 和等边$\triangle OCD$，连接 AC 和 BD 相交于点 E，求$\angle AEB$ 的大小.

变式 1：如图 5.11 所示，点 O 是线段 AD 上的一点，分别以 AO 和 DO 为边在线段 AD 的同侧作等边$\triangle OAB$ 和等边$\triangle OCD$，连接 AC 和 BD 相交于点 E，则$\angle AEB=$________.

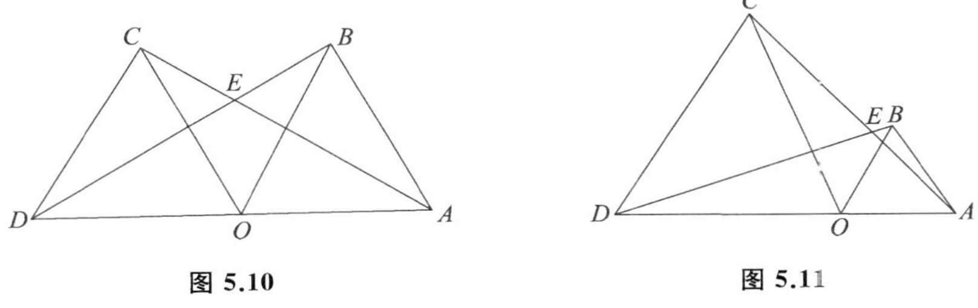

图 5.10　　图 5.11

变式 2：如图 5.12 所示，在变式 1 的条件下，将等边$\triangle OAB$ 绕点 O 顺时针旋转 35°，连接 AC 和 BD 相交于点 E，则$\angle AEB=$________.

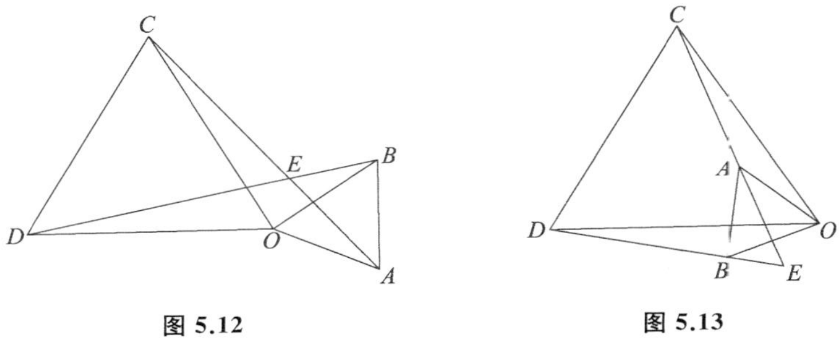

图 5.12　　图 5.13

［开放问题］ 如图5.13所示，在变式1的条件下，将等边$\triangle OAB$绕点O逆时针旋转$n°$，直线AC和BD相交于点E，请你提出一个求解的问题并解答出来.

案例七 直角三角形的性质

［基本问题］ 如图5.14所示，在$\mathrm{Rt}\triangle ABC$中，$\angle ACB=90°$，$CD\perp AB$于D，若$\angle A=30°$，$BD=5$，则$BC=$________，$AD=$________.

变式1：如图5.14所示，在$\mathrm{Rt}\triangle ABC$中，$\angle ACB=90°$，$CD\perp AB$于D，若$\angle DCB=30°$，$AD=9$，分别求BC和AB的长.

变式2：如图5.15所示，在$\mathrm{Rt}\triangle ABC$中，$\angle ACB=90°$，$CD\perp AB$于D，$DE\perp BC$于E，若$\angle B=60°$，$CE=3a$，分别求BD和AD的长.

变式3：如图5.16所示，在$\mathrm{Rt}\triangle ABC$中，$\angle ACB=90°$，$CD\perp AB$于D，M为AB的中点，若D为BM的中点，求$\angle A$.

［开放问题］ 如图5.16所示，在$\mathrm{Rt}\triangle ABC$中，$\angle ACB=90°$，$CD\perp AB$于D，M为AB的中点，请添加一个条件________________，使$\angle A=\frac{1}{2}\angle B$.

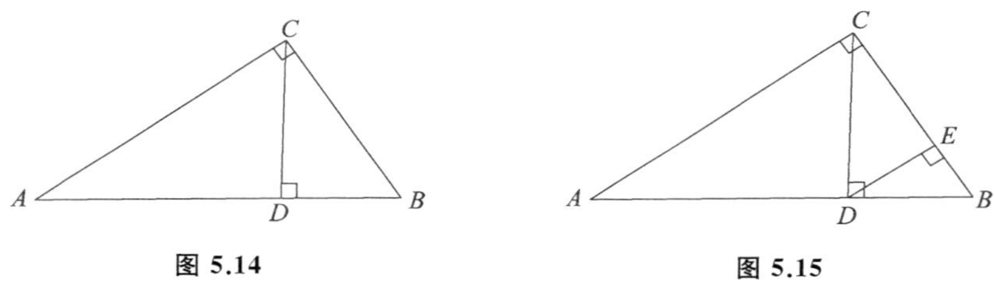

图5.14　　图5.15

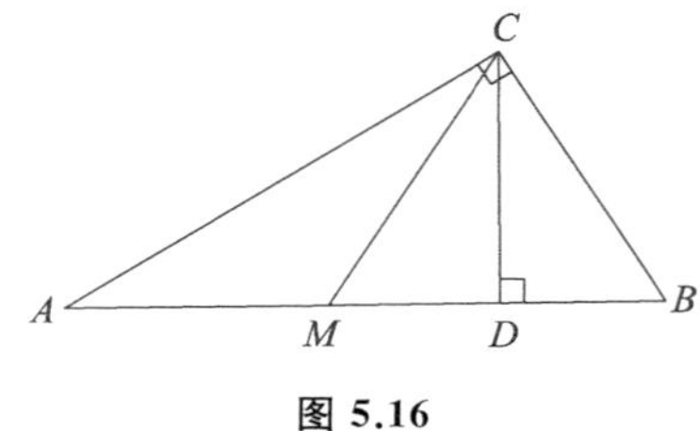

图5.16

案例八 线段最值问题

［基本问题］ 如图5.17所示，已知$\angle AOB$和内部一点P，在OA，OB上分别求作点M，N，使$\triangle PMN$的周长最小.

变式 1：如图 5.18 所示，已知等边$\triangle ABC$，D 为 BC 边的中点，$BE\perp AC$ 于点 E，在 BE 上求作一点 P，使 $DP+CP$ 最小.

变式 2：如图 5.19 所示，已知正方形 $ABCD$，点 E 在 BC 上，且 $BE=\frac{1}{3}CE$，F 为 CD 的中点，在对角线 BD 上求作一点 M，使 $ME+MF$ 最小.

变式 3：如图 5.20 所示，在平面直角坐标系中，$A(2,2)$，$B(1,4)$，点 C，D 分别在 x 轴、y 轴上，若要使四边形 $ACDB$ 的周长最小，请确定点 C，D 的位置.

变式 4：如图 5.21 所示，m，n 为一条河的两岸，$m\parallel n$，A 与 B 为河两岸的两个村庄，现要在河上建一座桥，使 A 到 B 的路程最近，请确定桥的位置.

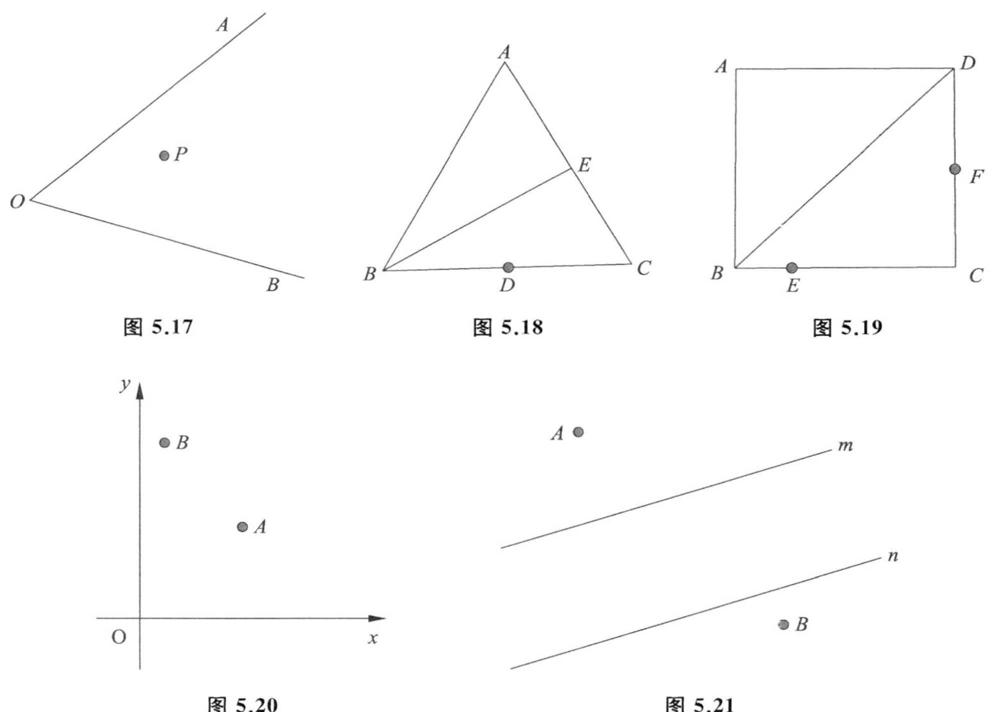

图 5.17　　图 5.18　　图 5.19

图 5.20　　图 5.21

第三节 函数类问题设计

案例一 求正比例函数的解析式

[基本问题] 已知 y 与 x 成正比例，且当 $x=2$ 时，$y=4$，则该函数的解析式为____________.

变式 1：已知 $y-1$ 与 x 成正比例，且当 $x=2$ 时，$y=4$，求该函数的解析式.

变式 2：已知 $y+3$ 与 $x-5$ 成正比例，且当 $x=10$ 时，$y=5$，当 $x=-10$ 时，求 y 的值.

变式 3：已知 $y=y_1+y_2$，y_1 与 $x+1$ 成正比例，y_2 与 x^2 成正比例，并且函数 $y=y_1+y_2$ 的图象经过点 $A(-1,-2)$，点 $B(1,2)$.

(1) 求函数的解析式；

(2) 当 $x=2$ 时，求 y 的值.

[开放问题] 请你写出一个正比例函数，当 $x=-8$ 时，求出函数值 y.

案例二 一次函数与三角形面积

[基本问题] 已知直线 $y=\frac{1}{2}x-4$ 与 x 轴交于点 A，与 y 轴交于点 B，求 $S_{\triangle AOB}$.

变式 1：已知直线 $y=\frac{1}{2}x+b$ 与 x 轴交于点 A，与 y 轴交于点 B，且 $S_{\triangle AOB}=8$，求 b 的值.

变式 2：已知直线 $y=kx-4$ 与 x 轴交于点 A，与 y 轴交于点 B，且 $S_{\triangle AOB}=10$，求 k 的值.

变式 3：把直线 $y=\frac{1}{2}x-4$ 向上平移 2 个单位后与 x 轴交于点 M，与 y 轴交于点 N，直线 l 经过点 M 且交 y 轴于点 P，若 $S_{\triangle MNP}=20$，求直线 l 的解析式.

[开放问题]　把直线 $y=\frac{1}{2}x-4$ 平移后与 x 轴交于点 M，与 y 轴交于点 N，若 $S_{\triangle MON}=20$，求平移的方向和距离.

案例三　一次函数与方程、不等式的关系

[基本问题]　如图 5.22 所示，直线 l 与 x 轴、y 轴分别交于 A，B 两点，点 A 的坐标为 $(-4,0)$：

(1) $y>0$ 时，x 的取值范围是________________.

(2) $y=0$ 时，x 的值为________________.

(3) $y<0$ 时，x 的取值范围是________________.

变式 1：如图 5.23 所示，直线 l 与 x 轴、y 轴分别交于 A，B 两点，点 B 的坐标为 $(0,4)$：

(1) $x>0$ 时，y 的取值范围是________________.

(2) $x=0$ 时，y 的值为________________.

(3) $x<0$ 时，y 的取值范围是________________.

变式 2：直线 l：$y=2x+b$ 与 x 轴、y 轴分别交于 A，B 两点，且过点 $M(1,6)$：

(1) $y>0$ 时，x 的取值范围是________________.

(2) $x\geqslant 0$ 时，y 的取值范围是________________.

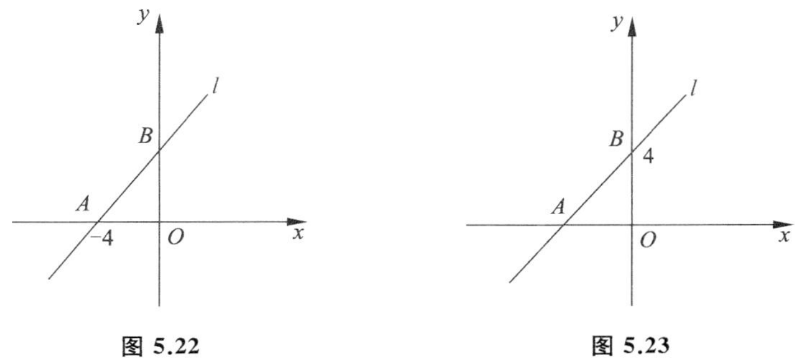

图 5.22　　图 5.23

变式 3：如图 5.24 所示，直线 l_1：$y=2x+b$ 与直线 l_2：$y=mx+n$ 相交于点 $M(1,6)$：

(1) 若 $y_1>y_2$,则 x 的取值范围是________.

(2) 当 $y_1\leqslant y_2$,则 x 的取值范围是________.

变式 4: 如图 5.25 所示,直线 $l_1:y=2x+b$ 与直线 $l_2:y=mx+n$ 相交于点 $M(1,6)$,则不等式 $2x+b>mx+n$ 的解集是________.

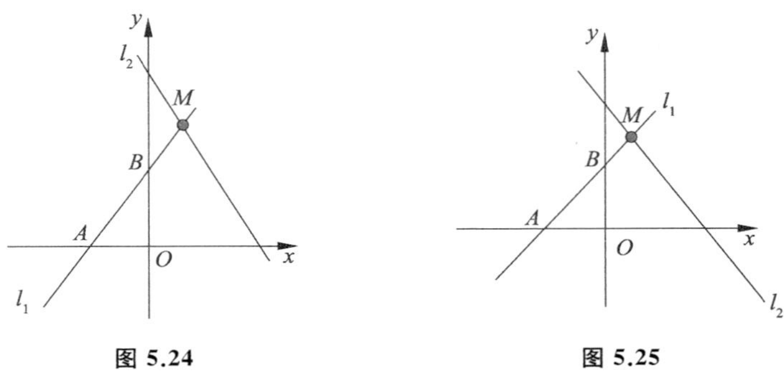

图 5.24　　图 5.25

[开放问题]　已知直线 $l_1:y=2x+b$ 与直线 $l_2:y=mx+n$ 相交于点 $M(1,6)$,且当 $x>1$ 时,直线 l_1 在直线 l_2 的下方,则 m,n 应满足条件________.

案例四　求二次函数的解析式

[基本问题]　将抛物线 $y=2x^2$ 向上平移 3 个单位后得到的抛物线解析式为________.

变式 1: 将抛物线 $y=2x^2$ 向右平移 5 个单位后得到的抛物线解析式为________.

变式 2: 将抛物线 $y=2x^2$ 向下平移 3 个单位,再向左平移 5 个单位后得到的抛物线解析式为________.

变式 3: 将一抛物线先向上平移 6 个单位,再向左平移 8 个单位后得到抛物线 $y=2x^2$,则此抛物线解析式为________.

变式 4: 将抛物线 $y=2x^2$ 沿着直线 $y=-x$ 平移 $5\sqrt{2}$ 个单位后,其顶点在直线 $y=-x$ 上,此时得到的抛物线解析式为________.

[开放问题]　将抛物线 $y=2x^2$ 向______平移______个单位,再向______平移______个单位后得到的抛物线解析式为________.

案例五　二次函数与三角形面积

[基本问题]　已知抛物线 $y=-x^2+4x-3$ 与 x 轴交于 A，B 两点，与 y 轴交于点 C，求 $S_{\triangle ABC}$.

变式 1：已知抛物线 $y=-x^2+4x-3$ 与 x 轴交于 A，B 两点，与 y 轴交于点 C，若 P 是抛物线上的另一点，且 $S_{\triangle ABP}=S_{\triangle ABC}$，求点 P 坐标.

变式 2：已知抛物线 $y=-x^2+4x-3$ 与 x 轴交于 A，B 两点，与 y 轴交于点 C，若 M 是抛物线上的另一点，且 $S_{\triangle ABM}=1$，求点 M 坐标.

变式 3：已知抛物线 $y=-kx^2+4kx-3k(k\neq 0)$ 与 x 轴交于 A，B 两点，与 y 轴交于点 C，若 $S_{\triangle ABC}=3$，求 k 的值.

变式 4：已知抛物线 $y=-kx^2+4kx-3k(k\neq 0)$ 与 x 轴交于 A，B 两点，与 y 轴交于点 C，P 是抛物线的顶点，若 $S_{\triangle ABP}=\frac{1}{2}k^2$，求 k 的值.

[开放问题]　已知抛物线 $y=ax^2+bx+c$ 与 x 轴交于 A，B 两点，与 y 轴交于点 C，请添加适当的条件，并求出 $S_{\triangle ABC}$.

案例六　二次函数的应用

[基本问题]　学校文学社要印制一批校刊，印刷成本单价 y（元）与印刷数量 x（本）之间的函数关系式为 $y=-\frac{1}{1000}x+8\ (0<x\leqslant 5000)$.

① 印刷这批校刊的总费用 W（元）与印刷数量 x（本）之间的函数关系式为________________；

② 当 $x=$________时，W 有最________值为________，此时印刷成本单价 $y=$________元.

变式 1：在②的条件下，校刊印出来后准备在同学中发售，销售小组进行了市场调研.文文在 A 校区调查发现：当售价为每本 10 元时，可售出 2000 本，每降价 0.5 元可多售出 400 本. 当降价________元时，可获得最大利润为________元，此时，可售出________本校刊.

变式 2：在②的条件下，小颖在 B 校区调查发现：当售价为每本 5 元时，可全部售出，每涨价 0.5 元，则少售出 200 本.当售价定为________元时，可获得最大利润为________元，此时，可售出________本校刊.

[开放问题]　在②的条件下，请你提出一个有价值的问题，并解答出来.

案例七　求反比例函数的解析式

[基本问题]　若 y 与 x 成反比例，且当 $x=3$ 时，$y=-5$，求 y 与 x 之间的函数关系式.

变式 1：若 y 与 $x-1$ 成反比例，且当 $x=3$ 时，$y=-5$，求 y 与 x 之间的函数关系式.

变式 2：若 $y+3$ 与 x 成反比例，且当 $x=3$ 时，$y=-5$，求 y 与 x 之间的函数关系式.

变式 3：若 $y+3$ 与 $x-1$ 成反比例，且当 $x=3$ 时，$y=-5$，求 y 与 x 之间的函数关系式.

变式 4：若函数 $y=y_1-y_2$，且 y_1 为 x 的反比例函数，y_2 为 x 的正比例函数，且 $x=-\frac{3}{2}$ 和 $x=1$ 时，y 的值都是 1，求 y 与 x 之间的函数关系式.

[开放问题]　请编一道求反比例函数表达式的问题，并进行求解.

案例八　反比例函数的性质

[基本问题]　已知点 $A(3,y_1)$，$B(-2,y_2)$ 是反比例函数 $y=\frac{6}{x}$ 的图象上的两点，则有(　　).

A. $y_1<0<y_2$　　B. $y_2<0<y_1$　　C. $y_1<y_2<0$　　D. $y_2<y_1<0$

变式 1：已知点 $A(x_1,y_1)$，$B(x_2,y_2)$ 是反比例函数 $y=\frac{k}{x}(k>0)$ 的图象上的两点，若 $x_1<0<x_2$，则有(　　).

A. $y_1<0<y_2$　　B. $y_2<0<y_1$　　C. $y_1<y_2<0$　　D. $y_2<y_1<0$

变式 2：若反比例函数 $y=\frac{1+2k}{x}$ 的图象经过点 $A(x_1,y_1)$ 和点 $B(x_2,y_2)$，且 $0<x_1<x_2$ 时，$y_1>y_2>0$，则 k 的取值范围是(　　).

A. $k>\frac{1}{2}$　　B. $k<\frac{1}{2}$　　C. $k>-\frac{1}{2}$　　D. $k<-\frac{1}{2}$

变式 3：若点 $(-2,y_1)$，$(1,y_2)$，$(2,y_3)$ 都在反比例函数 $y=\frac{1}{x}$ 的图象上，则下列结论正确的是(　　).

A. $y_1>y_2>y_3$　　B. $y_2>y_3>y_1$　　C. $y_3>y_1>y_2$　　D. $y_2>y_1>y_3$

［开放问题］　若点(x_1,y_1),(x_2,y_2),(x_3,y_3)都是反比例函数$y=\frac{k}{x}$$(k<0)$的图象上的点,请添加一个条件＿＿＿＿＿＿＿＿＿＿,使$y_2<y_3<y_1$.

案例九　一次函数与反比例函数的关系

［基本问题］　如图5.26所示,正比例函数$y_1=k_1x$的图象与反比例函数$y_2=\frac{k_2}{x}$的图象相交于A,B两点,若A点坐标为$(-1,2)$,则B点坐标为＿＿＿＿＿＿＿＿＿＿.

变式1:如图5.26所示,正比例函数$y_1=k_1x$的图象与反比例函数$y_2=\frac{k_2}{x}$的图象相交于A,B两点,A点坐标为$(-1,2)$,当$y_1>y_2$时,x的取值范围是＿＿＿＿＿＿＿＿＿＿.

变式2:如图5.27所示,正比例函数$y_1=k_1x$的图象与反比例函数$y_2=\frac{k_2}{x}$的图象相交于A,B两点,其中点A的横坐标为2,当$y_1>y_2$时,x的取值范围是＿＿＿＿＿＿＿＿＿＿.

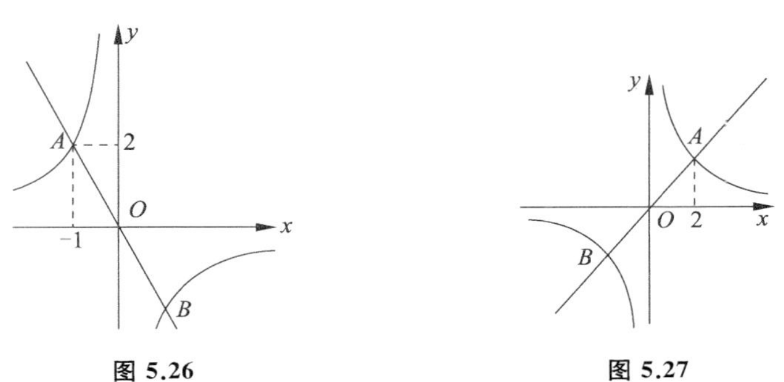

图5.26　　　　图5.27

变式3:如图5.28所示,反比例函数$y=\frac{m}{x}$的图象与一次函数$y=kx+b$的图象交于M,N两点,已知点M的坐标为$(1,3)$,点N的纵坐标为-1,则关于x的方程$\frac{m}{x}=kx+b$的解为＿＿＿＿＿＿.

变式4:如图5.29所示,一次函数$y=mx+n$与反比例函数$y=\frac{k}{x}$的图象交

于 $A(3,1)$，$B(-1,-3)$ 两点，则不等式 $mx+n<\dfrac{k}{x}$ 的解集是________.

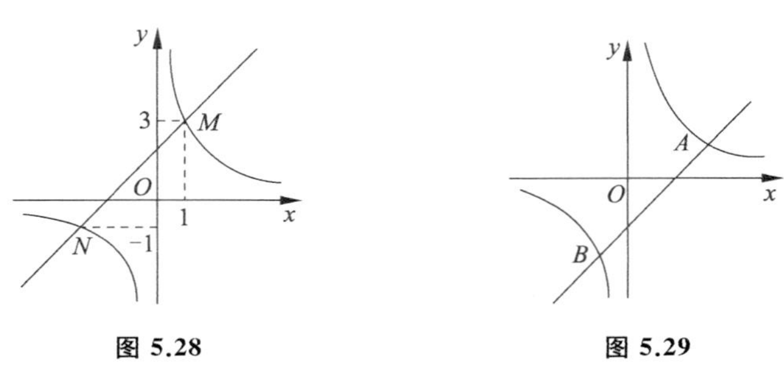

图 5.28　　图 5.29

［开放问题］　如图 5.29 所示，一次函数 $y=mx+n$ 与反比例函数 $y=\dfrac{k}{x}$ 的图象交于 $A(3,1)$，$B(-1,-3)$ 两点，请提出一个有价值的问题，并求解出来.

案例十　反比例函数与图形面积

［基本问题］　如图 5.30 所示，P 是反比例函数 $y=\dfrac{2}{x}(x>0)$ 图象上的一点，求矩形 $PBOA$ 的面积 S_1.

变式 1：如图 5.31 所示，P 是反比例函数 $y=\dfrac{2}{x}(x>0)$ 图象上的一点，在 x 轴正半轴上截取 $BB_1=OB$，过点 B_1 作 x 轴的垂线与 $y=\dfrac{2}{x}(x>0)$ 的图象交于点 P_1，过点 P_1 作 PB 的垂线，垂足为 A_1，求矩形 $P_1B_1BA_1$ 的面积 S_2.

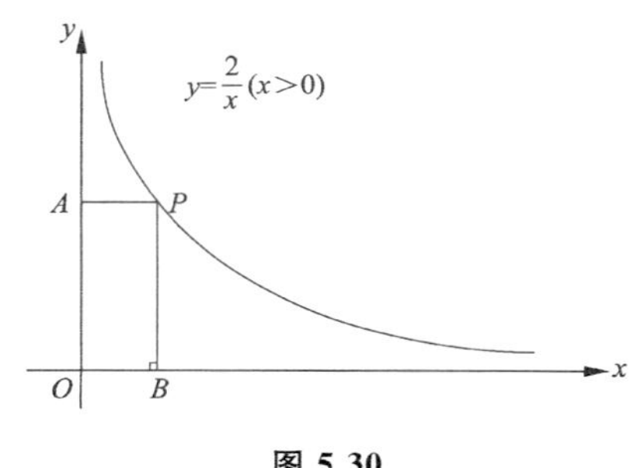

图 5.30

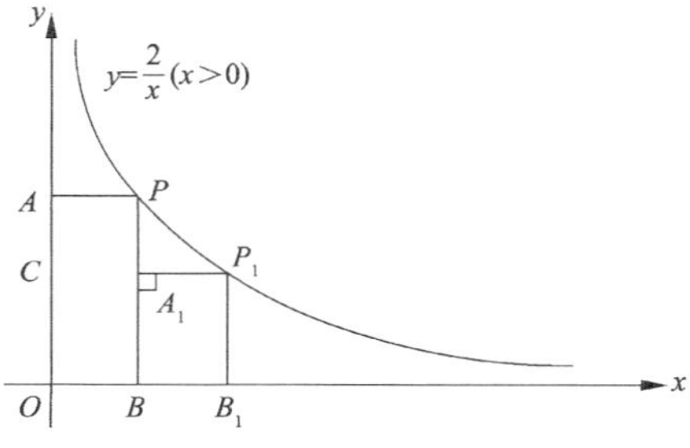

图 5.31

变式 2：如图 5.32 所示，在反比例函数 $y=\frac{2}{x}(x>0)$ 的图象上有点 P_1,P_2,P_3,P_4，它们的横坐标依次为 1，2，3，4．分别过这些点作 x 轴与 y 轴的垂线，图中所构成的阴影部分的面积从左到右依次为 S_1,S_2,S_3，求 $S_1+S_2+S_3$．

变式 3：如图 5.33 所示，$\triangle P_1OA_1$，$\triangle P_2A_1A_2$，…，$\triangle P_{2017}A_{2016}A_{2017}$ 是等腰直角三角形，直角顶点 $P_1,P_2,P_3,\cdots,P_{2017}$ 都在函数 $y=\frac{4}{x}(x>0)$ 的图象上，OA_1，A_1A_2，A_2A_3，…，$A_{2016}A_{2017}$ 都在 x 轴上，求 A_{2017} 的坐标．

［开放问题］　根据获得的经验，自己编制一道在反比例函数背景下求图形面积的问题，并进行求解．

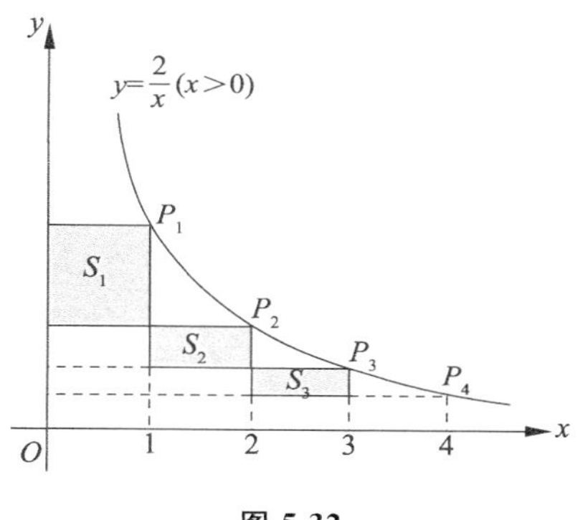

图 5.32

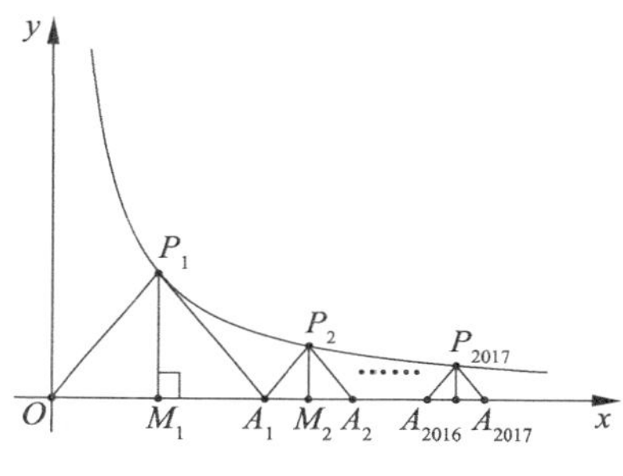

图 5.33

第六章

学生眼中的我与数学课堂收获

第一节 学生眼中的我

影响我一生的老师

谢昌平

今晚回看了鲁迅先生的《藤野先生》一文，藤野先生应该算是影响了鲁迅的一生吧，我突然也想起一位影响我一生的老师. 其实，我时常想起她，只是一直没有联系，希望她能看到这篇文章. 或许她早已忘记了我，但我仍然觉得有必要用文字回忆与她相处的点点滴滴，因为是她改变了我一生的轨迹.

1983 年底，我出生在广西永福县堡里乡边一个山屯里，家境贫穷，父母经常争吵，从小敏感、害羞又任性. 1990 年，我进入堡里乡中心小学读书，没有上过幼儿园，也没上过学前班，一乡下野孩子，第一天上学作业是从倒数第一页开始写的，第一天上学不知道要去哪里上厕所，尿急了就在学校中心操场的篮球架下尿了一泡，被一位姓韦的教务主任一通教训，自此便在心底对姓韦的老师产生了深深的惧怕. 未曾想过，我一个平凡无奇的路人学生，在遇见一位叫韦丽云的老师后人生便发生了重要转变.

大概是在 1992 年，韦丽云老师中师毕业后到堡里小学任教，那时中专毕业工作还包分配，中考分数高于县重点高中才能考上中专，可想而知应该是学霸般的存在. 记忆中，她年龄应该只大我们八九岁，身材中等，较瘦，头发微卷，皮肤较黑，喜欢穿印有米奇老鼠的白色 T 恤和牛仔长裤，脸上带着微微的笑容，教导学生时喜欢微微眯着眼睛，仿佛已经看穿了学生的内心. 当时，她交往的男朋友是堡里乡初中的周老师，后来成了她老公，周末常来看她. 我们看见周老师来看她，常会开玩笑:“韦老师又要约会了,没空管我们喽!”但现实是,她总是忙完学生的事才会去约会.

韦老师还没有教我们班时,就有传言说她教学严厉,“对付”学生很有一套,我那时成绩一般,贪玩不好学,内心还是有些怕她的.我上五年级时她做了我们的班主任,教我们数学,教学确实很有一套.还记得她为了提高班上的数学学习成绩,采用奖励橡皮擦的方法来提高大家学习的积极性,即每次测验得分90分以上者奖励一块带香味的橡皮擦.自从采用了这个奖励办法,每年统考我们班的数学成绩都名列全校第一.有时我虽没考到90分,她也会奖励我一块,说是多了两块橡皮擦,不知是不是为了鼓励我,这让我很感激.

上五年级时,父母为了生活外出打工,我成了留守儿童.父母不在身边,生活更加阴郁苦闷,学习没有人管,作业经常一塌糊涂,成绩好坏也无人过问,笔墨纸张时有时无.书包坏了上学就拿个红色塑料袋,只带语文、数学两本书去学校,当时我认为自己就是混完小学和初中就出去打工的命.后来因为数学课上做课堂作业时,我经常算错题,韦丽云老师开始注意我.那时候,课堂作业都是当场做当场改,我经常抢着第一个交,步骤是对的,但结果多半是错的.我没有草稿本,当数学书边空白打满草稿的时候,我开始玩起小聪明,三、四位数的加减乘除都是口算,但难免算错,为了抢着第一个做完课堂作业而盲目求快,错误更多,笔迹也很潦草.几次过后,韦老师走过来问我为什么不用草稿本算,我便告诉她自己没有草稿本.这时,韦老师注意到我写作业用的是一根圆珠笔芯,便问我“你的笔呢?”我回答:“笔芯就是笔.”下课后,韦老师拿了两个圆珠笔壳给我,让我把笔芯装上,还给了几本旧作业本让我打草稿用,这是我童年记忆中被老师关怀的温暖画面.从此,我便喜欢上了数学老师和数学课,内心想学好数学报答老师.后来,我的学习成绩慢慢提高,我发现自己其实是有学习天赋的,只要稍微认真点儿学都能学得不错,从此建立了学习的自信,为中考、高考奠定了良好的知识基础和心理基础.那时,乡镇学生考上重点大学是极其少的,大概只有1/200吧.如果没有遇见韦老师,我应该不会爱上读书,也不会发现自己的学习天赋,更不可能通过读书改变命运.

1995年我上初中,她也调去初中做老师,记忆中她总是挑着银白色提桶去食堂挑热水.后来她给我上过一次课,当时她怀孕了,没有任教主课,而是上了两节书法课,她的板书写得很漂亮.还记得,当时她写的是刘禹锡的《乌衣巷》:朱雀桥边野草花,乌衣巷口夕阳斜,旧时王谢堂前燕,飞入寻常百姓家.那是我自认为抄写得最认真的一首诗，但韦丽云老师说我字写得不太好看，还需要提高，这让我很受打击，也促使我在写字上狠下功夫，到现在写的字终归算勉强能看了.

很多年后，听说韦丽云老师也离开了堡里初中，去桂林市区的学校做了老师.“人往高处走，水往低处流”，真正的好老师配得上更好的环境和更好的生活，希望她越来越好. 这么多年过去了，我漂泊异乡，鲜少回家，初中毕业以后没再见过她的面，不知道她是否还记得堡里乡中心小学的93班，是否还记得我. 希望她永远幸福，好老师有好报！如若他日我成气候，我定会回去看她！

我的数学老师

周君柔

彼时的我们，端坐在教室，抬头仰望三尺讲台上“来去匆匆”的老师，眼神或平静，或崇敬，甚至有少许懒散. 若你问我：“什么样的老师能让心停驻凝望?”我的回答是“女神吧——”.

从未见过，这般的人如其名

女神出现的瞬间，世界都会屏住呼吸. 我心中的女神，名为韦丽云.“丽”自然是美丽，不过韦老师的美丽与众不同，有一种久经积淀的沉稳和典雅，只需一瞥，便会被惊艳到；而我最喜欢的是那个“云”字，写尽了韦老师的独特气质，淡淡的美，永不会消失的浅浅的蕴满双眼的微笑——

千姿百态，逃不过那盈盈笑眸

微笑是韦老师的标志，也是她的“武器”. 我可是体会过那微笑轻时暖心，重时“揪心”的力量. 记得初中入学第一节数学课，身着制服的韦老师，一站上进台，先许给我们一个微笑，那个微笑里饱含了太多，有同学形容：“就好像笑的时候把什么都装了进去.”我在心里暗暗地和这位同学击了个掌，因为这也正是我想表达的. 韦老师告诉我们，她认为最有效的学习方法就是与老师有充分的眼神交流，她让我们每节课前向老师问好时盯着她的眼睛十秒钟，并且每节课至少要和她有 3 次以上的眼神交流，不少同学对此表示不屑．可是我觉得，这一招实在是高！上课与韦老师目光交汇时，若听课很认真，便也不会有什么；若恰好有那么一点点心不在焉，看到老师的眼睛和笑容，心都会“抖”起来．真正见识过的人才会明白，韦老师的眼神有多么强大．

女神强大，读心亦能育魂

韦老师真的很厉害，她心思细腻，思维缜密，让我由衷地佩服．本来我一直认为学数学很枯燥，可是如今竟也学得如此轻松，觉得甚是有趣．我们班的数学成绩也一直名列前茅．

我只想向韦老师深情地说一句：“女神，让我们的世界春暖花开！”

我的数学老师

钟洁滢

说到韦老师，大家第一时间想到的应该都是蒙娜丽莎式的微笑吧．不过，别小瞧她的微笑，同学们总能从韦老师的微笑中领会到许多意思．例如，韦老师在讲课时突然停下来对你微笑，那便是在提醒你不要说话或做小动作．事实上，只要事情不严重，她都不会刻意去点名批评，因为这样可能会伤及同学的自尊．当然，被韦老师微笑着盯着看的同学通常能马上领会，即刻停止说话，停止做小动作．对于韦老师的这种提醒方式，我觉得十分有效且体面．

刚来学校时，韦老师独特的讲课方式让我对数学产生了浓厚的兴趣，并一度沉迷于解题，不谦虚地说，我那时的数学成绩十分优异．但人生总不会一帆风顺，俗话说：“不经一番彻骨寒，怎得梅花扑鼻香．”成功是来之不易的，在通往成功的彼岸前，必定要历经重重苦难．后来有很长一段时间，我不知怎的对数学失去了原有的兴趣，不再喜欢与难题做斗争，几次考试接连失利. 细心的韦老师看出了我的变化，很是担心，她主动找我谈话，询问我问题出在哪里，帮我找到问题的症结，然后对症下药，给了我一些中肯的建议. 除此之外，她也会从其他科任老师那了解我的学习情况. 韦老师对待班上的每位学生都是如此，常常牺牲自己的休息时间为我们服务.

转眼两年过去了，其间班上的班干部、课代表换了又换，我却依然坚守在自己的岗位上，这得万分感谢韦老师，感谢她还愿意让我做她的数学课代表. 记得韦老师经常和班上的课代表说，她希望数学课代表成为班级数学学习方面的先锋，带领其他同学一起进步. 每当听到她这么说，我都感到十分羞愧. 因为这段时间我的数学成绩在班上算不上名列前茅，更别提遥遥领先了. 好在一班的数学课代表特别争气，每次数学测试，她的成绩在班上总是数一数二的，虽然还没达到老师的要求，但已经很接近了. 不过，我也不会因此灰心，我相信自己是有能力把数学这门学科学好的，我会吸取教训，再接再厉，相信在韦老师的帮助下，同学们的数学成绩都会更上一层楼.

在同学们的眼中，韦老师是“高高在上”的，大家都非常敬重她，因此韦老师的课堂总会比其他老师的课堂更加安静有序，有时还会引起我们英语老师的“嫉妒”. 上了九年级后，同学们给各科老师都取了昵称，英语老师叫“小璐”，历史老师叫“静静”……最熟悉的应该是小莉和舒哥，所有人都当着他俩的面这么叫，老师们也乐在其中，觉得这样更亲切. 不久，“阿韦”这个名字也开始出现于“江湖”之上，私底下很多同学都这样叫她，我听着也感觉很像家人. 同学们对老师的喜爱真是溢于言表. 韦老师常常带病上课，强撑的模样常引得同学们心疼. “春蚕到死丝方尽，蜡炬成灰泪始干”，人们常用这句诗来形容认真负责的老师，我觉得这句话用在韦老师身上是再合适不过了.

韦老师在我们每个人心里都占据着重要的位置，我们敬畏她，更爱她！我一定好好珍惜和韦老师在一起学习的时光.

第二节　学生在数学课堂中的收获

（一）

罗茹丹

初中三年，数学课堂上的分层小组合作学习方式使我受益匪浅．尤其后两年，几乎每节课我们都以小组为单位进行学习，相互帮助，共同进步．当自己在学习上陷入困境时，可以向小组里的其他人求助，大家一起讨论，提出更多的解题思路或提出新的问题，进行新的讨论．

俗话说："人多力量大．"的确如此，因为我们每个人的思维方式不一样，思考问题的角度不一样，所以在讨论中更容易发现自己的短板和长处，进而取长补短完善自我．我们可以分享各自在学习中总结出的经验，找到更高效的学习方法，学习的效率比起一个人埋头苦干明显要提高许多．如果没有分层小组合作学习的帮助，我可能无法取得现在的成绩，也许还在困惑和迷茫中挣扎，不知道找谁帮忙．因此，我衷心地感谢韦老师创设了这样的学习方式．

撇开知识学习，通过小组分层合作，我与人交往的能力得到很大提升，与同学间建立了深厚的友谊．如果没有小组分层合作，三年初中我可能都不会与这些组员有太大交集．而分层小组合作，让我们成为一个集体意识很强的团队．一开始，我也当过组长，只是那时的我没有足够的领导能力．现在，我庆幸我有一个负责任又待人友善的组长，他让我看到了之前的我与他的差距，让我以一个旁观者的身份，看到了一个让人信服的"领导者"应有的品质．在对比中，我更能发现自己的缺点，进而不断改正、不断完善．如果没有分层小组合作学习，我也许会比现在更加骄躁、无知.

由衷地感谢我的组长和其他组员，也感谢韦老师提供的这样一个促进同学间合作交流的方式. 感谢三年以来分层小组合作学习带给我的收获.

（二）

赵诗雨

起初，我只是小组中普通的成员，对小组学习抱着一种无所谓的态度，学习上也没有什么太大的变化. 后来，韦老师说:“进步大的，成绩名列前茅的，可以提拔为组长.”这一下子激发了我竞争取胜的热情.

几次考试后，我因成绩突出，如愿当上了组长，突如其来的使命感，让我意识到集体好才是真的好. 我开始按照老师的要求去做，每天检查组员作业的完成情况，努力帮助基础差的同学. 一开始，总是自己懂却不知道如何教别人，便暗自练习，在心里默默地说给自己听，做题时力求能把思路流畅地说出来. 渐渐地，教懂别人竟也成了一件简单的事，每每看到他们恍然大悟的样子，心中的成就感倍增，学习的动力也就更足了. 当组员们成绩有所进步时，身为组长的我自然也是十分高兴的. 认识到身上肩负着责任，能坚定我把一件事情做好的决心. 同样地，把这份热情投入其他方面，结果也往往不会差.

合作学习相对独立学习而言，不那么枯燥，通过相互交流，思维不容易僵化，通过互相学习借鉴，往往又能发现一些“新大陆”. 但前提是必须先有自己独立的思考过程，合作学习才能发挥其作用.

合作学习还有一个很大的好处，即能够增进同学之间的了解. 通过了解大家不同的学习方式和思维模式，查找自己的不足，制订自己的目标. 在沟通交流、互帮互助中友情无需刻意建立，自然而然就形成了.

有合作必有竞争，有合作参与的竞争定是良性的竞争，所以我们有什么理由不坚持合作互赢呢?

（三）

王晓睿

身为小组长，三年的小组学习与合作对于我来说是大有裨益、大有所获的.

孟子云“教学相长”，小组合作学习给了我们一个验证它的好机会. 在合作学习的过程中，组长的职责便是引导和帮助组员. 这就给了我这个组长“教”的机会. 一道题有时看似会了，一旦要你将过程表述给别人听，就有了一定的难度. “教”的过程可以让我明白自己有哪些地方还不足，哪些知识点是有遗漏的，从而改进自己的学习方式，获得新的能力和感悟.

孔子云：“三人行必有我师焉.”分层小组人数虽不多，但每一个人身上都有值得学习的地方. 交流与合作是思想的碰撞，是一个“一生二，二生三”的过程. 每个人的解题思路和过程方法未必相同，互相借鉴，取长补短，优势互补，思维能力就能得到极大的提高.

这些从小组合作学习中获得的收益是一笔无价的财富，将令我受益终生.

（四）

黄议萱

还记得初一刚分组时，我的数学成绩一般，只是一名普通的组员，和当时的许多同学想法一致：“这分组只是个形式吧，那么麻烦，肯定坚持不下来的.”然而，我错了，尽管它的确比较麻烦，却也帮助了我很多，相信也帮助了 194 班的许多同学，使我们的数学成绩一路保持领先.

初一时，我借助小组的力量提高；初二时，我成为组长，借助小组的力量领导；到初三时，我借助小组交流、合作、探究，获得成长. 曾经的我认为，组长就是组内领导者，提出的方案就是正确的. 然而，在多次与李健林共同探讨后，我才意识到：与同学一起讨论题目的解题技巧、解题方式，两种不同的思路碰撞在一起，还可以产生第三种思路. 一题多解，是我们最喜欢的.

合作中我也学会了取长补短，李健林的思维比较跳跃，但过程叙述清楚；而我，虽然在脑袋里想得很好、很清晰，但表达不够清楚．于是，我仿效他将过程严密地书写下来，增强逻辑感的同时，也使自己的思路更为清晰．有时我们还会在韦老师上课时，在下面悄悄地“争论”，讨论、交流使我的思路更为活跃．

韦老师总说：“组长要协助组员，把不懂的弄懂．”可我认为，我的组员很能干，他能帮我把我不会的弄懂．

分层小组学习带给我许多：稳定的数学成绩，逐步提升的能力，相互分享的快乐……感谢我的组员，感谢三年来的分层小组合作学习，感谢韦老师！

（五）

梁馨元

通过初中三年的小组合作学习，我收获颇丰，现分享如下：

1．调节人际关系，积极融入集体

我曾经是一个非常内向的人，朋友不多，寡言少语．初一的时候，老师突然说要分组，其实我内心是抗拒的．但等到真正分组以后，我才发现，接纳另外三个人并没有那么困难，大家都是差不多的，关键在于是否愿意敞开心扉．

没想到，过了一段时间，又要重新分组．好不容易建立起来的稳定关系又被打乱了．并且，我所在的小组中另外四个人坐得较近，我离他们较远，因此我有一种被排斥的感觉．但随着合作学习的深入，我渐渐发现是我想多了，在合作学习之外，她们四个仍旧待我如初，并无所谓的“排斥”，并且我又有了新的小组，交到了新的朋友．

之后又有很多次重新分组，我都能调节自己，积极融入新集体．总的来说，分层小组合作学习改善了我的人际关系，让我能更好地融入集体．

2．合作分工，培养团队精神

数学课上的小组活动我仍记忆犹新，每当老师要求组内合作解决问题的时候，各组就都热火朝天地讨论起来，组长还会根据组员自身的特点进行分工．如果某一组员遇到困难，其他组员便积极帮助．

令我印象深刻的是“抢答”活动．老师提出问题，小组共同解决，并派一名组员上去讲解. 解题期间的紧张感,解出题后的兴奋感,都是非常难得的体验. 在这些活动中,我们不仅锻炼了解题能力,更培养了合作精神、团队精神. 它使我明白:学习不是孤军奋战,共赢才是最好的结果.

3. 培养使命感、责任感、归属感

刚开始组建小组时,我们组四个人都很安静. 一段时间以后,气氛渐渐温和,我发现另外三个人都很优秀,于是有一点点自卑. 不过,这种自卑很快就转化为使命感、责任感——不给小组拖后腿. 若是其他组员遇到困难,我也想要去帮助. 总之,一切为小组. 还有一点很重要,就是有了归属感. 当我陷入低谷时,有人陪着我;当我取得成就时,有人与我分享喜悦. 这是在 194 班小组学习中获得的归属感.

现如今我的性格、成就,与当初的分层小组合作学习是分不开的. 以上是我个人的一些感受,希望这个学习制度能够一直坚持下去.

后记　做一只爬向金字塔的蜗牛

喜欢给学生讲雄鹰与蜗牛的故事:能够到达金字塔顶端的只有两种动物,一种是雄鹰,它靠自己的天赋和翅膀飞了上去;另外一种就是蜗牛. 蜗牛绝对不会一帆风顺地爬上金字塔,一定会掉下来,再向上爬,掉下来,再向上爬. 但是,蜗牛只要爬到金字塔顶端,它眼中所看到的世界,它收获的成就,跟雄鹰是一模一样的.

在雄鹰和蜗牛中,我无疑属于后者,因为我是一名“中师生”. 关于“中师生”,微信推送的一篇文章这样描述:“学习成绩优异的初中毕业生,拥进了中等师范学校并不算高的门槛,然后犹如一把把蒲公英的种子,被撒在祖国或肥沃或贫瘠的土地上. 他们中的绝大部分,从毕业开始就一直坚守在偏僻、荒凉的乡村中小学,成了中国当代教育最坚固的基石. 这批人加入基础教育行列,确实是中国基础教育的大幸. 他们都应该是国家的栋梁之材,却成了垫在金字塔最底层的铺路石,而在这近乎固执的坚守中,他们自身的才华,却被他们从事的职业磨砺殆尽……”我1991年中师毕业后(师范教育最鼎盛的时期),扎根基础教育30载,在条件艰苦的农村中小学工作了12年,对文章作者这段话有深切的体会和强烈的共鸣. 所幸,在照亮一批又一批孩子心灵的同时,我没有忘记给自己点一盏灯,让自己看到向上的光和前行的路.

在农村工作的日子里,我深感自身知识储备的不足,在搞好教学工作的同时,自学高中课程,参加学历提升教育. 2003年,我以全县第一名的成绩被选拔到县重点学校——广西永福县实验中学任教. 在这里工作的6年时间里,我的眼界得到了开阔,接触了更多的人,接受了更多的思想,也真正开启了自己的教学研究之旅. 尤其是认识了异步教育学创始人、著名教育改革家、湖北大学教育心理学教授、国务院特殊津贴专家黎世法教授,在黎教授的亲自指导下,异步教学法“六段教学模式”对我的课堂教学产生了深远的影响,第一次到教育发达地区温州市教育局给全市的校长和骨干教师做专题报告，2005 年获得了全国优秀科研成果奖．扎实的工作和突出的业绩也使我荣誉颇丰，连续四年获永福县委、县人民政府联合表彰，被评为优秀教师，获桂林市教学能手竞赛一等奖(第一名)，被评为桂林市优秀青年教师、桂林市首届教育科研带头人、桂林市学科带头人、桂林市中小学优秀班主任．

2009 年，我应聘到广西一所著名的完全中学——广西师范大学附属外国语学校(简称“师大附外”)工作．这是一个底蕴深厚、人才辈出的地方，我能够在高手如林的学校里脱颖而出，成为学科专家和部门管理者，得益于多年的历练和积淀，更源于自己坚持不懈、敢为人先的思考和行动．通过“师大附外”这个平台，我得以走出国门，走进英国，感受异国的文化与教育，同时，还获得每年一至两次参观访问国内著名中小学的机会．在这个阶段，我到过长沙长郡中学、雅礼中学及华中师大一附中、南京外国语学校、苏州外国语学校、石家庄外国语学校等参观学习，博采众长，提升自己．在“师大附外”工作 9 年，我的教育理念得到一次次洗礼，教育思想日趋成熟，研究成果开始凸显，如作为核心成员获得基础教育国家级教学成果二等奖、广西基础教育教学成果特等奖，主持的心理健康教育项目获桂林市教育科研优秀成果一等奖．

正如我的一位学生所言，“在本该享受安逸的岁月仍不忘记寻找更大的世界”．2018 年，我来到了特区深圳．深圳是一个群英荟萃的地方，到了这里，才发现所有的考验刚刚开始．封存起所有的荣誉和业绩，回到原点，重新出发，感谢不肯轻言放弃的倔强的自己！三年的埋头苦干，用心求索，开启“建构初中数学‘一·二·四’思维课堂”项目的研究，高水平通过深圳市光明区重点课题的结题验收，分别获得广东省“强师工程”课题、2021 年深圳市教育科学“十四五”规划成果培育类课题立项，“建构温暖理性的“一·二·四”初中数学思维课堂”获批深圳市 2021 年教师继续教育学科专业课程．项目研究促进教学、管理工作相长，我也被评为 2021 年深圳市优秀教师、光明区 2020 届初中教育教学工作先进个人．“星光不负赶路人”，走过艰难的日子，我终于看到了天边的一抹光亮．

三十年，三个学段，六所学校，是我走过的教育旅程．每一次改变都是一次成长，而每一次成长都意味着我要付出比别人更多的努力．“破茧成蝶，涅槃而生”，我用自己的行动诠释“教育过程就是促进师生生命不断成长的过程”的思想，希望我的学生、我的孩子也学会经历和享受成长的过程，学会做一只蜗牛，也许你还没有爬到金字塔的顶端，但只要一直在爬，就会给自己留下令生命感动的足迹．

在我成长的道路上，感谢韦庆嘉校长、刘新来校长、文国韬校长、薛森强校长，他们在不同的阶段给予我极大的支持和帮助！我还要感谢已经去世的廖次强校长，是他挖掘了我的教育教学潜力，点燃了我的职业梦想，谨以此书对廖校长表示最深切的缅怀！

这本书能够顺利出版，要特别感谢江苏大学出版社的李菊萍等编辑，感谢他们为我提出专业细致的修改意见，他们的专业精神和精益求精的敬业精神令我深深感动！感谢北京市特级、正高级教师、苏步青数学教育奖获得者张鹤老师，张老师治学严谨，和蔼可亲，第一时间对我的论文进行审读与指导，张老师的讲座“用数学思维的规律整体把握课堂教学”、著作《唤醒思维的数学书》帮助我厘清了建构初中数学“一·二·四”思维课堂中的关键问题，对我的研究产生了深远的影响. 感谢深圳市数学教研员、正高级教师石永生老师给予我在全市教研会议上展示研究成果的机会，石老师的指导和老师们的肯定给了我莫大的信心和勇气. 感谢正高级教师、深圳市光明区原中学数学教研员刘会金老师对我的指导、感谢深圳市光明区中学数学教研员来小静老师对我的支持和帮助. 借此机会，也对一直默默支持和鼓励我的家人表示深深的感谢！

站在一线教师的立场，这本书或许偏重于经验和感性，希望得到专家的指导，欢迎读者提出宝贵的意见和建议，期待在初中数学课堂教学改革和实践中结识更多的朋友.

参考文献

[1] 郑毓信. 数学思维与小学数学教学[J]. 课程·教材·教法,2004,24(4):28—32.

[2] 曹一鸣. 十三国数学课程标准评介(小学、初中卷)[M]. 北京:北京师范大学出版社,2012.

[3] (荷)弗赖登塔尔. 作为教育任务的数学[M]. 陈昌平,唐瑞芬,等编译. 上海:上海教育出版社,1995.

[4] 史宏峰. 弗赖登塔尔数学教育思想研究[D]. 呼和浩特:内蒙古师范大学,2005.

[5] 郑毓信. 数学思维研究的现状[J]. 数学教学通讯,2000(7):1—3.

[6] (美)G. 波利亚. 怎样解题[M]. 徐泓,冯承天,译. 上海:上海科技教育出版社,2007.

[7] 徐利治,王前. 数学与思维[M]. 大连:大连理工大学出版社,2008.

[8] 王仲春,等. 数学思维与数学方法论[M]. 北京:高等教育出版社,1989.

[9] 任樟辉. 数学思维理论[M]. 南宁:广西教育出版社,2001.

[10] 曹才翰,章建跃. 中学数学教学概论[M]. 3 版. 北京:北京师范大学出版社,2012.

[11] 顾泠沅,杨玉东. 过程性变式与数学课例研究[J]. 上海中学数学,2007(C1):2—16.

[12] 中华人民共和国教育部. 义务教育数学课程标准(2011 年版)[M]. 北京:北京师范大学出版社,2011.

[13] 张仁贤,刘忠权. 教育要培养情商[M]. 北京:世界知识出版社,2015.

[14] 章建跃. 章建跃数学教育随想录(下卷)[M]. 杭州:浙江教育出版

社,2017.

[15] 张奠宙. 张奠宙数学教育随想集[M]. 上海:华东师范大学出版社,2013.

[16] 张鹤. 唤醒思维的数学书[M]. 北京:中国大百科全书出版社,2020.

[17] 罗增儒. 数学课堂的变迁[J]. 中学数学教学参考,2021(11):2—4.

[18] 王克先. 学习心理学[M]. 福建:福建少儿出版社,1987.

[19] 潘建明. 解读自觉数学课堂:“以学习为中心”理念下的教学现实[M]. 南京:江苏凤凰教育出版社,2012.

[20] 崔允漷. 有效教学[M]. 上海:华东师范大学出版社,2010.

[21] 任勇,张芃. 任勇中学数学教学艺术与研究[M]. 济南:山东教育出版社,2000.

[22] 韦丽云. 整体建构,“数”“形”相长[J]. 中学数学教学参考,2020(8):11—13.

[23] 韦丽云. 活动探究悟本质,学思结合促发展[J]. 中学数学教学参考,2020(29):6—8.

[24] 韦丽云. “构建初中数学高效课堂教学模式”再思考:以“直线与圆的位置关系”教学为例[J]. 中学数学教学参考,2017(18):1—3.

[25] 韦丽云. 基于核心素养的初中几何入门教学实践研究:以“三角形内角和定理及其推论的应用”教学为例[J]. 中学数学教学参考,2017(33):1—3.

[26] 韦丽云. 巧用符号标记,提高思维能力[J]. 中学数学,2021(16):33—35.

[27] 韦丽云. 聚焦核心概念,促进深度思维:以线上中考复习平行四边形为例[J]. 中学数学,2020(14):56—58.

[28] 韦丽云. 问题引领重思维,情理交融提素养:“以折叠问题中的勾股定理”教学为例[J]. 中学数学,2019(18):10—12.

[29] 韦丽云. 几何类专题复习课五度教学模式例析:以“中点四边形”专题复习课为例[J]. 广西教育,2016(48):53—55.